ZHONGGUO DUIWAIMAOYI DE
DONGTAIYOUSHI BIANHUA
YU WAIMAO ZENGZHANGFANGSHI DE
ZHUANGBIAN

张　鸿◎著

中国对外贸易的动态优势变化与外贸增长方式的转变

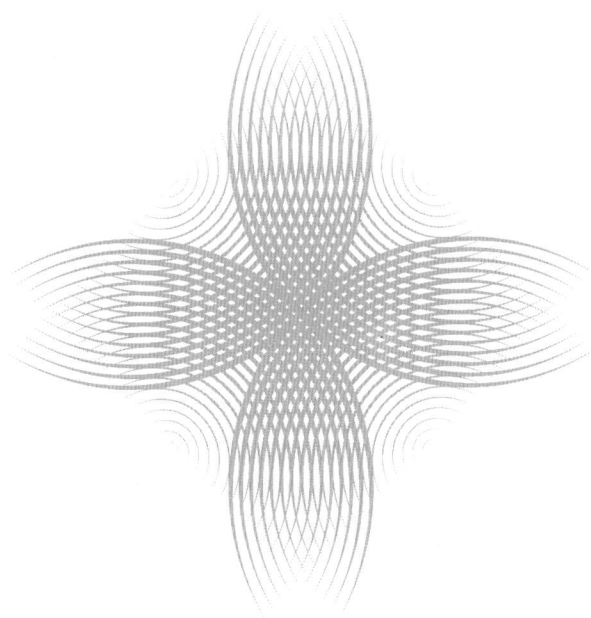

人民出版社

目　录

绪　　论

第一节　研究背景

改革开放 30 年以来，随着中国对外贸易不断扩大，中国经济保持着快速稳定的增长，年均 GDP 增长率接近 10%。在经济快速增长的同时，中国的对外贸易无论从规模还是从结构上也都取得了长足的进步。据海关总署的统计，2004 年中国对外贸易总额达到 11547.4 亿美元，首次突破了万亿美元的大关，超过日本而位居世界第三，2005 年中国对外贸易总额达到 14000 亿美元，且 2007 年中国对外贸易总额又创新高，达到了 21738 亿美元，是 1978 年的 105 倍；从结构上看，出口商品结构进一步改善，20 世纪 80 年代完成了出口商品总额中以初级产品为主的转变，20 世纪 90 年代实现了在工业制品中出口总额中以劳动密集型为主向资本密集型为主的转变①。进入 21 世纪以后，中国开始步入重工业化时代，机电产品和高新技术产品出口占总出口的比重不断上升，2004 年，机电和高新技术产品等重化工制品的出口首次超过劳动密集型产品，达到 49.4%②，2007 年机电和高新技术产品出口首次突破万亿美元大关，达到 10490 亿美元，占整个出口商品总额的 86.2%，成为中国对外贸易的主要出口商品。因此，无论从对外贸易总量还是出口商品结构来看，中国已经成为了世界上名副其实的贸易

---

① 孔祥荣：《结构优化与对外贸易增长方式的转变》，《理论学刊》2007 年 4 月。
② 李钢、李俊：《推动以质取胜战略的深化与升级》，《国际贸易》2006 年 5 月。

大国。

尽管如此，中国对外贸易快速增长仍然是建立在以劳动密集型产品的粗放型出口方式为主的基础上，在加工组装的机电和高新技术产品等高端产品中，虽然被列入了高端产品的类别中，但是仍是低端的、低附加值的、低技术含量的、劳动密集型的加工工序，主要依靠低生产要素成本和引进国外先进技术以形成国际竞争力，以数量扩张、劳动密集和低价格取胜，产品缺乏专有技术和自主品牌。这样一种低成本、低技术、低效益的外贸增长方式，在一定程度上是中国当前比较优势与要素禀赋状况的反映，但长期粗放型的数量增长也带来了许多问题，突出表现在：相互低价竞争，招致频繁的贸易摩擦；外贸依存度太高严重制约中国对外贸易的进一步发展，并带来了外贸条件恶化、外贸顺差过大、人民币升值压力较大的难题；而过分依赖廉价劳动密集型优势与资源优势，使得中国对外贸易商品对能源、原材料的需求越来越多，由此推动着中国乃至世界能源原材料价格的上涨、资源环境压力加剧。这些问题的存在反映了目前的外贸增长方式已经与中国的对外贸易环境不相适应，必须及时地加以转变。

党的十六届三中全会明确提出了"坚持以人为本，树立全面、协调、可持续的发展观，促进经济社会和人的全面发展"；强调"按照统筹城乡发展、统筹区域发展、统筹经济社会发展、统筹人与自然和谐发展、统筹国内发展和对外开放的要求"，推进改革和发展。按照十六届三中全会的要求，原对外经贸部（现商务部）又进一步提出了中国对外开放与国际贸易的新目标，那就是"努力推进中国对外开放和对外贸易的不断发展，实现中国从贸易大国向贸易强国的转变，为推进中国的现代化建设发挥更大的作用"。①

在改革开放初期，建立以劳动密集型产品的粗放型出口方式既适应了中国当时的经济发展水平，又使得中国能够按照比较优势参与全球产业分工，并从全球分工中获取了国际贸易带来的利益。通过获取

---

① 2003 年 11 月 13 日对外贸易经济合作部部长石广生在党的十六大新闻中心记者招待会上作题为《中国外经贸在改革开放中飞跃发展》的致辞。

的国际分工与国际贸易利益，极大地促进了中国经济的高速增长，国际分工与贸易也成为拉动中国经济增长的一驾马车。但长期的粗放型经济增长方式①，使得中国生产要素资源越来越难以满足经济高速发展的需要，资源约束的现象越来越明显。加上一些重要的生产与生活资源如维系人基本生存的淡水、耕地和草地仅占世界平均水平的 1/4、1/3 和 1/2，支持经济增长的重要资源如石油、天然气、煤炭、铁矿石等，人均储量只有世界平均水平的 11%、4.5%、79% 和 42%，使得中国经济高速发展与资源供应的矛盾日益突出。而伴随着人民币的大幅度升值、原材料价格的不断上涨，新《劳动合同法》的实施使劳动力成本增加，企业的利润增长远低于生产成本的增长，致使很多企业不敢接大的订单和生产周期长的订单，外贸企业面临着巨大的成本压力，这种状况已经在 2008 年的外贸商品进出口中得到印证。据海关总署的统计，2008 年上半年，中国出口 6666 亿美元，同比增长 21.9%，增速比 2007 年同期低 5.7 个百分点，由此导致贸易顺差为 990.3 亿美元，同比下降 11.8%，净减少 132.1 亿美元。由于国际原材料、能源价格还在不断上涨，劳动力价格等生产成本的持续上升、人民币升值步伐加快，加之节能减排等政策压力，有关专家估计 2008 年中国外贸企业出口成本上升了 20%—30%，这使得以往国际市场占有率大的传统大宗商品的出口价格优势不再，大受冲击，面临生死考验②。受此影响，2008 年上半年，广东数千中小企业倒闭，数万外向型企业艰难求生；半停产、停产、倒闭，也成为长三角许多外贸企业 2008 年面临的窘境。在中国经济高度成长的过程中，作为牵引中国经济龙头的长三角、珠三角如何尽快摆脱目前的困境自然就成为中国对外贸易发展中的一项重要课题。

由于原材料、能源资源短缺，劳动力价格等生产成本的持续上升、本国货币的升值是经济发展过程中伴随的一种必然现象，也是许多正

---

① 所谓粗放型经济增长方式就是指经济增长主要依靠资源如资本、土地、劳动力等投入数量的增加来推动。

② 2008 年 7 月 11 日《上海证券报》。

在发展中的国家必须面临的一项难题，但这并不意味着就一定会成为经济发展的制约因素。以色列和日本从建国开始就面临着资源短缺，但这并没有影响他们成为发达国家；中国台湾、韩国、新加坡、中国香港在20世纪80年代面临着劳动力成本大幅度持续上升、货币升值的挑战，但这并没有影响他们成为亚洲"四小龙"。因此，中国在转型经济发展过程中伴随出现的资源短缺约束、劳动力成本上升的压力、人民币的大幅度升值造成企业极大的冲击那只是表面现象，问题的根本还是在于中国的出口及比较优势是建立在主要依靠资源、劳动力的大量投入的基础上的，对外贸易增长方式是一种粗放型的外生增长模式。因此，全面、系统地把握中国对外贸易结构、比较优势的现状及今后的发展趋势，依据中国对外贸易的动态优势变化来调整外贸增长方式，是中国由贸易大国转向贸易强国的必然选择，对于中国今后制订贸易发展战略和政策都具有较强的现实指导意义。

第二节 本书的主要内容及研究焦点

中国对外贸易的迅速发展极大地促进了中国国民经济的发展。为了促使中国经济进一步融入世界经济体系，在世界产业分工中谋求持续稳定的向前发展，对外贸易的作用与功能仍然必须继续地加以扩展。对于这一点，无论是政府、企业还是学术界，基本上达成共识。问题是对于中国现有的对外贸易是否应该以比较优势为基础，发展模式是否应该转型，如何转型，今后应该选择什么样的发展模式，国内、国外还存在着许多不同的意见。

本书以当前中国对外贸易研究现状为基础，从理论和实证分析的角度分析中国对外贸易比较优势的变化状况及与传统贸易强国的差距，并对中国目前在世界贸易中所处的地位进行了较为科学的界定。在此基础上，从现实可能性及必要性两方面对中国对外贸易增长方式转变的可能性和必要性进行了评估，并就中国对外贸易增长方式转变的途径及中国从贸易大国向贸易强国转型的方向进行了分析论证，并以此为基础提出今后中国对外贸易的发展模式。具体来说，就是要解决以下几个方面的问题：

一是从理论和实践上来明晰对外贸易的动态优势变化与贸易政策调整之间的关系，以便为中国从贸易大国走向贸易强国所必须作出的对外贸易政策调整提供依据。从历史的发展进程上看，从重商主义到比较优势；从要素禀赋到产品生命周期、规模经济、国家竞争力优势，每一种新的国际贸易理论都是同当时国际贸易最前沿的分工方式联系在一起的，而一国的贸易政策、战略措施也往往同当今最有代表性的理论及本国比较优势的情况联系在一起。因此，将一国的对外贸易比较优势情况及动态变化状况与贸易政策调整联系起来，并实行有机联系的构建具有一定的理论和实践意义。

二是明晰中国对外贸易优势的现状及变动状况，界定中国的贸易类型。比较优势是一国对外贸易的基础，也是一国实现从静态比较优势向动态优势转化的前提。衡量一国是否是贸易大国、贸易强国，其中最重要的一个指标是该国的比较优势产品集中在何种层次上，而对外贸易比较优势的变化可以反映一国对外贸易动态比较优势变化的方向。由于贸易大国、贸易强国是一个相对的概念，其标准与全球所处的相对地位具有密切的关系，而且目前对贸易大国、贸易强国的判断标准定性分析的多、定量分析的少，还没有形成一套完整的指标体系。以比较优势为基础，通过指标体系构建来衡量贸易大国与贸易强国的判别标准，找出中国对外贸易的比较优势与比较劣势，从中把握中国在全球分工中和对外贸易的相对地位，可以为中国对外贸易增长方式转型提供发展的方向。

三是对外贸易部门贯彻科学发展观实现可持续发展，实现中国国民经济又好又快发展的客观要求。正如前面所指出的那样，中国对外贸易的高速增长，主要依赖的是数量扩张和粗放式增长。在出口商品中，高耗能、高污染产品占有大量的比重，这种状况加剧了国内资源与环境的压力；而数量型的急剧扩张，导致中国出口商品在国外相对集中，引起的贸易摩擦也在同步增加。以 2006 年为例，当年中国对外贸易规模高达 17606.9 亿美元，比上年净增 3387.8 亿美元，增长

23.8%，这是中国对外贸易发展增速连续 5 年保持在 20% 以上。与此同时，全球 2006 年针对中国的贸易摩擦有增无减，共有 25 个国家和地区对中国发起"两反两保"调查 86 起，同比增长 37%。自主品牌少，出口集中在加工装配环节，使得国内增值率不高，相当一部分企业陷入了"增产不增收"的困境。上述问题的存在，说明中国对外贸易增长方式粗放，贸易发展水平还处在贸易大国而非贸易强国的水平。因此，进一步摸清中国对外贸易的现状与水平，加快对外贸易增长方式的转变，实现从贸易大国向贸易强国的转变就成为中国经济发展过程中的一项重要任务。

四是为有关部门如何通过贸易政策的调整来更好地发挥对外贸易在促进国内经济发展与改革、实现中国从贸易大国向贸易强国转变提出一些对策建议。

第一章　动态比较优势与外贸增长方式的理论和观点综述

在国际分工与贸易中，一国是应该按照比较优势来开展国际分工和贸易，还是应该按照动态比较优势来参与全球国际分工？静态比较优势与动态比较优势之间到底存在着什么样的关系？一国应如何根据对外贸易动态比较优势的变化来转变外贸增长方式？有关上述问题的研究在目前的经济学界并没有统一，实践上也难以得到一致的结论。历史上，一些资源丰富的国家，如早期的美国、澳大利亚、加拿大等国家，充分利用本国、本地区资源的优势大力发展资源出口型产业，在起步阶段取得了极大的成功；与此形成鲜明对照的是，一大批发展中国家按照资源禀赋开展国际分工，虽然取得了部分国际分工的利益，但经济发展缺乏活力，有的国家甚至陷入了一种"资源劫难"，即自然资源越丰富的国家，其经济增长越慢。以石油大国沙特阿拉伯为例，其人均国民产值在 1965—1997 年间平均每年下降 3%。同一时期，伊朗人均产值每年下降 2%，委内瑞拉每年下降 1%，而尼日利亚则从 1960 年独立以来人均收入基本没变①。自 20 世纪 60 年代开始，亚洲"四小龙"的中国香港、中国台湾、新加坡、韩国等国家和地区，充分按照比较优势开展国际分工，取得了高速的经济增长，一跃成为新兴的工业化国家（地区）；而同样是这些国家和地区，由于按照比较优势进行产业分工的先天缺陷，急速的国际分工范围的扩大和贸易自由化使得这些国家和地区来不及培育重化工业发展所需要的零部件产业。伴随着经济水平提高带来的产业结构的升级，在轻工业让位于重化工

---

① 陈志武：《过时的"地大物博"财富观》，《新财富》2003 年第 6 期。

业的发展过程中,产业结构调整不及时、国际贸易收支失衡就成为经济发展过程中的一个严重制约因素,并最终引发了亚洲金融危机,并使得上述国家和地区的经济遭受了重创。中国自 1978 年实行改革开放以来,一改过去强调自力更生,反对按照比较优势开展全球分工与对外贸易的发展模式,充分发挥劳动力资源丰富、劳动力价格低廉的比较优势参与全球分工,对外贸易与经济发展水平取得了突破性发展,进出口总额由 1978 年的 206.4 亿美元增长至 2007 年的 21738 亿美元。改革开放 30 年来,中国对外贸易平均每年以 13% 以上的速度在增长,在世界贸易中的排名从 1978 年的第 32 位上升至 2007 年的第 3 位,对外贸易成为拉动中国改革开放 30 年高速经济增长的重要推动力。

为了更好地分析一国是应该按照比较优势来开展国际分工和贸易,还是应该按照动态比较优势来参与全球国际分工,一国应如何根据对外贸易动态比较优势的变化来转变外贸增长方式,本章将分别就与此相关的理论与研究成果进行综合的叙述,以便为以后各章的进一步研究提供理论基础。

第一节 动态比较优势理论及观点

所谓动态比较优势是相对于静态比较优势而言的。静态优势强调在静态条件下(即国内土地、其他自然资源、劳动力、资本等生产要素供给基本不变),一国若集中生产并出口本国要素最密集的产品,而进口本国相对更为稀缺的要素生产的产品,就可获得最大利益,这种优势使双方能够从中得到不同的比较利益,是一种状态优势。与上述静态比较优势不同的是,动态比较优势则强调在一个动态的时间序列中,一国要素总量、质量和结构的变化会引起本国供给结构、贸易结构和消费结构的变化。尽管某个产业的发展虽然现阶段并不符合本国的比较优势,但只要通过政策保护予以支持,那么等到该产业成长到一定规模时,反而符合未来的比较优势,因此政府干预,特别是战略性贸易政策,对经济增长有正面的促进作用。由于动态比较优势是通过改变要素总量、质量和结构变化范围、方式和程度来实现的一种后发优势，表现为一种势能优势。静态比较优势与动态比较优势是发展中国家的两种主要优势，比较优势战略在本质上是着眼于在国际经济分工中找到自己的位置，建立起与自己要素禀赋结构相匹配的有竞争优势的产业；后发优势战略的着眼点则在于引进学习，通过模仿和创新来实现追赶，后来居上；两种优势是相互依赖、相互支持、共同作用，成为推动发展中国家工业化进步的重要动力。因此，发展中国家基本的发展思路应是按照比较优势原则，建立和巩固一批优势产业，形成特色经济，也为后发优势发挥作用积累社会能力。同时实施后发优势战略，缩短在技术、物质资本、人力资本和市场制度等方面与先发地区的差距，以动态优势带动比较优势的提升，摆脱传统比较优势的束缚，造就动态比较优势，使产业结构既具有自己的特色，又可以不断地向上升级。这样才能缩短与发达国家或地区的差距，达到后来居上的目的。

在国际分工与贸易理论的发展过程中，经历了由亚当·斯密的绝对优势理论到大卫·李嘉图的比较优势理论；从赫克歇尔-俄林的要素禀赋理论到格鲁贝尔、克鲁格曼、艾瀚南等人的新贸易理论，再到乔赛亚·塔克和杨小凯的新兴古典贸易理论及迈克尔·波特的国家竞争优势理论的发展。主线是比较优势理论。其演进的逻辑是：从竞争条件下比较优势理论到不完全竞争条件下的比较优势理论，从产业间的比较优势理论到产业内甚至公司内、产品内的比较优势理论，从静态比较优势理论到动态比较优势理论，从完全分工的比较优势理论到不完全分工的比较优势理论[①]。为了叙述上的方便，以下我们就按照上述主线对国际贸易理论进行综述。

一、传统国际贸易理论

传统国际贸易理论是从供给的角度，假定在完全竞争的条件下国际贸易产生的原因、结构与结果，并如何按照这个分工去获取国际贸

---

① 张亚斌：《内生比较优势理论与中国贸易结构转换》，中国经济出版社2006年版。

易的利益。其基本的观点是：一国应该按照自己的绝对优势、比较优势和要素禀赋参与国际分工与贸易，并可以从中获得国际分工与贸易的利益。

（一）亚当·斯密的绝对优势理论

自由贸易主义的奠基人亚当·斯密在其代表作《国富论》中阐明了著名的"看不见的手"的机制。他认为，在市场机制的作用下，为了各自的经济利益，主观上为自己的微观经济主体可以通过社会分工和交易客观上为社会工作，从而实现自利与互利、个体利益与社会利益的统一①。

亚当·斯密关于对外贸易促进经济发展的理论主要是沿着分工将提高劳动生产率和规模报酬这两个分析思路展开的，具体表述如下：

1. 通过国际贸易可以使各国按照本国的优势来进行分工，这种分工将通过减少与创造财富没有关系的时间、提高劳动的熟练程度来促进劳动生产率的提高，而劳动的效率和劳动数量的提高将促进财富的增长，因此，通过分工产生的国际贸易可以推进国民经济的增长。

2. 对外贸易可以为一国的剩余产品实现其价值，即剩余产品出口。亚当·斯密假定，一国在开展对外贸易之前处于不均衡状态，存在闲置的资源或剩余产品。当该国由封闭转向开放后，便可出口其剩余产品或由闲置资源生产的产品，即对外贸易为本国的剩余产品提供了"出路"。由于出口的是剩余物或由闲置资源生产的产品，因而无须从其他部门转移资源，也不必减少其他国内经济活动。出口所带来的收益或由此而增加的进口也没有机会成本，因而必然促进该国的经济增长②。

3. 对外贸易不仅通过扩大再生产使国民财富增加，而且还增加了消费者的消费剩余。国民财富的增加和消费者购买能力的提高将有利于国民经济的增长与发展。

4. 一国产品绝对成本的差异是国与国之间产生分工和贸易的基础，

---

① ［英］亚当·斯密著，唐日松等译：《国富论》，华夏出版社2005年版。
② ［英］亚当·斯密著，唐日松等译：《国富论》，华夏出版社2005年版。

每个国家都有其适宜于某些特定产品的绝对有利条件。每一个国家都应该以其所拥有的绝对优势来参与国际分工和贸易活动，并且通过这种分工和贸易模式，使各国获得额外的利益——贸易利益。

（二）大卫·李嘉图的比较优势理论

亚当·斯密的绝对优势理论只适合贸易双方各具有一种绝对优势商品的情形，而对于一国在所有的商品都具有绝对优势或者绝对劣势的情况能否进行自由贸易，亚当·斯密的理论却无法对此作出正确的解释。另一位古典经济学家大卫·李嘉图论证了更为广泛的国际贸易现象的客观必然性，继承了亚当·斯密关于分工可以提高生产率的命题，进一步从比较优势的角度分析了贸易利益，提出了比较优势理论。

大卫·李嘉图在其代表作《政治经济学及赋税原理》中提出了比较成本理论（后人称为"比较优势理论"）。比较优势理论认为，两个国家之间开展国际贸易的条件，不取决于两个国家之间的绝对优势或者绝对效率的差异，而取决于两个国家之间商品相对效率的差异，以及由此产生的相对成本的差别。每个国家都应根据"两利相权取其重，两弊相权取其轻"的原则，集中生产并出口其具有"比较优势"的产品，进口其具有"比较劣势"的产品。通过这样的分工与贸易，贸易双方都可以从中获得贸易利益[①]。

从大卫·李嘉图的比较优势理论可以看出，无论一国是否拥有绝对低成本的优势商品，只要存在相互间的比较优势，国际间的自由贸易就可以使贸易双方都获得贸易利益。这就是说，斯密所论及的绝对优势理论只不过是李嘉图讨论的比较优势理论的一种特殊形态，是一个特例。绝对优势理论与比较优势理论是特殊与一般的关系。将只适用于某种特例的贸易模型推广至对普遍存在的一般经济现象的理论分析，正是李嘉图在发展古典国际贸易理论方面的一大贡献。

（三）赫克歇尔—俄林的要素禀赋理论

对大卫·李嘉图比较优势理论的补充最有代表性的是赫克歇尔—俄林的要素禀赋理论。要素禀赋理论在理论与实践上的成功使其成为

---

① ［英］大卫·李嘉图著，周洁译：《政治经济学及赋税原理》，华夏出版社 2005 年版。

20 世纪前半叶至 20 世纪 70 年代末这段时期内国际贸易理论的典范，至今仍然在国际贸易理论中占据着主导地位。要素禀赋理论所运用的工具是由新古典学派所建立起来的等产量线、无差异曲线、生产可能性边界等，该理论也被称为新古典贸易理论。与古典贸易理论相比，新古典贸易理论不仅在于它承认比较利益是国际贸易发生的重要原因，更重要的是它找到了比较优势的源泉，即贸易双方要素禀赋的差异。

赫克歇尔—俄林的要素禀赋理论认为：不同的商品具有不同的生产要素比例，而不同国家拥有的生产要素比例是不同的。各国的相对要素丰裕度即要素禀赋是国际贸易各国具有比较优势的原因和决定要素。因此，各国在生产那些能够比较密集地利用其较充裕的生产要素的商品时，就必然会有比较利益产生。换句话说，一国应当出口该国相对丰裕和便宜的要素密集型的商品，进口该国相对稀缺而昂贵的要素密集型的商品。简而言之，劳动相对丰裕的国家拥有生产劳动密集型产品的比较优势，因而应该出口劳动密集型商品，而进口资本密集型商品；而资本相对丰裕的国家拥有生产资本密集型产品的比较优势，因而应该出口资本密集型商品，进口劳动密集型商品①。

这样一来，赫克歇尔—俄林的要素禀赋理论很好地解释了比较优势产生的原因，而不像古典经济学那样只是假设这种原因是一种天然的存在。

（四）对传统国际贸易理论的评述

尽管传统国际贸易理论很好地解释了一部分国家，特别是要素差异较大国家之间的贸易，但无论是古典学派的比较优势理论还是新古典学派的要素禀赋理论，都是建立在一系列严格的假定之上，而有些假定是与现实不符的，尤其是与发展中国家实际情况差距较大，因而根据比较优势及要素禀赋理论常常会得出与发展中国家实践不一致的结论。

1. 传统国际贸易理论都假定产品价格只是由生产要素决定的，因此，产品的比较优势就是产品的比较成本优势，是一个纯生产的概念。

---

① ［美］多米尼克：《国际经济学》，清华大学出版社 2004 年版。

这在一个完全竞争和卖方市场的条件下，供求关系的主要矛盾是供给，因而有其合理的一面。而随着国际产品供给能力的提高，卖方市场转变为买方市场的时候，需求对价格的影响就会变为主导性的要素，进而对比较优势的影响就显现出来，因而仅仅根据供给来决定成本及价格的比较优势理论就存在着许多的缺陷。

2. 传统国际贸易理论假定各国所有的生产资源在数量上固定，质量上不变，并且是充分就业，生产要素在国际间不能够自由流动。而实际情况是各国随着经济发展水平的提高，生产资源在不断发生变化；随着跨国公司的不断扩大，生产要素在全球的流动越来越频繁。不仅如此，如果按照比较优势进行分工，富国主要生产需要大量熟练劳动力、技术水平高的商品，穷国生产非熟练劳动力、技术水平低的商品，这一过程本身会抑制这些发展中国家的资本、企业家精神和技术的增长，从而使原来不平等的贸易格局进一步加强。

3. 传统国际贸易理论假设技术是不变的。实际上，当今各国经济增长的大部分动力和源泉来源于技术进步，技术进步在经济发展中的作用与地位已经逐步取代劳动力和资本，变得越来越重要。

4. 传统国际贸易理论假设要素可以在国内自由流动，经济体系是以完全竞争的市场结构为特征。但实际上，落后的发展中国家的生产结构缺乏弹性，要素流动受到限制。结构主义更认为政治制度因素所导致的结构刚性使这些国家的生产要素无法适应国际市场的变化而自由流动。

5. 传统国际贸易理论假设规模收益不变。与传统的农业社会不同，现代工业社会中存在着规模报酬递增，尤其是在汽车、化工、飞机等重工业领域，规模经济是决定一个企业、甚至一个国家产品竞争力的关键。

以要素禀赋理论为核心的传统国际贸易理论在于各国应按照要素禀赋加入国际分工，从而形成对外贸易的比较优势结构，即资本和技术密集的发达国家应出口资本和技术密集型产品，这样各国都可以在国际贸易中获得利益，从而提高国家福利。从理论的逻辑推理上讲，以要素禀赋理论为核心的传统国际贸易理论是比较完美的，也很好地分析了国际贸易产生的原因、结构与结果。但在现实的国际贸易中却出现了所谓"里昂惕夫之谜"此类的传统国际贸易理论无法解释的现象，更严重的是以比较优势、要素禀赋理论为核心的传统国际贸易理论作指导，执行比较优势战略的发展中国家出现了贸易条件恶化和贫困增长的现象，陷入了比较优势陷阱。

总之，无论是大卫·李嘉图比较优势理论还是赫克歇尔—俄林的要素禀赋理论，其比较优势是一种静态的比较优势，其基本视点也不是在于说明比较优势、要素禀赋理论及由此所决定的对外贸易模式与国际贸易格局是如何演变的，而在于说明在某种经济条件下，一定的贸易模式与贸易格局如何影响了产出效率与产出水平，即从国际贸易来说明经济增长[①]。

二、比较优势陷阱

所谓比较优势陷阱是指一国（尤其是发展中国家）完全按照比较优势，生产并出口初级产品和劳动密集型产品，则在与技术和资本密集型产品出口为主的经济发达国家的国际贸易中，虽然能获得利益，但贸易结构不稳定，总是处于不利地位，并且差距会越来越大，形成一种先入优势，以致前者的潜在比较优势得不到发展和超越，从而落入恶性循环的"陷阱"。[②]

比较优势陷阱可以分为两种类型：第一种是初级产品比较优势陷阱。它是指执行比较优势战略时，发展中国家完全按照机会成本的大小来确定本国在国际分工中的位置，运用劳动力资源和自然资源优势参与国际分工，从而只能获得相对较低的附加值。并且比较优势战略的实施还会强化这种国际分工形式，使发展中国家长期陷入低附加值环节。由于初级产品的需求弹性小，价格上有长期下滑的趋势，因而很容易出现贸易条件恶化，如果增长后贸易条件恶化所造成的利益损

---

① 张亚斌：《内生比较优势理论与中国贸易结构转换》，中国经济出版社2006年版。
② 黄小玲：《中国对外贸易概论》，对外经济贸易大学出版社2003年版。

失超过增长本身带来的利益，就会出现所谓的"贫困的增长"[1]。一般说来，劳动密集型产品的需求缺乏价格弹性，需求量不会因为价格的上升而下降多少，也不会因为价格的下跌而上升多少，因此，当出口供给增加，价格下跌时，需求量并没有因此而增加多少，同时劳动密集型产品的需求收入弹性又是缺乏弹性的，即收入的增加不会对它的需求增加多少；收入的减少也不会对它的需求减少多少，所以全球经济的发展，人们收入水平的提高，对它的需求也不会增加多少，这样过剩商品会使价格继续猛跌直到很低的水平（见图 1 - 1）：

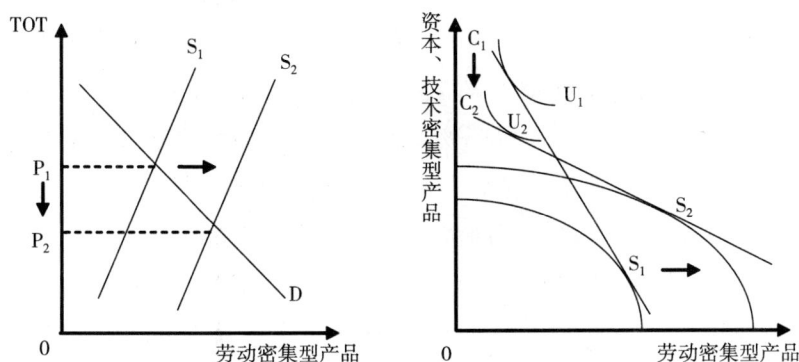

图 1 - 1　贫困的增长—比较优势陷阱

如图 1 - 1 所示，由于劳动密集型产品的过度增长使其出口能力大增。过度的增长使得劳动密集型产品的价格下降，贸易条件恶化。虽然比以前生产了更多的劳动密集型产品（比较 S_1 和 S_2），但由于贸易条件的恶化使其实际消费水平（C_2）低于增长前的状况（C_1），社会的经济福利水平也不如以前（比较 U_1 与 U_2 两条社会无差异曲线）。这样就出现了"贫困的增长"，从而陷入"比较优势陷阱"。一般来说，发展中的大国由于贸易量大，出口产品集中、产品层次集中，因而更容易出现"贫困的增长"。

第二种类型是制成品比较优势陷阱。由于初级产品出口的形势恶化，发展中国家开始以制成品来替代初级产品的出口，利用技术进步

---

①　百度百科网页，http://baike.baidu.com/view/1373825.htm。

来促进产业升级。但由于自身基础薄弱，主要通过大量引进、模仿先进技术或接受技术外溢和改进型技术等作为手段来改善在国际分工中的地位，并有可能进入高附加值环节。但是这种改良型的比较优势战略由于过度地依赖技术引进，使自主创新能力长期得不到提高，无法发挥后发优势，只能依赖发达国家的技术进步，从而使发展中国家经济发展永远依附于发达国家①。

三、新国际贸易理论——动态考察国际贸易的利益

第二次世界大战以后，尤其是 20 世纪 50 年代以后，国际贸易出现了许多新的倾向，主要表现在：同类产品之间的贸易量大大增加，发达国家之间的贸易量大大增加，以及产业领先地位不断转移。按照传统国际贸易理论观点：国际贸易的根源在于各国要素禀赋的差异。因此，国家之间要素禀赋的差异越大，它们之间的贸易量也应该越大。也就是说，各国和地区之间的贸易主要是不同产品之间的贸易，即产业间贸易。但第二次世界大战后，传统工业国家"进口初级产品—出口工业制成品"的模式逐渐改变，出现了许多行业既出口又进口的现象；发达国家与发达国家之间的贸易不断增加，已经成为全球贸易的主要形式。国际贸易现实中发生的这些新现象对传统国际贸易理论提出了挑战，这种新的倾向显然不能够用技术的差异或者要素禀赋的差异来进行解释，为此，经济学家开始从不同的角度对传统国际贸易理论进行了修正、补充与完善，逐步形成了新国际贸易理论。

1952 年，经济学家里昂惕夫发表了著名的有关 H – O 理论的报告以来，经济学家围绕着"里昂惕夫之谜"（The Leontief Paradox），放松了 H – O 理论的多项假设，引进了多种要素，提出了各种解说假想，构建了纷繁复杂的模型，出现了"百家争鸣"的局面。

（一）规模报酬递增理论

20 世纪 70 年代末，以经济学家保罗·克鲁格曼（Paul Kurgman）为首的经济学家提出了规模报酬递增理论，以企业生产中的规模经济

---

① 王佃凯：《比较优势陷阱与中国贸易战略选择》，《经济评论》2002 年第 6 期。

和世界市场的不完全竞争为基础来解释第二次世界大战后增长迅速的
工业国之间的贸易。

传统的国际贸易理论都假设产品的规模报酬不变，即所有的投入
增加 1 倍，产出也增加 1 倍。这种假设在以初级产品为中心的时代是
接近现实的。但是，在现代经济社会中，尤其是在大工业生产中，许
多产品的生产却具有规模报酬递增的特点。即随着生产规模的扩大，
每单位生产要素的投入会有更多的产出。也就是大规模生产能够获取
"规模经济"。

在"规模经济"和"垄断竞争"的条件下，企业的长期平均成本
随着产量增加而下降，市场需求量会随着价格的下跌而增加。在参与
国际贸易以前，企业所面向的只是国内的需求。由于国内市场需求有
限，企业不能生产太多，从而使生产成本和产品价格不得不保持在较
高的水平上。如果企业参与国际贸易，企业就能够形成一个一体化的
世界市场，产品所面临的市场就会扩大，国内需求加上国外需求，企
业就可以在一个比贸易前要狭窄的范围内专业化从事某些产品的大规
模生产。由于生产处于规模经济阶段，产量的增加反而使产品的平均
成本降低，从而在国际市场上增加了竞争能力①。

由于工业产品的多样性，任何一个国家都不可能囊括某一行业的
全部产品，从而使国际分工和贸易成为必然。但具体哪一国集中生产
哪一种产品，则没有固定的模式，既可以自然（竞争）产生，也可以
协议分工。但这种发达国家之间工业产品"双向贸易"的基础是规模
经济，而不是技术不同或资源配置不同所产生的比较优势。

规模经济通常可以分为内部规模经济和外部规模经济。按照克鲁
格曼的定义，内部规模经济指的是单位产品成本取决于单个厂商的规
模而不是行业的规模，外部规模经济指的是单位产品成本取决于行业
的规模而不是单个厂商的规模。对于内部规模经济来说，由于生产规
模的扩大和产量的增加，企业就能够充分发挥各种生产要素的效能，
更好地组织企业内部的劳动分工和专业化，提高厂房、机器设备的利

---

① 赵伟：《国际贸易——理论政策与现实问题》，东北财经大学出版社 2004 年版。

用率，从而使分摊到单位产品的固定成本越来越少，进而使产品的平均成本降低。具有内部规模经济的一般为大企业，多集中在汽车、钢铁等资本密集型产业中。而马歇尔在阐述外部规模经济时，指出了三个方面的原因：（1）厂商的集中能够促使专业化供应队伍的形成；（2）厂商地理位置集中分布能够为拥有高度专业化技术的工人创造出一个完善的劳动力市场；（3）厂商的集中有利于知识的"外溢"。[①] 由于同行业的增加和相对集中，企业能够更好地利用交通运输、通信设施、金融机构、自然资源、水利能源等生产要素，从而促使企业在运输、信息收集、产品销售方面成本的降低。如义乌的"小商品市场"、北京的"中关村电脑城"等地的企业。无论是外部规模经济还是内部规模经济，有其共同的基本特征：由于规模的扩大导致企业单位产品成本的降低，从而在要素禀赋相同的条件下，规模经济能够产生后天的比较优势。

（二）动态比较优势理论

传统的国际贸易理论从各国间劳动生产率、资源禀赋差异的角度，揭示了国际贸易产生的原因以及一国在现存要素禀赋条件下的贸易模式，不仅对国际贸易理论的发展作出了重大贡献，而且在指导国际贸易实践中发挥着重要的作用。但随着社会生产力和科学技术的发展，传统比较优势理论的适用环境发生了变化，其种种缺陷也逐渐显现出来，使其无法对当代国际贸易格局的变化作出令人满意的解释。

在这种背景下，一些经济学家放松了传统比较优势理论的假设条件，考虑多种因素和多种变量，特别是引进了动态、长期的观点出发，把生产要素的供求关系、政府政策、各种可利用资源的引进、开放等综合到贸易理论之中，从而将古典的静态比较优势理论动态化，逐步形成了动态比较优势理论。其核心观点是：第一，一国在经济发展中的比较优势或劣势是随着时间变动，并且可以人为改变的；第二，一国的比较优势不仅要考虑现存的产业结构，而且应该符合未来产业结构变化的需要；第三，与由先天决定的静态比较优势不同的是，动态

---

① 张亚斌：《内生比较优势理论与中国贸易结构转换》，中国经济出版社 2006 年版。

比较优势的形成要借助外力的干预，尤其是国家政策的扶持。

对动态比较优势理论进行探讨和研究基本上沿着两个方向进行，一个是沿着李嘉图的模型，仍把技术作为一种外生变量，但从动态角度分析技术变动对贸易模式和各国福利水平的影响；另一个则是把技术作为一种内生变量，研究技术变动、国际贸易与经济增长相互之间的关系①。前者包括鲍德温（R. E. Baldwin）、凯南（P. B. Kenen）等人的国际贸易新要素理论，弗农（Vernon）、赫希（Hirsh）、波斯纳（M. A. Porsner）和哈弗鲍尔（Hufbauer）等人的产品的生命周期与技术差距理论，赤松要、小岛清与山泽逸平的"雁形理论"，筱原三代平的"筱原原则"，蒙代尔（R. Mundell）的要素国际流动理论等，这些理论仍以赫克歇尔—俄林模型的比较优势理论为基础，不过将比较优势动态化了；后者主要是内生国际贸易理论，如保罗·罗默（Paul Romer）、克鲁格曼（Krugman）等人的"技术外溢"和"干中学"理论，乔赛亚·塔克（Josiah Tucher）、杨小凯和史鹤凌的新兴古典贸易理论。以下仅就一些主要的动态比较优势理论进行简单的叙述。

1. 筱原三代平的"筱原原则"

日本经济学家筱原三代平在 20 世纪 50 年代中期为日本规划产业结构时，提出了著名的"筱原原则"，即收入弹性原则和生产率上升率原则。筱原认为，高收入弹性产品的需求将随着人均收入的增长而更快地增加，需求高增长的产品就较易维持较高价格，从而获得较高的附加值，这必将使这些生产高收入弹性产品的产业在产业结构中能够占有更大的份额，因此，收入弹性较高的产业相对于其他产业具有明显的增长优势，应当作为优势产业加以扶持。生产率上升较快的产业，即意味着技术进步速度较快的产业，同时，这一产业也是投入产出效率较高的产业，在这种情况下，这一产业就可能在相对国民收入上占有越来越大的优势，资源将向这一产业流动，因此，具有较高生产率上升率的部门将在产业结构中占有更大比重。收入弹性原则是基于社会需求结构对产业结构的影响而言，而生产率上升率原则则是基于社

---

① 赵晓晨：《动态比较优势理论在实践中的发展》，《经济经纬》2007 年第 3 期。

会供给结构对产业结构的影响而言①。

根据收入弹性原则和生产率上升率的原则，筱原认为，一国应该追求"动态比较优势"，即使某个产业的发展现阶段并不符合本国的比较优势，但只要通过政策保护予以支持，那么等到该产业成长到一定规模时，反而符合未来的比较优势，因此政府干预，特别是战略性贸易政策，对经济增长有正面的促进作用。

筱原三代平在新的历史时期和国际环境下，进一步发展了李斯特的观点。他认为，如果按照李嘉图的理论，发达国家将其重点放在重工业等收入弹性高的产业，而发展中国家只发展农产品等收入弹性低、技术进步率低的初级产业，这种国际分工持续下去，就会使发达国家与发展中国家的收入差距进一步加大。因此，筱原三代平认为，如果日本原封不动地接受这种静态比较优势学说，是无法赶超欧美发达国家的。为了赶上和超过欧美发达国家，日本应该从发展的眼光和动态的角度来看待当前的比较劣势产业。一些劣势产业虽然现在没有优势，但经过一定时期，特别是给予有力的扶持，有可能转化为优势产业，即产品的比较优势是可以转化的。由此，他进一步认为，对那些有发展潜力又对国民经济有重要意义的产业，只要经过10—15年的积极扶持，是可以成为强有力的出口产业，能够取得动态的比较优势的②。

2. "雁形理论"

"雁形理论"（Flying Geese Pattern）最早是由日本经济学家赤松要对日本棉纺工业进行实证研究基础上得出的结论，即日本的某一产业通常经历从进口发展到国内生产，再发展到出口的过程，提出后进国的贸易格局应遵循"进口—国内生产—出口"的模式。由于这几个时期在图形上呈现倒"V"形，酷似依次展飞的大雁，故此得名。日本学者山泽逸平对赤松要提出的三个时期进行了进一步的划分，将其分成五个阶段：第一，进口阶段。对某一进口商品的需求逐渐增加，国

---

① 浙江大学管理学院、杭州计划委员会：《WTO 条件下杭州市农业发展战略研究》，http：//www.tt91.com/overseas/wenzhang_ detail.asp？ID =61098&s Page =1。

② ［日］小宫隆太郎等主编：《日本的产业政策》，国际文化出版公司 1988 年版。

内市场为其垄断，对该商品的模仿生产开始；第二，进口替代阶段。国内产品通过降低成本、提高质量，逐渐代替进口产品；第三，出口增长阶段。国内对该商品的需求增长缓慢，其生产的扩大由出口来维持；第四，成熟阶段。在国外商品的竞争下，出口增长减速，导致企业投资停滞，革新活动也停顿下来；第五，逆进口阶段。后发国家廉价商品进口，逐渐占领本国市场，而日本经济学家小岛清则将直接投资因素引入雁形形态，创立了所谓"直接投资主导型发展论"。该理论认为日本是东亚国家（地区）的"雁头"，日本的直接投资带动了东亚区域经济的发展①。

该理论揭示了后进国家参与国际贸易的模式以及实现产业结构升级的途径。第二次世界大战后日本的一些重要产业，如钢铁、石油化工、汽车、家电、电子工业的发展过程也具有明显的雁形形态。从日本在不同时期发展重点产业的实践过程来看，日本正是在追求动态比较优势和新兴产业国际竞争力过程中发展壮大起来的。

3. 小岛清的"边际产业论"

20 世纪 70 年代末，日本学者小岛清（KIYOSHI KOJIMA）在新古典贸易理论的基础上提出了"边际产业论"，将比较优势作了详细的分析，并涉及了比较优势的转移。小岛清认为：各国的劳动与经营资源的比率存在差异，这种差异导致了比较成本的差异，比较成本的差异使比较利润率出现差异，因此，对外贸易和对外投资可以建立在比较成本和比较利润率的基础之上。依据这一原理，一国应大力发展拥有比较优势的产业，并出口该产业生产的产品，同时，缩减比较劣势的产业，进口该产业的产品，这样可以获得贸易利益。投资国的对外投资应从处于或即将处于比较劣势的边际产业依次进行，对外直接投资与东道国的技术差距越小，技术就越容易为东道国所吸收和普及，因而就可以把东道国潜在的比较优势挖掘出来，使两国间的比较成本差距扩大，为更大规模的贸易创造条件。因此，他的比较优势理论的基本内容是：对外直接投资应该以本国已经处于或即将处于比较劣势的

① 史龙祥：《从比较优势看东亚经济发展模式的变迁》，《亚太经济》2006 年第 1 期。

产业（边际产业）依次进行，这些产业是指已处于比较劣势的劳动力密集部门以及某些行业中装配或生产特定部件的劳动力密集的生产过程或部门，凡是本国已趋于比较劣势的生产活动都应通过直接投资依次向国外转移。他还认为，国际贸易是按既定的比较成本进行的，根据从比较劣势行业开始投资的原则所进行的对外投资也可以扩大两国的比较成本差距，创造出新的比较成本格局。根据这一理论可以得到这样的推论：企业之所以进行跨国经营是因为其在本国已处于比较劣势的产业中，但是在对方国家则是处于显在或者潜在的比较优势的产业中。因此，当这种情况发生，进行跨国经营则是一个可以使利润最大化的行为，具有它的经济意义①。

4. 产品生命周期理论

1966 年，美国经济学家弗农在其《国际投资和产品生命周期中的国际贸易》一文中，从产品的技术变化过程，分析了国际贸易结构的变化规律，把产品生命周期理论引入到国际贸易分析中来。其核心观点是：技术差距是引起国际贸易的重要因素，产品的贸易是以技术上的领先和垄断为基础的。随着垄断地位的丧失，贸易流向随之发生变化。具体地说，一个新产品的技术发展大致有三个阶段：新产品阶段、成熟阶段、标准化阶段②。与此对应，各阶段新产品的出口成长变化过程如图 1-2 所示。

从图 1-2 可以看出，领先国家、跟随国家、欠发达国家在技术上的差距可以形成比较优势，但这种优势不会一直保持下去，而是要经历一个更替的过程，产品在任何一个国家都要经历一个生命周期。在产品生命周期早期，由于新产品需求价格弹性低、产量少而需求量大，产品主要在领先国家生产和消费。随着新产品在领先国家国内市场的饱和，新产品开始出口到其他的国家，跟随国家立即模仿生产，在国内市场销售，从而进口减少，直到最终出口。而随着新产品技术的不

---

① 小岛清：《对外贸易论》，南开大学出版社 1987 版；彭红斌：《小岛清的"边际产业扩张论"及其启示》，《北京理工大学学报》2001 年第 1 期。

② 赵伟：《国际贸易——理论政策与现实问题》，东北财经大学出版社 2004 年版。有一些教材把产品生命周期分为 5 个时期。

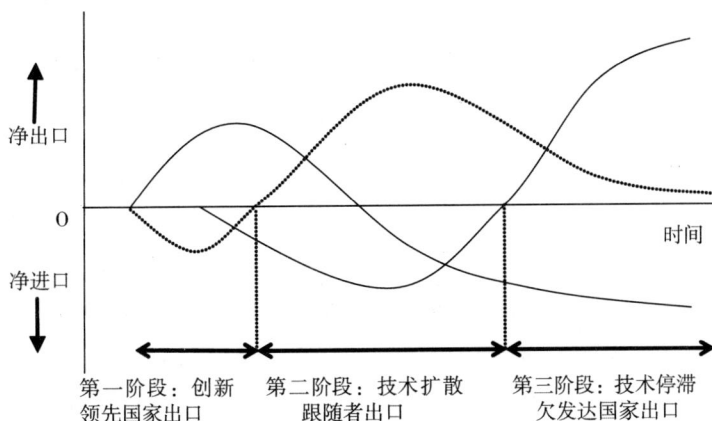

净出口

0

时间

净进口

第一阶段：创新　　　第二阶段：技术扩散　　第三阶段：技术停滞
领先国家出口　　　　跟随者出口　　　　　　欠发达国家出口

图1-2　产品生命周期理论各阶段新产品的出口成长变化过程

断成熟而变为标准产品时，资本和非熟练劳动力成为产品的主要构成要素，这时，最先生产这些产品的国家转向其他新产品的研究和开发，老的产品便转向欠发达国家生产与出口，原来的出口国可能成为进口国。

作为工业制品贸易的动态理论，产品周期理论对第二次世界大战的制成品贸易模式和国际直接投资，作出了令人信服的解释。它考虑了生产要素密集性质的动态变化、贸易国比较利益的动态转移，以及进口需求的动态变化，对落后国家利用直接投资和劳动力成本的优势发展制造业生产，具有较大的指导意义。

5．"干中学"学说与"技术外溢"

"干中学"的概念源于阿罗（Arrow，1962）在《经济研究评论》杂志上发表的《从干中学的经济含义》一文。阿罗认为，外生变量不能说明经济增长的动力与过程。在他所构建的模型中，知识本身就是一种生产要素，有关生产方法的知识积累是通过"学"来完成的，学习是经验的产物，并不只是时间的函数，且这种经验主要来自"干"。技术进步是知识的产物、学习的结果，而学习又是经验的不断总结。阿罗强调实践学习的重要作用，认为学习有两个效应：一是由于生产了更多的资本品而积累了更多的知识，使下一代资本品所含的技术水平得以提高；二是由于知识非独享性的溢出效应，使所有劳动力和固定资产在生产最终产品时的效率都能有所提高。美国经济学家保尔·罗默进一步发展了这种思想。他认为知识和技术是当今世界经济增长最重要的推动力，"干中学"式的技术进步大部分是从技术外溢中获得的，即从贸易或其他经济行为中自然输入了技术[1][2]。

在罗默"干中学"式的技术进步的基础上，克鲁格曼（Krugman，1987）和卢卡斯（Lucas，1988）分别讨论了技术外溢（Technology Spillovers）的问题[3]。在他们看来，所谓技术变动或技术进步并非都是一种前所未有的新发明。在许多情况下，技术进步只是学到了别人已有的先进技术。这种学习过程有时并非是最初的目的，而是在从事生产或其他经济行为时自然产生的副产品。作为先进技术的拥有者，有时也并非有意转让或传播他们的技术，而是在贸易或其他经济行为中自然地输出了技术，称为"技术外溢"。不管什么技术，都有一个外溢的过程，国际贸易在这一过程中发挥了重要作用。"干中学"式的技术进步大部分是从这种技术外溢中获得的。克鲁格曼认为，如果引进国将外溢国的技术用于比较优势产业，则对两国均有利；反之对两国均不利。假设国内技术外溢的速度高于国际技术外溢，国家原先的领先产业有加速发展的可能，原有的比较优势会增强。技术的传播使各国的差异不断扩大[4]。

与技术创新不同，技术外溢是指国家之间进行贸易时，自然而然输出技术的结果，它不需要大量投资和研究，因此它是发展中国家技术进步的重要途径。"干中学"学说与"技术外溢"强调了技术变动对国际贸易的动态影响[5]。

---

[1] Arrow, K. J., 1962, "The Economic Implications of Learning by doing", *Review of Economic Studies*, Vol. 29.

[2] 赵晓晨：《动态比较优势理论在实践中的发展》，《经济经纬》2007 年第 3 期。

[3] Lucas, R. E., 1988. "On the Mechanics of Economic Development", *Journal of Monetary Economics*, Vol. 22.

[4] Krugman, P. R., 1987, "A Model of Innovation, Technology Transfer, and the World Distribution of Income", *Journal of political Economy May*, 1987.

[5] 赵晓晨：《动态比较优势理论在实践中的发展》，《经济经纬》2007 年第 3 期。

6. 杨小凯等的内生比较优势理论

20 世纪 80 年代以来，杨小凯等人发展出内生比较优势理论，他们以个人专业化水平的决策以及均衡分工水平的演进为基础，用分工理论对比较优势动态化又作了进一步的分析。他们认为比较优势是人们在后天通过分工获得的，并随着分工专业化程度的提高而不断提高。杨小凯的新兴古典贸易主义回归了斯密对分工的分析，并且加入了交易费用的思想，从而找到了一个分析国际贸易中比较优势的全新角度①。

在杨小凯看来，专业化的生产可以提高劳动生产率，但同时也带来了交易次数的增加，这也就意味着交易费用的增加，这就形成了两难的矛盾，在市场经济的条件下，这个矛盾冲突最终会达到平衡，这时的专业化程度就是最佳的分工水平。在这种分工经济中，人们从事各自不同的专业，而不必亲自生产每一种生活所需的产品，这就减少了人们需要学习的技术的数量，降低了学习费用，从而降低了生产成本，形成自己的比较优势。由此可见，这里的比较优势是人们在后天通过分工获得的，并随着分工专业化程度的提高而不断提高的，因此，它是内生的、动态的比较优势②。

另外值得一提的还有著名经济学家波特，他虽然不承认有比较优势的存在，提出"竞争优势"这一概念替代比较优势，但是实际上，"动态比较优势"跟"竞争优势"有着非常多的相似之处，他对竞争优势的动态分析还是非常有借鉴意义的，所以我们在下面专门安排一小节来进行讨论。

7. 国家竞争优势理论

国家竞争优势理论认为国家竞争优势是指一个国家使其企业或产业在一定的领域创造和保持竞争优势的能力。波特（1992）认为，一个国家的产业在国际上能否具有竞争力，取决于国家竞争优势，而国

---

① 杨小凯、张永生：《新兴古典经济学与超边际分析》，中国人民大学出版社 2000 年版。
② 王元颖：《从斯密到杨小凯：内生比较优势理论起源与发展》，《技术经济》2005 年第 2 期。

家竞争优势又是由四因素决定的。它们是：生产要素（包括人力资源、自然资源、知识资源和资本资源以及基础设施）；市场需求条件；相关和支持产业的状况；企业的策略、市场结构与竞争对手。这四个因素的每一组都可单独发生作用，但又同时对其他因素产生影响。四因素结合成一个体系，共同决定一国的国家竞争优势。除外，还有两个不可或缺的辅助因素对国家竞争优势产生重要影响，这就是机遇和政府行为。机遇包括重要的新发明、重大技术变化、投入成本的剧变（如石油危机）、外汇汇率的重要变化，等等。但是机遇对于竞争优势的影响不是决定性的，能否利用机遇以及如何利用，还是取决于四种决定因素。政府对国家竞争优势的作用十分重要，它可以通过对四种决定因素的引导和促进来发挥作用。但由于政府的影响主要是通过对四种决定因素的影响来实现的，所以它并没有被纳入决定因素之中。上述四个决定因素加上两个辅助因素可绘成一个菱状钻石图形，来表明它们之间的相互关系，所以又称之"钻石模型"①。

从波特的论述中不难发现，作为理论分析框架，竞争优势与比较优势理论是不同的。比较优势理论主要是为解释国家之间贸易的原因、贸易的方向和贸易利益的分配而提出的，而竞争优势理论是从国家、产业等参与国际竞争的角度而提出的，二者分析的目标方向有所不同，但是它们同属于对国际贸易以及外贸增长方式的理论框架范围。

第二节　有关外贸增长方式的观点综述

经济增长方式是原苏联和东欧社会主义国家经济学者在 20 世纪 60—80 年代分析计划经济体制下经济发展存在的问题和改进方向时提出的概念。按照经济学界通常的定义，所谓经济增长方式，就是实现经济增长不同要素的组合形式，或者说是经济增长过程中生产要素投入与全要素生产率提高的构成方式，即实现经济增长所依赖的增长源

---

① 迈克尔·波特：《国家竞争优势》，华夏出版社 2002 年版。

泉的构成及其路径选择。

经济学界对经济增长方式有多种不同的划分：从经营方式或经济增长的效率角度把经济增长方式分为粗放型和集约型经济增长；从扩大再生产的角度把经济增长方式分为外延型经济增长方式和内涵型经济增长方式；从决定经济增长因素的贡献率等不同角度把经济增长方式分为主要依靠要素投入的增加推动经济的增长和主要依靠生产率的提高推动经济的增长。

由外贸增长方式与经济增长方式的关系，以及外贸增长方式涉及的因素来看，转变外贸增长方式涉及了外贸结构、综合效益、资源的可持续开发和环境等多个因素。因此，转变外贸增长方式通常不是孤立进行的，而是结合各方面因素综合考虑而制定的外贸综合发展战略。有关中国应该实行什么样的对外贸易战略以及对外贸易如何实现外贸增长方式转变，归纳起来主要有以下几种观点。

一、实行比较优势发展战略

持有该观点的一批经济学家认为，比较优势是一国外贸增长的基础，当一地区需求偏好同质时，比较优势可以决定出口表现（Balassa，1965；Krugman，1987；Grossman and Helpmen，1990、1991），因而一国应该按照比较优势参与国际分工与贸易[1]。Lin、Cai 和 Li（1996）的研究表明，中国实行改革开放政策以后，国民经济从资本密集型的、以重工业为导向的发展战略转向劳动密集型的、以比较优势为导向的发展战略，这一转变使得中国能够更好地利用自身的比较优势，并在过去 20 年中极大地刺激了贸易和经济的增长[2]。

那么，以比较优势为导向的发展战略到底在多大程度上刺激了贸易的增长，进而带动了中国经济的高速增长？Chang 和 Ping（2002）用

---

① Balassa, Bela, 1965, "Tariff protection in industrial countries: An evaluation", *The Journal of Political Economy*, Vol. 73; Grossman, G. M. and E. Helpmen, 1991, *Innovation and Growth in the Global Economy*, Cambridge, MA: The MIT Press.

② 刘佳、陈飞翔：《关于中国实现比较优势动态转换的路径选择——一个文献综述》，《财贸研究》2006 年第 1 期。

RCA 方法度量了中国（1980—1998 年）各行业的显性比较优势，结果表明：中国在劳动密集型行业具有明显的比较优势，在中国经济的转型过程中，比较优势可以合理地解释中国出口商品的结构和数量的变化。张小蒂、李晓钟（2003）认为，随着对外开放的逐渐扩大和贸易自由化的影响，中国的显性比较优势指数逐步与其劳动资源密集的禀赋相吻合。在中国经济的转型过程中，比较优势可以合理地解释中国出口商品的结构和数量的变化[①]。从 20 世纪 90 年代初期以来，以林毅夫为代表的一批赞成在中国实施比较优势的学者一直强调：发展中国家一般资金比较匮乏，如能选择劳动或资源比较密集的产品并以劳动或资源比较密集的技术来生产，就会快速实现资本积累，为产业发展和结构升级奠定基础。一国应该按照本国的比较优势来选择技术、发展产业——没有优势的就应该进口，有优势的就应该出口。简单地说，所谓比较优势发展战略就是要在经济发展的每一个阶段上都选择符合自己要素禀赋的产业结构和生产技术。比较优势战略不仅促进经济快速发展，而且有助于缩小与发达国家的差距，所以一个国家只有充分地发挥自己经济的比较优势才能实现其竞争优势[②]。近年来，林毅夫进一步指出，未来 30 年中国要保持持续的经济增长，必须继续发挥比较优势战略，中国要实现构建和谐社会的经济和社会目标，也必须通过发挥比较优势战略来实现[③]。具体到中国的对外贸易战略上和政策手段上，应该包含以下几个方面。

战略目标：不是直接以提高产业结构、技术结构为目标，而应以提升中国的要素禀赋结构为目标。所谓提升要素禀赋结构，是指增加资本在要素禀赋结构中相对丰富的程度。通过提升要素禀赋结构来促

---

① 刘佳、陈飞翔：《关于中国实现比较优势动态转换的路径选择——一个文献综述》，《财贸研究》2006 年第 1 期。

② 张志敏：《中国对外贸易战略调整及其转换路径：一个文献综述》，《改革》2007 年8 月。

③ 有关林毅夫等人的观点参见其近 10 年的一系列研究成果，主要包括：《推行比较优势战略》，《中国市场》1999 年第 10 期；《比较优势与发展战略——对"东亚奇迹"的再解释》，《中国社会科学》1999 年第 5 期；《发展战略、自生能力和经济收敛》，研究报告，2001，网上资料；《国家发展战略的选择方式和绩效检验》，《江海学刊》2002 年第 4 期。

进产业结构、技术结构、经济结构的调整。

立论基础：一个国家的产业和技术结构取决于本国的要素禀赋结构。当一个国家的劳动资源相对丰裕，劳动密集型产业就是该国的比较优势产业。如果发展劳动密集型为主的产业，由于生产过程使用较多廉价的劳动力，节约昂贵的资本，其产品相对来说成本就比较低，因而具有竞争力。通过大量销售劳动密集型产品可以获得大量的利润，而获得的利润将转化为资本的积累，进而增加资本在要素禀赋结构中相对丰富的程度。如果不顾自己的比较优势强行推行资本密集型产业优先发展的战略，所能做到的仅仅是把有限的资本倾斜地配置到少数几个产业上，其他产业则将得不到最起码的资本。结果，所扶持的产业，固然在扭曲价格和国家保护政策下可以成长起来，但在保护下必然缺乏竞争力，受压抑的产业因为得不到足够的资本，也难以形成有效的竞争力。因而，整个经济缺乏竞争力，综合国力的提高只能落空。按照比较优势战略理论，政府的作用是维护市场的竞争性和规则。政府不能通过干预来保护、扶持不具自生能力的产业。

产业政策：与其说是要求企业家去做什么，不如说是提供一些可能的机会供企业家选择。产业政策提供经济比较优势的动态变化趋势的信息，而且政策目标不能和现有的比较优势相距太远。

贸易政策：政府实行中性的贸易政策，既不鼓励进口替代，也不推行出口促进。前者导致进出口贸易都受到削弱，出口削弱是因为资源会被从具有比较优势的产业转移去发展不具有比较优势的产业。后者即使企业的产品拥有很高的出口比率，并且技术进步的速度也很快，出口也会是没有利润的。

比较优势战略理论认为要素禀赋结构决定产业结构和技术结构，因而以要素禀赋结构的提升为目标，为外贸战略乃至经济发展战略的研究提供了一个新思路。比较优势战略受到的质疑，主要有以下几个方面。

1. 中国主要依靠劳动密集型产品产出增加和出口扩张，将导致贸易条件恶化，贸易的绝对利益增加，相对利益减少，并出现逆工业化的产业选择。而且，中国劳动密集型产品面临其他亚洲国家的竞争日益激烈，国际市场对中国劳动密集型产品的限制日益加剧，劳动力资源相对丰裕的各发展中国家同时实行比较优势战略，则会出现"合成谬误"。

2. 比较优势战略把资本要素的积累作为比较优势改变的惟一源泉，使比较优势战略的可行性在理论上就值得怀疑。首先，在经济全球化日益发展的条件下，资本的丰裕程度已不再取决于国内储蓄率，资本已经成为一种外生的比较优势，它对经济发展的重要性正在减弱；其次，这个战略没有把技术创新和边干边学纳入分析的视野，而新增长理论一再揭示内生的技术才是经济增长的不竭之源，资本丰裕并不代表有增长潜力。

3. 全球化时代生产要素跨国流动的增加，导致比较优势与竞争优势的分离。中国的劳动密集型产品虽然具有比较优势，却不具备竞争优势。

4. 中国不必消极地按照外生（历史形成的）的比较优势参与国际分工，而应积极地通过技术进步、人力资本投资以获取内生的比较优势，使中国在国际分工中处于较为有利的地位。

二、比较优势陷阱论

洪银兴（1997）较早提出，以本国拥有的资源的相对优势来确定贸易结构，虽然可以获得贸易利益，但不能缩短与发达国家的经济差距，单纯根据资源禀赋来确定结构和企图以劳动密集型产品作为出口导向，就会跌入"比较优势陷阱"[①]。熊贤良（1995）认为，中国这样的发展大国不适用于运用比较优势的外贸增长方式，因而也不可能像亚洲"四小龙"那样仅仅依靠有限的几种劳动密集型产品就能实现经济的持续快速发展[②]。徐清军（2000）则认为，在科技创新突飞猛进的情况下，建立劳动密集型产品的"比较优势"将难以为继[③]。王允贵

[①] 洪银兴：《从比较优势到竞争优势》，《经济研究》1997年第6期。

[②] 熊贤良：《大国对外贸易相对重要性的降低》，《财贸经济》1995年第10期。

[③] 徐清军：《论我国实施比较优势战略在未来外贸中的不适应性》，《现代财经》2000年第12期。

（2002）等人认为，中国加入 WTO 后，如果依照比较优势原则参与国际分工、配置资源，必然会强化纺织、服装等劳动密集型行业在经济增长中的地位，从而造成劳动密集型产品膨胀和过度出口的情况；同时出口的急剧扩张也必然会造成价格下降，加之劳动密集型产品的需求弹性小，供给弹性大，可能会使中国出现贫困化的增长[①]。王佃凯认为，比较优势战略过分地强调静态的贸易利益，忽略了贸易的动态利益。不利于产业结构的演进、技术的进步以及制度的创新。通过发展比较优势即使实现了资本积累，也难以使中国获得长期利益。如果完全按照这一优势进行国际分工，在与以技术和资本密集型产品出口为主的经济发达国家的贸易中，总是处于不利的地位，甚至会导致"比较优势陷阱"。马述忠（2002）、尹翔硕（2002）、张鸿（2005）、张幼文（2005）等人也持同样的观点[②]。张幼文还进一步指出，劳动密集型的产业分工之所以处于不利的地位是因为：一方面，劳动密集型的产品可替代性比较强，市场与分工的地位很不稳定；另一方面，经济全球化存在着的体制偏向决定发展中国家将处于不利地位[③]。可见的情况是，迄今为止，没有一个国家是通过贸易自由化进入发达国家行列的，即使像美国这样极力鼓吹贸易自由化的国家，在实现工业化之前也采取了高关税的保护政策（Rourke and Kevin，2000），甚至是今天，发达国家凭借其贸易垄断地位，仍对发展中国家采取歧视性贸易政策，这进一步把发展中国家推进了"比较利益陷阱"（洪银兴，1997；邱曼萍、陈洪斌，1998）[④]。

---

① 王允贵：《WTO 与中国对外贸易发展战略》，经济管理出版社 2002 年版。

② 马述忠：《从比较优势到竞争优势——兼论我国实施比较优势战略的不适应性》，《云南社会科学》2002 年第 1 期；尹翔硕：《比较优势、技术进步与收入分配——基于两个经典定理的分析》，《复旦学报：社会科学版》2002 年第 6 期；张鸿：《关于中国对外贸易战略调整的思考》，《国际贸易》2005 年第 9 期；张幼文：《从廉价劳动力优势到稀缺要素优势——论"新开放观"的理论基础》，《南开学报：哲学社会科学版》2005 年第 6 期。

③ 张志敏：《中国对外贸易战略调整及其转换路径：一个文献综述》，《改革》2007 年 8 月。

④ 洪银兴：《从比较优势到竞争优势》，《经济研究》1997 年第 6 期；邱曼萍、陈洪斌：《如何跳出比较利益陷阱——论比较优势、竞争优势与经济发展》，《世界经济研究》1998 年第 5 期。

比较优势陷阱论的基本分析思路是：经济学家在对"里昂惕夫之谜"的解释和争论中，有一点已非常明确，这就是劳动密集型产品和资本密集型产品不是依产品本身来区分的，而是视生产过程中要素投入比例而定。就是说，同样一种产品，在发展中国家可能是以密集的劳动生产的，在发达国家可能是以密集的资本生产的。这就是为了解释"里昂惕夫之谜"而提出的要素密集度逆转。虽然发展中国家劳动密集型产品因其工资低而具有低成本优势，但发达国家面对国内充分就业的压力，会以各种壁垒阻碍廉价的劳动密集型产品进入。在劳动密集型产品和技术密集型产品的贸易中，以劳动密集型和自然资源密集型产品出口为主的国家总是处于不利的地位。

对比较优势陷阱论也产生了以下几方面的质疑：（1）如果不充分利用其自身的比较优势，对特定产业进行扶持发展，将可能导致资源扭曲利用，形成产业的畸形结构。（2）过度看重比较优势陷阱可能会导致发展过慢，裹足不前，不能完全进行有效的要素安排。（3）在现实经济生活中，要素密集性质逆转尚不具有一般性的普遍意义，可能性很小，不足以对之形成有力的佐证。显然，比较优势陷阱论并不是完全否定比较优势战略论。实质上，比较优势陷阱论在于告诫人们不要静止和僵化地看待比较优势理论，提醒那些仍然把比较优势理论作为制订对外贸易长期发展战略的主要理论依据的国家，要动态地看待比较优势战略论。

对劳动密集型产业的状况我们有着理性的认识，但是如何有效地回避"比较优势陷阱"或者说寻找有效的后天发展途径，却有着不同意见。根据发展较快的发展中国家的经验，创造竞争优势涉及两个问题：一是结构导向的转变，要从自身的供给条件转向国际市场需求；另一个就是以新产品打进国际市场。有学者认为合理地发展技术和资本密集型产业是首选，应该积极提升产业结构水平。也有学者从目前劳动密集型产业效益低下出发，认为比较优势战略不适合中国外贸发展的新需要，"推行竞争优势战略成为我国外贸发展的必然选择"（徐清军，2000；徐元康，2003）①。

其实，"比较利益陷阱"与比较优势原理是一个问题的两个方面，他们本就是对立统一的（林毅夫、李勇军，2003）。作为一把双刃剑，它提醒发展中国家在选择发展战略的过程中，首先必须遵循比较优势准则，同时，发展中国家——包括中国，在经济发展过程中也要规避"比较利益陷阱"，实现从比较优势向竞争优势的升级。

三、有管理的贸易自由化战略

王允贵在分析中国加入 WTO 对政策手段的约束条件的基础上，结合中国经济结构转换的内在要求，提出了能平衡自由贸易与政府干预矛盾的新外贸战略——有管理的贸易自由化战略②。

战略目标：在加入 WTO 的前 15 年内的目标就是大力发展中技术产业，把中国建成全球规模最大最具活力和创新力的制造业基地；之后的 15 年，依托发展中技术产业所积累的要素，向高技术产业迈进。力争到 2030 年把国民经济调整到以中高技术产业为结构基础的发展轨道上来，涌现出几个全球竞争优势突出的技术密集型或知识密集型产业。

立论基础：中国加入 WTO 的主要目标不应是追求静态的比较利益，而应把着眼点放在获取动态的比较利益上，即通过广泛参加国际分工，分享全球技术进步的外溢效应；在适当的保护和激励下，技术密集型产业经过"干中学"的锤炼而成为出口主体；建立起以全球市场为目标的规模经济产业。如果主要依靠劳动密集型产品产出增加和出口扩张，不具有比较优势的资本与技术密集型产业相对萎缩，就有可能使中国出现贫困化增长，出现逆工业化规律的产业选择。适度贸易干预的理论基础是动态比较优势理论和战略性贸易政策。政府的作用是在 WTO 规则的范围内合理干预贸易。

产业政策：不再以劳动密集型和资本密集型标准区分和规划产业，

---

① 徐元康：《比较优势战略在我国经济发展中的不适应性研究》，《改革》2003 年第 5 期。
② 王允贵：《WTO 与中国贸易发展战略》，经济管理出版社 2002 年版。

而是采用技术密集度分类法把产业划分为不同技术层次的组别。扶持中技术产业，即汽车、化工、电气和电子设备、精密机械等，重点发展半导体、数控机床等极少数幼稚产业。

贸易政策：对大多数产业实行自由贸易政策的同时，对少数产业实行低保护和温和的出口鼓励政策。

有管理的贸易自由化战略理论的贡献在于：

1. 开创性地将中国加入 WTO 的具体承诺作为制定外贸战略的约束条件之一，使得其战略制定能够切合中国国际贸易环境的最新实际。

2. 有管理的贸易自由化战略是对钱纳里的贸易自由化战略的修正和发展，平衡了 WTO 框架下贸易政策中型化约束与中国产业结构升级需要政府干预的矛盾。

3. 阐述了技术是全球化时代比较优势和竞争优势统一性最好的要素，引入了制造业的技术分类方法，主张用技术密集度来统一中国产业类型；从中国现阶段产业结构升级的要求、防止贫困化增长、中技术产业的经济特征、中国发展中技术产业的条件等方面全面、系统地阐述了中国优先发展中技术产业的必要性和可行性。以优先发展中技术产业作为中国贸易战略的产业政策，具有前瞻性和可操作性。

但该理论也存在不足之处，比如：该理论立论以国内市场经济体制健全与完善作为贸易干预成功的假定条件，但是由于一些假定条件短期内难以完全成立，因此，贸易政策的实用性就值得进一步推敲。

四、内撑外开战略

刘力针对发展中大国的特征，在充分肯定贸易对发展中大国的重要作用，否定传统外贸战略对发展中大国的适用性的情况下，提出了内撑外开战略：即以国际比较优势为依据，以国内市场为支撑，以适度保护为辅助，全面对外开放的外贸战略[①]。

战略目标：保证本国现有比较优势的发挥，促进新比较优势的产生。

---

① 刘力：《内撑外开：发展中大国的贸易战略》，东北财经大学出版社 1999 年版。

立论基础：在开放经济中遵循比较优势原则意味着实行机会成本原则的空间由国内拓展到国外，既可以利用国内的比较优势，也可以借助国外的有利条件。出口可以为该国机会成本小的产品的生产提供广阔的销售市场，而机会成本大的产品的进口则可以使其腾出更多的资源用于机会成本小的产品的生产，其结果必然会大大提高生产效率，提高福利水平。开放经济中实行比较优势原则更有利于国家依据机会成本原则选择高效率的产业，淘汰低效率的产业。广阔的国内市场对发展中大国的贸易发展具有重要的支撑作用。政府的作用是对外采取符合国际规则的适度保护措施，对国内市场确保市场机制在资源配置中的基础性作用。

产业政策：继续大力发展劳动密集型产业（优势产业），把资本密集型产业和技术密集型产业（劣势产业）推向国际竞争，选定部分产业作为幼稚产业加以扶持和保护。

贸易政策：对经过严格选择的幼稚产业实行适度、短期的保护政策。

内撑外开战略是以动态比较优势为立论基础，强调发展中大国以国内市场为支撑，促进本国新比较优势的产生。即厂商通过国内市场建立起生产的规模经济进而获得国际竞争力。中国从家电产品的进口国转变为净出口国，说明内撑外开战略对于一些产业具有一定程度的有效性。但是，按照内撑外开战略的产业和贸易政策，只有经过选择、加以扶持和保护的产业才有机会通过国内市场的支撑而建立起规模经济、获得国际竞争力，其他资本密集型和技术密集型产业（劣势产业），则有可能在国际竞争中被淘汰，同样导致出现劳动密集型产业（优势产业）过度扩张的弊端。

五、从比较优势到竞争优势

持有这种观点的经济学者认为，比较优势确实存在着不足，但在中国继续存在的可能性仍然存在。竞争优势等战略尽管有许多优点，但在目前的中国进行大面积推广仍然存在着局限性。中国在对外贸易增长方式的选择上，既应该遵循比较优势原则同时又能较好地规避

"比较利益陷阱"，实现从比较优势向竞争优势的过渡，这种观点实际上对上述观点既没有一概否定，也不是全盘肯定，由此形成了有别于上述观点的"中间派"，是上述几种观点的折中。

国内部分学者（邱曼萍、陈洪斌，1998；徐清军，2000；徐建斌、尹翔硕，2002）认为，对于长期遵循比较优势的发展中国家而言，不仅不能实现经济的赶超和产业结构的升级，而且极容易掉入"比较利益陷阱"，所以应放弃古典的比较优势理论，采用竞争优势战略①。林毅夫、李永军（2003）的研究认为，比较优势理论和国家竞争战略之间是统一的，充分发挥经济的比较优势是波特战略体系中四种主要因素存在和发挥作用的必要条件，或者说，充分地发挥经济的比较优势是国家创造和维持产业竞争优势的基础，只有在充分发挥比较优势的基础上，竞争战略才有用武之地，二者不可偏废②。张小蒂（2001）等人认为，竞争优势战略属于广义的比较优势战略。因为在完全竞争的世界里，不存在规模经济与公司活动，产品是同质的，不存在非价格竞争，因此，比较优势直接体现为价格竞争优势，比较优势与竞争优势是完全一致的。在不完全竞争的当代世界中，国际贸易是按照包括了竞争优势在内的广义比较优势进行的，价格竞争优势不但来源于比较优势，还可能来自规模经济、产品差异等因素。对于这一观点，以洪银兴、熊贤良、左大培等为代表的非主流经济学家大都持肯定态度，他们甚至认为，为了规避"比较利益陷阱"，必须坚持按比较优势调整产业结构，在经济"起飞"以后，努力寻找到能够提高中国产品总体竞争力的道路③。

至于中国比较优势升级的路径选择问题，陈智远（2002）等认为，

---

① 邱曼萍、陈洪斌：《如何跳出比较利益陷阱——论比较优势、竞争优势与经济发展》，《世界经济研究》1998 年第 5 期；徐清军：《论我国实施比较优势战略在未来外贸中的不适应性》，《现代财经》2000 年第 12 期；徐建斌、尹翔硕：《贸易条件恶化与比较优势战略的有效性》，《世界经济》2002 年第 1 期。

② 林毅夫、李永军：《比较优势、竞争优势与发展中国家的经济发展》，《管理世界》2003 年第 7 期。

③ 张小蒂：《技术创新、政府干预与竞争优势》，《世界经济》2001 年第 7 期；张志敏：《中国对外贸易战略调整及其转换路径：一个文献综述》，《改革》2007 年 8 月。

在比较优势动态化的过程中，核心的因素是资本积累①，所以，国家资本积累的能力成为经济增长和发展过程的关键动力。给定劳动力资源的增长途径，资本积累的动态过程也就是要素禀赋结构和比较优势的动态变化的过程。因此，国家经济发展的过程同时也就是其经济的比较优势发展的动态过程。只有遵循自己的比较优势来发展经济，企业和产业才能最大程度地创造经济剩余，国家才能最大程度地积累资本，进而不断实现技术进步，最终获得最高层次的竞争优势，实现国家的竞争战略（林毅夫、李永军，2003；洪银兴，1997；廖国民、王永钦，2003）②。

从现实来看，作为发展不平衡的贸易大国，各种贸易理论都可以找到适合的条件和土壤，因此，不能用单一贸易理论作为贸易战略的基础。

第三节　中国如何从贸易大国走向贸易强国的观点综述

一、中国对外贸易在世界中的地位

加入世贸组织以来，中国对外贸易进一步实现了持续、快速增长，贸易规模已上升到世界第三位，成为名副其实的制造大国、贸易大国，但由于"中国制造"存在知名品牌数量少、技术含量低、自主创新能力弱、对外贸易商品大都处于价值链的低端等一系列问题，中国目前还称不上贸易强国，这一点得到了政府界、企业界、学术界共同的认识。迈克尔·瓦尔蒂克斯（2002）、大卫·墨非（2003）认为中国正在迈向贸易大国③；陈飞翔、吴琅（2006）从中国在贸易规模上的排名仅

①　陈智远：《动态比较优势经验研究》，《世界经济文汇》2002 年第 1 期。
②　廖国民、王永钦：《论比较优势与自生能力的关系》，《经济研究》2003 年第 9 期。
③　迈克尔·瓦尔蒂克斯、大卫·墨非：《贸易大国的兴起》，《远东经济评论》2003 年 3 月 20 日；李峰：《贸易大国和贸易强国的评判体系指标化及实证分析》，湖南大学学位论文，2007 年。

次于美国、德国而认为中国已经毫无疑问地成为贸易大国，但还不是贸易强国[①]；隆国强（2004）从和平的角度出发，认为中国正在成为一个贸易大国[②]；而张幼文（2004）通过建立一系列经济强国的指标体系来分析中国对外贸易的现状，证明中国已经是一个贸易大国，但并不是一个贸易强国[③]。魏浩、丁杰、马野青（2004）认为，中国目前已经进入了贸易大国的行列，但还不是贸易强国。中国与贸易强国的具体差距主要表现为：中国的贸易条件不断恶化、高科技产品在中国出口商品结构中所占的比重很低、外资企业是中国对外贸易的主体、中国出口商品品牌化程度低、中国对外贸易的市场分布比较集中[④]。

从上面的有关文献可以看出，对于中国目前在世界贸易所处的地位，无论是国内学者还是国外学者都一致认同中国现在是一个贸易大国，但还不是贸易强国。不足之处在于学者们鉴定贸易大国的指标都是从贸易总量来说明的，并考虑贸易结构和人均贸易额，而且对于贸易大国还是贸易强国更多的是从直观判断上来推断，缺乏一定的理论基础。

二、贸易强国的定义与标准

与贸易大国仅仅强调数量、规模不同的是，贸易强国最基本的要求是该国在世界贸易市场具有一定的影响力，能够在激烈的世界市场中占有一定的主导地位。但尽管如此，由于对外贸易强国仍然是一个相对的概念，具有丰富、系统的内涵，因而不同的学者给出了不同的定义。汪毅夫认为贸易强国应该符合以下六个方面的条件：外贸增长方式为质量型和效益型；掌握出口产品的关键技术、知识产权及销售渠道；出口产品具有高附加价值；出口产品以高科技工业制品为主；出口企业及产品具有较高的国际市场竞争力；具有对外国商品进行反

① 陈飞翔、吴琅：《由贸易大国到贸易强国的转换路径与对策》，《世界经济研究》2006 年第 11 期。

② 隆国强：《解析中国贸易大国的崛起》，《港口经济》2004 年第 3 期。

③ 张幼文、徐明棋：《强国经济——中国和平崛起战略和道路》，人民出版社 2004 年版。

④ 魏浩、丁杰、马野青：《我国迈向世界贸易强国的外贸战略》，《经济前沿》2004 年第 12 期。

倾销、反补贴的能力①。张幼文（2004）、陈泽新（2004）则通过建立一系列的指标体系来分析贸易强国的综合特征②；陈飞翔认为，所谓贸易强国是指出口商品和服务中高级生产要素含量高、以价值型贸易为主体、能在国际贸易中获得主要利益的国家或经济实体，它需要从外贸特征（外贸结构与贸易条件）、外贸基本面、外贸对经济发展的作用等三个方面来加以把握③；张科（2006）从市场份额占有率、产品竞争力以及国内经济基础、贸易规则的制定、人文教育发展等 14 个指标，选取 22 个国家，用因子分析法得出贸易大国的指标因子、服务环境因子、国内经济影响程度因子以及区域合作 4 个因子④。黄锦明在总结有关专家观点的基础上，认为贸易强国应该包括 7 个部分：核心竞争力指标：本国控制了出口商品的核心要素——技术与品牌；外贸微观基础——拥有一批综合实力很强的跨国公司；贸易商品结构——以技术密集型、资本密集型的工业制成品为主要出口商品；外贸增长方式——以效益型、质量型为主；在国际市场具有较强的竞争力；具有较强的对外投资能力；具有较强的参与与制定和影响区域经济一体化、区域多边、双边、全球贸易规则的能力⑤。魏浩、申广祝（2006）则认为，贸易大国的单位主要是从贸易数量方面来考虑的，而贸易强国的地位则主要从贸易质量方面来考虑的，其主要衡量指标有：（1）贸易条件——改善还是恶化。贸易强国应该是逐步改善，并从中获取更多的贸易利益；（2）贸易结构——出口产品中高科技产品的比重。贸易强国的这一比重应该更高；（3）贸易主体——是内资企业还是外资企业。贸易强国应该以内资企业为主；（4）贸易内容——服务贸易与货物贸易的结构。贸易强国应该是服务贸易逐步增加，并成为对外贸易的主要内容；（5）贸易品牌——是否拥有自己的商标。贸易强国应该

---

① 汪毅夫：《贸易大国走向贸易强国的政策选择》，《中国对外贸易》2005 年第 5 期。

② 张幼文、徐明棋：《强国经济——中国和平崛起战略和道路》，人民出版社 2004 年版；陈泽新：《中国贸易业绩指数》，北京商业局，2004。

③ 陈飞翔、吴琅：《由贸易大国到贸易强国的转换路径与对策》，《世界经济研究》2006 年第 11 期。

④ 张科：《贸易强国、比较优势和要素禀赋》，广东外语外贸大学，2006 年。

⑤ 黄锦明：《中国迈向贸易强国的理论与对策研究》，浙江大学出版社 2007 年版。

具有自主的品牌；（6）贸易差额——顺差还是逆差。贸易强国应该利用进口来影响其他国家经济，而不是一味追求出口；（7）贸易市场——分散还是集中。贸易强国应该分散市场，特别是出口市场，减少对某些国家的依赖①。

综合上述，学者们就贸易强国的定义从定性与定量两方面进行了多种尝试，但主要内容大同小异，基本上包括贸易竞争力、贸易条件、贸易品牌、贸易结构、贸易发言权等一系列指标。但这些指标都比较分散，没有一个系统性的论述。

三、由贸易大国向贸易强国转变的实现途径

目前政府、企业界、学术界对贸易强国的研究重心是如何尽快实现从贸易大国走向贸易强国的转变。围绕着转变的途径，国内学者进行了一些初步的研究，取得了一些初步的成果。

陈飞翔（2006）认为，从一般贸易国到贸易强国的转换路径归根结底就是一国贸易模式从低级向高级的演进，是由量变到质变的一个过程。在这个过程中，必须同时做好高级生产要素的积累、产业结构的升级、新型多元化市场的构建和微观主体竞争力培育这四个方面的工作②。蒋德恩（2007）从超比较优势角度出发，认为中国在向贸易大国的转变过程中，应该继续培育和发展已经具有超比较优势的产品，并积极创新开发高层次超比较优势产品③。隆国强（2007）从产业结构升级的角度论证中国应该从以下 5 个方面促进产业升级：（1）在开放中推进自主创新；（2）大力发展服务出口；（3）提升技术密集型产业的国际竞争力；（4）培育自主品牌；（5）培育本国的跨国公司④。刘旭（2007）认为从贸易大国到贸易强国的转换的关键是实现外贸增

---

① 魏浩、申广祝：《贸易大国、贸易强国与转变我国外贸增长方式的战略》，《世界政治与经济论坛》2006 年第 2 期。

② 陈飞翔、吴琅：《由贸易大国到贸易强国的转换路径与对策》，《世界经济研究》2006 年第 11 期。

③ 蒋德恩：《超比较优势与贸易大国向贸易强国的转变》，《中央财经大学学报》2007 年第 12 期。

④ 隆国强：《全球化下的中国产业如何升级》，《中国投资》2007 年第 11 期。

长方式的转变，而实现外贸增长方式的转变应该包括3个部分的内容：一是在既定的经济增长方式和产业结构条件下，通过外贸战略、体制和政策的调整来提升外贸综合竞争力，能够相对地实现外贸增长方式由粗放型向集约型转变；二是通过外贸增长方式的转变，为实现经济增长方式的根本转变创造重要的动力和互动机制；三是在最大限度地利用外资特别是跨国公司的优质要素的同时，加快转换外贸增长的主体，增强外贸的自主性[①]。魏浩、申广祝（2006）认为，为了实现中国从贸易大国向贸易强国的转变，必须制定和实施相应的外贸政策，转变中国的外贸增长方式，具体措施包括：实施规范的出口管理制度、大力发展服务贸易、进一步开拓全球市场、变单纯鼓励出口为适度增加进口、进一步培养中国自身的跨国公司[②]。

从上面可以看出，目前学者在论述中国从贸易大国向贸易强国转变途径时，基本上都是从国家竞争力的层面来进行阐述，并没有在如何具体落实到企业的层面进行阐述。

---

① 刘旭：《迈向贸易强国之路——加快转变外贸增长方式研究》，中国计划出版社2007年版。

② 魏浩、申广祝：《贸易大国、贸易强国与转变我国外贸增长方式的战略》，《世界政治与经济论坛》2006年第2期。

第二章 中国对外贸易比较优势变化的实证分析

改革开放三十多年来，中国对外贸易一改改革开放前强调"互通有无，调剂余缺"的指导方针，按照比较优势参与全球产业分工，积极推动劳动密集型产业的发展，通过大力发展劳动力资源丰富的优势，不断转变对外贸易的增长方式，无论是规模上还是结构上，都取得了长足的进步。中国对外贸易已成为世界贸易的重要组成部分，其发展和变化对中国经济和世界经济愈益产生重要的影响和不可替代的作用。

第一节 改革开放以来对外贸易的发展概况及演变

改革开放以前，在计划经济体制下，中国建立了集外贸经营与管理为一体、政企不分、统负盈亏的外贸管理体制，中央以指令性计划直接管理少数的专业性贸易公司进行进出口（1978 年年底外贸公司有130 多家），贸易公司按照国家的计划安排进出口，贸易的主要目标并不是出于参与国际产业分工，拉动国内经济发展，而是为了达到在进出口贸易总体上的平衡①。在这种体制下，中国的对外贸易一直裹足不前，改革开放前的 1977 年中国对外贸易额只有 148.04 亿美元，改革开放起步的 1978 年中国对外贸易额也仅 206.4 亿美元，仅占世界贸易总

---

① 张汉林：《中国外经贸理论与政策回顾》，http：//business. sohu. com/2004/05/20/04/article220210492. shtml。

额的0.78%，排名世界第32位，在世界贸易体系中几乎处于无足轻重的地位。而三十多年的改革开放政策的实施，伴随着中国经济的高速增长，中国对外贸易取得了翻天覆地的变化，对外贸易额取得了飞速的发展，特别是通过大力引进外资来发展出口导向型对外贸易战略取得了极大的成功，以致成为世界上名副其实的贸易大国。下面从外贸总量规模、外贸商品结构、外贸市场结构三个方面来概述中国改革开放以后的对外贸易情况。

一、外贸总量规模——名副其实的贸易大国

（一）货物贸易规模跃居世界第三

据中华人民共和国海关统计，改革开放开始的1978年，中国对外贸易额仅206.4亿美元（其中出口97.5亿美元，进口108.9亿美元），在世界贸易格局中无足轻重，排名世界第32位；10年后的1988年则首次超过1000亿美元大关，达到1027.8亿美元，排名上升到第15位。人民币由双轨制转变为单轨制的1997年对外贸易额超过3000亿美元，排名上升到第10位；2002年则超过6000亿美元，排名上升到第6位；而2004年，中国对外贸易增长速度进一步加快，总额达到11545.5亿美元，排名一跃上升到第3位，成为世界上名副其实的贸易大国（见表2-1）。

表2-1　中国对外贸易在世界贸易中的比重和位次

单位：亿美元

年份	中国对外贸易额			世界进出口总额	中国占世界进出口总额的比重	位次	外汇储备年末余额
	进出口	出口	进口				
1978	206.4	97.5	108.9	26482	0.78	32	—
1979	293.3	136.6	156.8	33339	0.88	—	—
1980	381.4	181.2	200.2	40411	0.94	—	—
1981	440.2	220.1	220.1	40124	1.10	22	—
1982	416.2	223.2	192.9	37798	1.11	20	—
1983	436.2	222.3	213.9	36843	1.18	20	—
1984	535.5	261.4	274.1	38893	1.38	16	—

续表

年份	中国对外贸易额			世界进出口总额	中国占世界进出口总额的比重	位次	外汇储备年末余额
	进出口	出口	进口				
1985	696.0	273.5	422.5	39306	1.76	11	26.4
1986	738.5	309.4	429.0	43260	1.70	12	20.7
1987	826.5	394.4	432.2	50505	1.63	17	29.2
1988	1027.8	475.2	552.7	57372	1.78	15	33.7
1989	1116.8	525.4	591.4	61562	1.77	15	55.5
1990	1154.4	620.9	533.5	69816	1.65	16	110.9
1991	1357.0	719.1	637.9	69817	1.96	15	217.1
1992	1655.3	849.1	805.9	74843	2.19	11	194.4
1993	1957.0	917.4	1039.6	74635	2.62	11	212.0
1994	2366.2	1210.1	1156.2	85074	2.80	11	516.2
1995	2808.6	1487.8	1320.8	100607	2.80	11	736.0
1996	2898.8	1510.5	1388.3	105184	2.78	11	1050.3
1997	3251.6	1827.9	1423.7	109803	3.00	10	1398.9
1998	3239.5	1837.1	1402.4	108209	3.02	11	1449.6
1999	3606.3	1949.3	1657.0	111782	3.14	9	1546.8
2000	4743.0	2492.0	2250.9	130300	3.64	7	1655.7
2001	5096.5	2661.0	2435.5	122540	4.16	6	2121.6
2002	6207.7	3255.7	2952.0	127600	4.86	6	2864.1
2003	8512.1	4383.7	4128.4	156070	5.45	4	4032.5
2004	11547.9	5933.7	5614.2	185820	6.21	3	6099.0
2005	14221.2	7620.0	6601.2	213050	6.68	3	8189.0
2006	17606.9	9690.8	7916.1	244420	7.20	3	10663.44
2007	21738	12180	9558	279967	7.76	3	15282.49

资料来源：根据中国对外经济贸易年鉴、中国海关统计年鉴、中国统计年鉴各年版整理。

从表 2-1 中可以看出，改革开放以后，中国对外贸易一直保持着高速增长。加入世贸组织 6 年后的 2007 年，中国的进出口总额已经从 1979 年的不足 300 亿美元、占世界进出口总额不到 1% 上升到贸易总量达 21738 亿美元、占世界进出口总额超过 7% 的水平，从原先的第 32 位上升到了世界第 3 位。出口额从 1979 年的 136 亿美元增长到 2007 年的 12180 亿美元，增加 88 倍。进口额从 1979 年的 156 亿美元增长到 2007 年的 9558 亿美元，增加 60 多倍。中国已经成为名副其实的贸易大国。

伴随着对外贸易量的扩大，中国的对外贸易依存度也在显著上升①。1979 年中国的对外贸易依存度仅为 11.3%，而 2007 年则上升到 63%，增加了将近 5 倍。其中出口依存度从 1979 年的 5.3% 上升到 36%，进口依存度从 6% 上升到 27%。从国际比较来看，中国的对外贸易依存度明显高于一些发达大国（如美国、日本等）和发展中大国（如巴西、印度等）。另一方面，从国际贸易收支来看，20 世纪 80 年代中国对外贸易基本上是一直处于逆差状态，而进入 90 年代以后几乎来了个 180 度的大转弯，除了个别年份之外，对外贸易一直保持着顺差状态，最高时的 2007 年，全年贸易顺差高达 2622 亿美元。

（二）服务贸易取得了较快的发展

与货物贸易同样，中国对外服务贸易也取得了较快的发展，尤其是中国加入 WTO 以后逐步放开服务贸易市场，促使中国服务贸易发展速度明显加快，年增长率平均保持在 20% 以上。据商务部网站公布的数据，1982 年，中国服务贸易只有 44 亿美元，全球份额不到 0.6%，居世界第 34 位。到 2007 年已达 2509.10 亿美元，25 年间增幅近 57 倍，占全球服务贸易的比重从 0.6% 升至 3.6%，服务贸易出口和进口分别居世界第 7 位和第 5 位，比 2006 年提升 1 位和 2 位（见表 2 - 2）。

尽管如此，中国服务贸易的总体发展水平仍然很低。2007 年中国服务贸易出口占贸易出口总额的比重仅为 11.5%，远低于 19% 的世界平均水平，服务贸易一直呈现逆差状态，且近年有扩大趋势，这表明中国服务贸易整体上处于比较劣势，国际竞争力水平较低。

---

① 当然，中国现实的贸易依存度存在着严重的高估现象。主要原因有两点：一是中国的国内生产总值由于第三产业统计范围太窄、非贸易商品多等因素被大大低估。二是中国的加工贸易比重较大，如果扣除加工贸易额中的非净出口额和进口额部分，中国的贸易依存度将大大降低。

表 2 - 2 1995—2007 年中国服务贸易发展情况

	金额（亿美元）				增长率（％）		
	进出口	出口	进口	差额	进出口	出口	进口
1995	430.65	184.30	246.35	-62.05	34.01	6.46	27.55
1996	429.36	205.67	223.69	-18.02	-0.30	4.96	-5.26
1997	522.28	245.04	277.24	-32.30	21.64	9.17	12.47
1998	503.46	238.79	264.67	-25.88	-3.60	-1.20	-2.41
1999	571.32	261.65	309.67	-48.02	13.48	4.54	8.94
2000	660.04	301.46	358.58	-57.12	15.53	6.97	8.56
2001	719.33	329.01	390.32	-61.31	8.98	4.17	4.81
2002	854.61	393.81	460.80	-66.98	18.81	9.01	9.80
2003	1012.27	463.75	548.52	-84.77	18.45	8.18	10.27
2004	1336.57	620.56	716.02	-95.46	32.04	15.49	16.56
2005	1660.00	810.00	850.00	-40	24.20	30.53	18.71
2006	1928.3	920.0	1008.3	-88.3	22	24	20
2007	2509.10	1216.5	1292.6	-76.1	30.9	33.1	28.8

资料来源：WTO（www.wto.org）网站、中国商务部网站。

从部门分布来看，中国服务贸易优势部门集中在旅游、运输和保险三大传统项目，三项收入合计占服务贸易总收入在 60％ 左右。而金融、保险、数字通信服务等现代服务业所占的比重则比较低，在国际上处于竞争劣势。由于旅游、运输和保险等传统优势部门大都属于资源密集型和劳动密集型的服务行业，而金融、保险、数字通信服务等现代服务业大都属于资本和技术密集型的服务行业，因此，中国的服务贸易状况在很大程度上反映了中国资源要素禀赋状况。

当前，世界服务贸易产业结构变动的趋势是由劳动密集型向知识、技术密集型转变。在服务贸易自由化的大趋势下发展中国家能否从中获利在一定程度上取决于自身比较优势的转化。加快发展现代服务业、提高服务贸易竞争力是促进中国服务贸易持续稳定发展的前提，也是保证中国服务业在日益激烈的国际竞争中得以健康发展的根本途径。

二、外贸商品结构——世界加工厂

对外贸易商品结构是指一国进出口贸易中各类商品组成部分在贸易总体中的地位、性质及相互间的比例关系，反映一国的经济发展水平和商品的国际市场竞争力。

国际贸易商品有好几种分类，现依据国际通行的《国际贸易标准分类》（SITC）①，全部进出口商品被分为初级产品和工业制成品共十大类，各自又包括更细致的分类。一般而言，加工次数越多，工艺越复杂，产品的附加值就越高。

（一）出口商品结构

出口商品结构是衡量一国对外贸易结构状况的重要依据。按照国际贸易标准分类和附加值的高低，出口商品可以分为两大类——初级产品与工业制成品。一般来说，初级产品的附加价值比较低，增长方式以粗放型为主；而工业制成品的附加价值相对较高，增长方式以集约型为主。按照传统的国际贸易理论，国际分工的一般模式是发展中国家以简单资源密集型产品和劳动密集型产品换取发达国家先进的高附加值的资本与技术密集型产品。改革开放以前，中国出口贸易商品结构主要以原材料和初级产品为主。改革开放后的 1980 年，中国初级产品比重达到 50.3%，自 1981 年工业制成品的出口比重达到 53.3% 首次超过初级产品以来，中国的出口产品结构中初级产品的比重在不断下降，工业制成品比重基本上呈现不断上升的趋势，除了 1985 年工业制成品的比重一度下降到 49.44%，低于 50% 以外，其余年份是工业制成品占据主导地位。到 2007 年，工业制成品在总出口的比重达到了

①　SITC 是指通用的国际贸易商品标准分类。为了便于种类繁多的有形商品的统计，联合国秘书处起草了 1950 年版的国际贸易标准分类（Standard International Trade Classification，缩写 SITC），并于 1960 年和 1974 年分别进行了修订。按 1974 年的修订版本，国际贸易商品分为 10 大类、63 章、233 组、786 个分组和 1924 个基本项目。这 10 大类商品分别为：（0）食品及主要供食用的活动物，（1）饮料及烟类，（2）燃料以外的非食用粗原料，（3）矿物燃料、润滑油及有关原料，（4）动植物油脂及蜡，（5）未列名化学品及有关产品，（6）主要按照原料分类的制成品，（7）机械及运输设备，（8）杂项制品，（9）没有分类的其他商品。在国际贸易统计中，一般把 0—4 类商品称为初级产品，把 5—8 商品称为制成品。

94.9%，占据着出口产品的绝对地位。

在不断扩大参与全球的分工与合作中，中国的出口产品结构也在不断优化。从近10年出口额居前的主要商品来看，20世纪90年代中期的主要出口商品中，附加价值比较低的纸烟、原料食品、服装、家具占据着主要地位，但近年已经被电机、电器、音像设备及其零附件、核反应堆、锅炉、机械器具及零件、钢铁及其制品等商品所取代。

伴随着对外贸易数量的扩大，出口主导商品结构也沿着资源密集型—劳动密集型—资本密集型—技术密集型方向转化。1986年纺织品和服装取代石油成为中国第一大类出口产品，标志着出口商品从资源密集型为主向劳动密集型为主的飞跃。1995年机电产品取代纺织品和服装成为中国第一大类出口产品，标志着出口商品开始从劳动密集型为主向资本技术密集型为主的转变。1995年中国机电产品出口438.6亿美元，占当年出口总额的29.5%，此后，机电产品的出口比重不断上升，2003年中国机电产品出口2274.6亿美元，增长44.8%，占外贸出口增量的62.4%，拉动外贸出口增长21.6%，占中国外贸出口的比重首次过半，达到51.9%，并连续9年保持中国第一大类出口商品地位。2007年中国机电产品出口达到7011.7亿美元，同比增长27.6%，占当年出口总值的57.6%，成为中国出口商品的绝对主力商品和中国对外贸易快速发展的重要支撑力量。

表2-3　1991—2006年中国高新技术产品进出口变化

单位：亿美元

年份	高新技术产品进口总额	高新技术产品出口总额
1991	20.4	30.6
1992	27.4	38.6
1993	159.1	46.8
1994	206	63.4
1995	218.3	100.91
1996	224.7	126.63
1997	238.8	163.1

年份	高新技术产品进口总额	高新技术产品出口总额
1998	292	202.51
1999	375.85	247.04
2000	525.07	370.43
2001	641.25	464.57
2002	828.5	678.55
2003	1193.1	1102.2
2004	1614.3	1655.4
2005	1977.1	2182.5
2006	2473	2815
2007	3277	3675

资料来源：商务部网站、中国海关统计年鉴各年版。

高技术产品出口的迅猛增长也是近十多年来中国对外贸易出口商品变化的一个重要特征。由图2-1及表2-3可以看出，1999年中国实施科技兴贸战略以来，高新技术产品出口额呈现加速增长的趋势，尤其是"十五"期间，中国的高新技术产品贸易得到了迅速的发展。

单位：亿美元

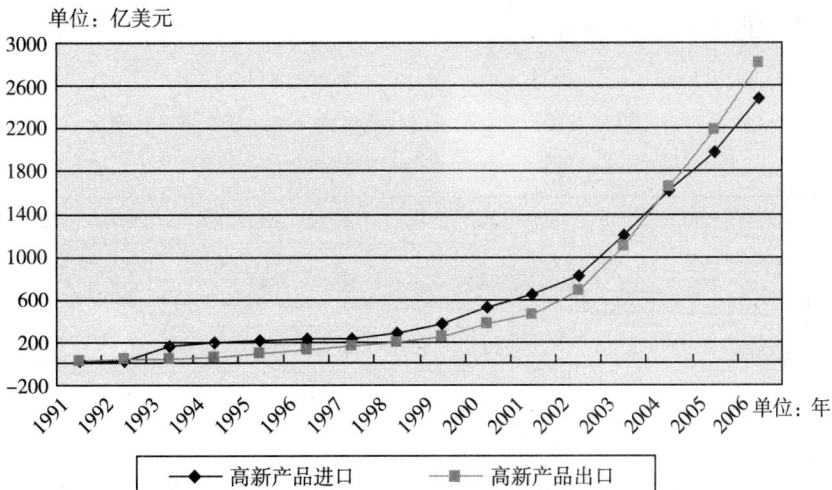

图2-1 1991—2006年中国高新技术产品进出口趋势

资料来源：商务部网站数据。

2003 年高新技术产品出口额突破 1000 亿美元，2005 年突破 2000 亿美元，2007 年突破 3000 亿美元，达到 3675 亿美元，比 2004 年翻了一番，是 1993 年出口规模的 90 倍，占当年中国出口贸易总额的 30.2%。高新技术产品所占比重已经超过 30%，这标志着中国出口商品结构发生了质的改变。

为了进一步表示贸易结果贸易结构变化，我们采用劳伦斯指数（Lawrence Index）来对表 2-3 的数据进行测算。劳伦斯指数（Sapir，1996）表示为：

$$L = \left(\frac{1}{2}\right) \sum_{i=1}^{n} |s_{i,t} - s_{i,t-1}|$$

其中 $s_{i,t} = \dfrac{x_{i,t}}{\sum_i x_{i,t}}$，$s_{i,t}$ 为 i 产品在 t 年在一国总出口中所占的份额，劳伦斯指数值的变化范围从 0 到 1，指数越接近 1 代表一国的贸易结构变动幅度越大，越接近于 0 说明贸易结构变化越不明显。据计算，从 1997 年以来中国出口品的劳伦斯指数数值都比较低（见表 2-4），这表明在经历了 1986 年、1995 年两次大的结构变动之后，中国的出口结构到目前为止还没有经历大的波动，这也在一定程度上印证了中国仍然表现出贸易大国的特性。

表 2-4 1997—2007 年中国出口商品结构（按 SITC 分类）变化

单位:%

年份	1997	1998	1999	2000	2001	2002	2003	2004	2005	2007
总值（亿美元）	1827.9	1837.1	1949.3	2492.0	2661.0	3256.0	4383.7	5933.7	7620.0	12180.1
一、初级品	14.52	13.10	11.21	10.23	10.22	9.90	8.77	7.94	6.83	5.05
0 类	6.773	6.059	5.777	5.365	4.929	4.802	4.491	4.000	3.180	2.52
1 类	0.888	0.574	0.531	0.396	0.300	0.328	0.3025	0.232	0.205	0.11
2 类	2.678	2.295	1.915	2.011	1.791	1.568	1.352	1.148	0.985	0.75
3 类	3.927	3.822	2.817	2.390	3.152	3.159	2.591	2.534	2.440	1.64
4 类	0.249	0.354	0.617	0.068	0.047	0.042	0.030	0.026	0.025	0.024

续表

年份	1997	1998	1999	2000	2001	2002	2003	2004	2005	2007
二、工业品	85.49	86.90	88.85	89.77	89.78	90.10	91.24	92.06	93.17	94.9
5类	5.877	5.595	5.618	5.321	4.855	5.018	4.707	4.468	4.444	4.956
6类	18.867	18.837	17.678	17.063	17.073	16.465	16.264	15.747	16.963	18.053
7类	23.378	23.912	27.335	30.183	33.146	35.664	38.998	42.860	45.215	47.388
8类	37.355	38.550	38.212	37.198	34.622	32.736	31.067	28.766	26.357	24.371
9类	0.008	0.002	0.003	0.005	0.089	0.219	0.199	0.218	0.187	0.179
劳伦斯指数	0.0183	0.0342	0.0297	0.0382	0.0285	0.0333	0.0388	0.0357	0.0130	0.0378

资料来源：中国海关统计年鉴、中国统计年鉴、商务部网站。

（二）进口商品结构

改革开放以来，中国进口商品主要以工业制成品为主，以初级产品为辅，但由于工业品增长速度高于初级产品的增长速度，使得进口商品的内部结构也发生了一定的变化。1980年工业制成品的进口额为130.6亿美元，占当年商品进口额比重的65.2%，而到了1984年工业制成品的比重上升到81%。之后，工业制成品的比重尽管有一定的波动，但初级产品与工业品的比例基本上维持在20:80的水平。

在初级产品中，矿物燃料等商品的进口比重呈现逐年上升趋势。1980年矿物燃料、润滑油及有关原料进口占整个进口的比重只有1.01%，1989年则突破2%达到2.79%，之后随着年份的不同有一定的起落，但总体上呈现上升趋势，2007年矿物燃料等商品的进口比重上升到10.96%，这反映了近年中国的产业结构正在逐步从劳动密集型向资本密集型过渡的特征，因为与轻纺等劳动密集型传统产业相比，资本密集型的重化工业需要消耗更多的原材料和矿物燃料。另一方面，也反映中国国内原材料、燃料等资源越来越难以满足国内生产与消费的要求。

随着中国重化工业化进程的不断推进，化工类商品、高技术商品和机械、运输产品的进口逐年攀升。1980年机械设备进口占整个进口的比重为25.57%，2007年则上升到43.2%；高新技术产品进口比重也在稳步上升，从 2001 年的 26.3% 上升到了 2005 年的 30%。这在一定程度上反映出中国在推进工业化的过程中，需要依赖国际市场的设备与技术（见表 2-5）。

表 2-5　1997—2007 年中国进口商品结构（按 SITC 分类）变化

单位:%

年份	1997	1998	1999	2000	2001	2002	2003	2004	2005	2007
总值（亿美元）	1423.7	1402.37	1656.99	2250.94	2435.53	2951.7	4128.36	5614.23	6601.20	9558.2
一、初级品	20.103	16.364	16.202	20.764	18.782	16.692	17.630	20.893	22.376	25.421
0 类	3.023	2.700	2.185	2.114	2.043	1.775	1.443	1.631	1.422	1.203
1 类	0.225	0.128	0.126	0.162	0.169	0.131	0.119	0.098	0.118	0.146
2 类	8.433	7.641	7.689	8.887	9.085	7.703	8.265	9.864	10.636	12.336
3 类	7.239	4.831	5.378	9.168	7.171	6.533	7.076	8.550	9.689	10.968
4 类	1.183	1.063	0.825	0.434	0.313	0.551	0.727	0.751	0.511	0.768
二、工业品	79.897	83.636	83.798	79.236	81.218	83.308	82.370	79.107	77.624	7128.4
5 类	13.554	14.374	14.502	13.422	13.182	13.225	11.864	11.710	11.777	11.247
6 类	22.631	22.159	20.710	18.573	17.219	16.427	15.480	13.194	12.295	10.762
7 类	37.068	40.535	41.915	40.841	43.939	46.417	46.718	44.997	44.027	43.157
8 类	6.005	6.030	5.855	5.665	6.190	6.708	7.998	8.934	9.221	9.154
9 类	0.638	0.538	0.817	0.734	0.688	0.530	0.311	0.272	0.304	0.257

资料来源：中国海关统计年鉴、中国统计年鉴、商务部网站。

三、市场结构逐步走向多元化

从中国贸易的地理方向来看，与 20 世纪 80 年代相比，今天的主要市场已经发生了比较大的变化。特别是加入世界贸易组织以来，中国与周边国家、地区和其他贸易伙伴的区域经济合作蓬勃发展，市场多元化战略取得较大进展。

从贸易总额来看，中国主要贸易伙伴的位次在不断发生变化。改革开放以来的很长一段时间里，中国香港一直是中国内地最大的贸易伙伴，1993 年，日本取代中国香港成为中国最重要的贸易伙伴。在 1993—2003 年间，日本占据中国最大的贸易伙伴国地位长达 11 年之久。2004 年，东扩后的欧盟成为中国的第一大贸易伙伴，并一直保持中国主要贸易伙伴的地位。2007 年欧盟和中国的贸易总额达到 3561.5 亿美元，占整个中国对外贸易比重的 20.1%，接下来依次为美国、日本、东盟、中国香港、韩国、俄罗斯、印度、中国台湾、加拿大（见表 2-6）。在中国前 10 大贸易伙伴中，得益于中国—东盟自由贸易区的实施，中国与东盟之间的贸易迅速发展，2007 年，东盟超过中国香港成为中国第 4 大贸易伙伴。此外，随着中国进口原材料、燃料的增加，中国与俄罗斯、印度、加拿大、澳大利亚这些资源与原材料大国的贸易往来越发频繁，进出口额急剧上升，这些国家已经成为中国主要的贸易伙伴。但是我们把前四位的贸易伙伴所占比重相加可以发现，1994 年前四位伙伴国占中国对外贸易总额的 67.2%，到 2000 年这一比重下降到 54.7%，2005 年为 52.8%，2007 年继续下降到 50.5%。这个现象说明之前的贸易地区高度集中情况有所改善，中国对外贸易正趋向多元化发展。

表 2-6　近年中国前十大贸易伙伴（1990—2007 年）

单位:%

名次	1990 年		1995 年		2000 年		2005 年		2007 年	
	国别/地区	占比%	国别/地区	占比%	国别/地区	占比%	国别/地区	占比%	国别/地区	占比%
1	中国香港	31.06	日本	20.46	日本	17.53	欧盟	20.1	欧盟	16.4
2	日本	15.19	美国	15.50	美国	15.70	美国	19.1	美国	13.9
3	美国	11.52	欧盟	14.36	欧盟	14.56	中国香港	15.1	日本	10.9
4	欧盟	8.92	中国香港	14.09	中国香港	11.37	日本	8.4	东盟	9.3
5	苏联	4.57	中国台湾	6.37	韩国	7.27	东盟	7.7	中国香港	9.1

续表

名次	1990 年		1995 年		2000 年		2005 年		2007 年	
	国别/地区	占比%	国别/地区	占比%	国别/地区	占比%	国别/地区	占比%	国别/地区	占比%
6	新加坡	2.73	韩国	6.05	中国台湾	6.44	韩国	4.6	韩国	7.4
7	加拿大	2.01	新加坡	2.46	新加坡	2.28	俄罗斯	2.3	中国台湾	5.7
8	澳大利亚	1.90	俄罗斯	1.95	澳大利亚	1.78	印度	2.0	俄罗斯	2.2
9	泰国	0.89	加拿大	1.50	马来西亚	1.70	中国台湾	1.9	澳大利亚	2.0
10	古巴	0.78	澳大利亚	1.50	俄罗斯	1.69	加拿大	1.6	印度	1.8

数据来源：商务部网站、海关总署网站。

从出口来看，改革开放初期的很长一段时间里，中国香港一直是中国大陆的主要出口市场，进入 20 世纪 90 年代之后，中国香港作为内地出口市场的地位在不断下降，取而代之的是欧盟、美国。其中，欧盟市场的比重由 1994 年的 12.6% 上升到 2007 年的 20.1%，成为中国最大的出口市场。其次分别是美国的 19.1%，而中国香港则由 1994 年的 26.7% 滑落到 15.1%。同样，我们可以看到中国出口市场前四位的国家和地区加权比重在 1994 年是 74.8%，2000 年下降到 70.8%，而到了 2007 年这一比重降为 62.7%。表明中国出口市场的集中程度有所下降。

另外，从进口来看，尽管日本、欧盟仍然是中国的主要进口伙伴，但来自东盟、韩国的进口近年来出现了快速的增长，已经大有后来居上之势（见表 2 - 7）。中国进口市场前四位的国家和地区加权比重在 1994 年是 63.2%，2000 年为 63.1% 变化不大，之后快速下降到 2005 年的 49.5%，2007 年这一比重仅为 47.8%。这表明中国进口市场的集中程度也在下降（见表 2 - 7）。

表2-7（1） 中国前10位出口市场变化

年份		1994			2000	
排序	国别（地区）	总额（亿美元）	占总出口额比重（%）	国别（地区）	总额（亿美元）	占总出口额比重（%）
	总值	1210.1	100.0	总值	2492.0	100.0
1	中国香港	323.6	26.7	美国	521.0	20.9
2	日本	215.8	17.8	中国香港	445.2	17.9
3	美国	214.6	17.7	日本	416.5	16.7
4	欧盟	152.5	12.6	欧盟	381.9	15.3
5	东盟	71.6	5.9	东盟	173.4	7.0
6	韩国	44.0	3.6	韩国	112.9	4.5
7	中国台湾	22.4	1.9	中国台湾	50.4	2.0
8	俄罗斯	15.8	1.3	澳大利亚	34.3	1.4
9	澳大利亚	14.9	1.2	加拿大	31.6	1.3
10	加拿大	14.0	1.2	俄罗斯	22.3	0.9
年份		2005			2007	
排序	国别（地区）	总额（亿美元）	占总出口额比重（%）	国别（地区）	总额（亿美元）	占总出口额比重（%）
	总值	7620.0	100.0	总值	12180.1	100.0
1	美国	1629.0	21.4	欧盟	2451.9	20.1
2	欧盟	1437.1	18.9	美国	2327.0	19.1
3	中国香港	1244.8	16.3	中国香港	1844.3	15.1
4	日本	839.9	11.0	日本	1020.7	8.4
5	东盟	553.7	7.3	东盟	941.8	7.7
6	韩国	351.1	4.6	韩国	561.4	4.6
7	中国台湾	165.5	2.2	俄罗斯	284.9	2.3
8	俄罗斯	132.1	1.7	印度	240.2	2.0
9	加拿大	116.5	1.5	中国台湾	234.6	1.9
10	澳大利亚	110.6	1.5	加拿大	194.0	1.6

表2-7（2）　中国前10位进口市场变化

年份	1994			2000		
排序	国别（地区）	总额（亿美元）	占总进口额比重（%）	国别（地区）	总额（亿美元）	占总出口额比重（%）
	总值	1156.1	100.0	总值	2250.9	100.0
1	日本	263.3	22.8	日本	415.1	18.4
2	欧盟	187.2	16.2	欧盟	294.6	13.1
3	中国台湾	140.9	12.2	中国台湾	254.9	11.3
4	美国	138.9	12.0	韩国	232.1	10.3
5	中国香港	94.4	8.2	美国	223.6	9.9
6	东盟	71.8	6.2	东盟	221.8	9.9
7	韩国	73.2	6.3	中国香港	94.3	4.2
8	俄罗斯	35.0	3.0	俄罗斯	57.7	2.6
9	澳大利亚	24.5	2.1	澳大利亚	50.2	2.2
10	加拿大	18.5	1.6	加拿大	37.5	1.7
年份	2005			2007		
排序	国别（地区）	总额（亿美元）	占总进口额比重（%）	国别（地区）	总额（亿美元）	占总进口额比重（%）
	总值	6601.2	100.0	总值	9558.2	100.0
1	日本	1004.5	15.2	日本	1339.5	14.0
2	韩国	768.2	11.6	欧盟	1109.6	11.6
3	东盟	750.0	11.4	东盟	1083.7	11.3
4	中国台湾	746.8	11.3	韩国	1037.6	10.9
5	欧盟	736.0	11.1	中国台湾	1010.2	10.6
6	美国	487.3	7.4	美国	693.8	7.3
7	澳大利亚	161.9	2.5	澳大利亚	258.5	2.7
8	俄罗斯	158.9	2.4	俄罗斯	196.8	2.1
9	沙特阿拉伯	122.5	1.9	巴西	183.3	1.9
10	中国香港	122.3	1.9	沙特阿拉伯	175.6	1.8

资料来源：根据商务部网站统计资料整理计算而得。

从上面的分析中可以看出，随着经济全球化与区域经济一体化的发展，中国进出口市场明显趋于多元化。加入世贸组织以后，前十大贸易伙伴在中国进出口总额、出口总额和进口总额中的比重较"九五"时期相比，分别下降了2.8、0.1和5.7个百分点。而2007年前10大贸易伙伴占中国对外贸易进一步下降到78.7%，比2001年进一步下降了7.1个百分点。前10大贸易伙伴所占比例的下降，显示中国与非主要贸易伙伴的贸易往来有了较大发展，开拓新兴市场取得了一定成效。

四、贸易方式及经营主体——以加工贸易与外资企业为主

对外贸易有很多种具体的实现方式，中国对外贸易以一般贸易和加工贸易为主。加工贸易发展是与中国改革开放紧密联系在一起的，自1978年广东承接第一份来料加工合同至今，中国加工贸易发展已历经30年。在这1/4世纪里，加工贸易从无到有，不断发展壮大。1979年，中国加工贸易出口2.35亿美元，只占当年出口总额2.4%，至2007年，中国加工贸易出口增至6176.5亿美元，是1979年的2628倍，占整个出口贸易额的比例高达50.7%，中国已经名副其实地成了世界加工贸易大国（见表2-8）。中国对外贸易的主要形式是从韩国、中国台湾、日本等国家和地区进口原材料和零部件，然后在国内加工成成品或者半成品再出口到欧盟和美国。

拉动中国加工贸易高速增长的主力军是外资企业。外资企业通过对中国的投资，一方面引发了中国大量从国外进口机械设备，同时也促进了中国的出口。换句话说，加工贸易快速发展有力地促进了中国吸收外资工作，而外商投资规模的扩大和质量的提高，又进一步推动了加工贸易快速发展，外商投资与加工贸易良性互动、共同发展。

不仅是加工贸易，事实上，伴随着中国吸引外资的急剧增加，中国的对外贸易中外资所占的比重也在迅速地提高。1985年，外资企业的贸易总额比重不过3.4%，1990年则上升到17.4%，10年后的1995年达到39.1%。而到2003年则上升到55.5%，2007年进一步上升到57.7%，占到中国对外贸易总额的半壁以上的江山，达到创纪录的12549.3亿美元，其中，外资企业出口总额达到6955.2亿美元，占57.1%，进口总额达到5594.1亿美元，占42.9%。

从外贸经营主体的企业性质来考察中国出口贸易可以看出，随着

中国固有企业改革的不断推进及外贸经营权的不断放开，近年来外贸经营主体多样化趋势十分明显。特别是加入世贸组织以来，伴随着国有企业在出口贸易中的比重持续下降的同时，民营企业的比重快速上升，已经逐步发展成为中国对外贸易的主要力量，和国有企业、外资企业共同形成"三分天下有其一"的局面。

表2-8 近年中国出口贸易方式及经营主体变化

单位:%

年份	贸易方式			经营主体			
	总值	一般贸易	加工贸易	其他	国有企业	外商投资企业	集体企业	其他
1995	100	47.97	49.54	2.49	66.71	31.52	1.53	0.24
1996	100	41.6	55.83	2.57	56.97	40.72	2.03	0.27
1997	100	42.67	54.52	2.81	56.21	41	2.48	0.31
1998	100	40.39	56.91	2.7	52.72	44.01	2.94	0.33
1999	100	40.6	56.88	2.52	50.53	45.47	3.49	0.51
2000	100	42.21	55.24	2.56	46.73	47.93	4.24	1.1
2001	100	42.05	55.41	2.55	42.54	50.06	5.34	2.05
2002	100	41.83	55.26	2.91	37.73	52.21	5.79	4.26
2003	100	41.53	55.17	3.3	31.49	54.83	5.73	7.95
2004	100	41.06	55.28	3.66	25.89	57.07	5.36	11.69
2005	100	41.35	54.66	3.99	22.15	58.3	4.79	14.76
2006	100	43.00	52.67	4.33	19.74	58.18	4.24	17.84
2007	100	44.2	50.7	5.1	18.5	57.1	3.8	20.6

资料来源：商务部网站商务统计。

五、对外贸易主要区域集中在长江三角洲与珠江三角洲

改革开放初期，中国率先在沿海区域实行了对外开放，并对沿海区域实行了一系列优惠措施，而沿海区域再有面临世界市场的地理优势，在引进外资上一直走在全国的前列。据统计，85%以上的投资集中在沿海11个省（市、自治区）的城市中，特别是邻接香港的珠江三角洲和上海周边的长江三角洲已经成为中国产业密集程度最高的两大地区，

同时也是接受外资的主要区域，集中了全国60%以上的外资。

产业尤其是外资企业的高度集中，使得这两个地区成为中国对外贸易的前沿地区。2007 年，位于长江三角洲的上海、江苏和浙江进出口额分别达到 2829.1 亿美元、3495.6 亿美元和 1768.3 亿美元。位于珠江三角洲的广东省进出口总额为 6340.6 亿美元，其中深圳市就高达 2876.1 亿美元。长江三角洲地区三省市合计进出口总额达 8093.0 亿美元，再加上珠江三角洲进出口总额 6340.6 亿美元，两地区合计达到 14433.6 亿美元，占全国进出口总额的 66.4%。如果再加上环渤海地区进出口总额 4719.6 亿美元（占全国的 21.7%），则上述三大经济圈的对外贸易额占到全国对外贸易总额的 88.1%。尽管近几年中西部的改革开放步伐在不断加快，进出口一直保持较高的增长速度，但是 20 世纪 80 年代形成的全国外资、外贸 80% 集中于沿海地区的格局并没有改变。

第二节　中国对外贸易动态优势变化的指数分析

比较优势理论的核心在于各国应按照比较优势原则加入国际分工，从而形成对外贸易的比较优势结构。但随着世界经济的不断发展，各国的比较优势相对于他国来说也不是一成不变的。从上节中有关中国进出口绝对值和相对值的变动可以看出，中国的商品结构在不断发生着变化，这也从一个侧面反映了动态比较优势的变化状况。为了给予中国对外贸易结构更为准确的说明，还需要利用反映对外贸易动态比较优势变化的一系列指标——显示性比较优势指数、贸易竞争力指数、国际专业化指标等来进一步分析说明。

一、显示性比较优势指数分析

显示性比较优势指数（RCA）是美国经济学家巴拉萨（Bela Balassa）于 1965 年提出的，由于该指数在正常贸易的条件下，可以比较准确地反映一个国家在进出口贸易中的比较优势，因而被世界银行等国际组织普遍采用，也是当今经济界用来分析某国某行业比较优势的一种最常用的方法。该指数的含义是，一个国家的某种产业的出口在该国出口中所占的份额与世界贸易中该产业占总贸易额的份额之比。其公式为：

$$RCA_{ij} = \frac{X_{ij}/X_{it}}{X_{wj}/X_{wt}}$$

式中：RCA_{ij}表示i国第j种商品的显示比较优势指数；X_{ij}表示i国j种某产品的出口值；X_{it}代表i国某产品的出口总值；X_{wj}代表世界j种某产品的出口值；X_{wt}代表世界某产品的出口总值。如果$RCA_{ij} > 1$，则说明i国第j种产品具有显示比较优势，且RCA的值越大，该产品所具有的比较优势就越大；如果$RCA_{ij} < 1$，则说明该国在j种商品的生产上没有显示比较优势。

根据目前业界研究的惯例，在具体衡量产业竞争力程度的时候，一般把显示性比较优势指数（RAC）分为4类，具体判定标准如下所示：如果$RCA_{ij} > 2.5$，则具有极强的竞争优势；如果$1.25 < RCA_{ij} < 2.5$，则具有较强的竞争优势；如果若$0.8 < RCA_{ij} < 1.25$，该行业具有较为平均的竞争优势；如果$RCA_{ij} < 0.8$，则不具有竞争优势[①]。

尽管 RCA 指数所揭示的是商品流通领域而非生产领域的相对优势，只是间接而非直接准确地度量比较优势。但是由于 RCA 指数考虑了不同国家和不同产品在国际市场上的份额，侧重于一国的出口绩效，并考虑了保护性贸易政策带来的关税及非价格因素对出口的影响，具有一定的科学性，加上 RCA 指数需要的数据容易获得，因而这种分析方法得到了广泛的应用。

根据上述公式，本文采用国际贸易标准的 SITC 分类，将中国的贸易商品分为9大类，即 SITC 中的0—8 类来进行分析，不考虑其中的9类商品"未分类的商品"。即：食品及活动物（SITC0）、饮料及烟类（SITC1）、非食用原料（SITC2）、矿物燃料、润滑油及有关原料（SITC3）、动植物油、脂及蜡（SITC4）、化学成品及有关产品

---

① 蒋德恩：《显示性比较优势指数的适用条件分析》，《国际商务（对外经济贸易大学学报）》2006 年第 5 期；董小麟：《我国旅游服务贸易竞争力的国际比较》，《国际贸易问题》2007 年第 2 期。

（SITC5）、按原料分类的制成品（SITC6）、机械及运输设备（SITC7）、
杂项制品（SITC8）和未分类产品（SITC9）。其中，SITC 第 0 类到第 4
类为初级产品，第 5 类到第 8 类为工业制成品。而工业制成品中，化
学成品及其有关产品（SITC5）和机械及运输设备（SITC7）大多属于
技术或资本密集型的制成品，按原料分类的制成品（SITC6）和杂项制
品（SITC8）基本上属于劳动密集型的制成品。

根据中国统计年鉴及 UNCOMTRADE 提供的数据，我们对 1980—
2006 年中国贸易商品的贸易竞争力指数进行了计算，计算的结果如
表 2 - 9 所示。

表 2 - 9　中国出口商品显性比较优势（RCA1 位数）（1980—2006 年）

年份	SITC0	SITC1	SITC2	SITC3	SITC4	SITC5	SITC6	SITC7	SITC8
1980	1.72	0.49	1.42	0.89	0.53	0.82	1.27	0.11	1.89
1983	1.45	0.51	1.55	1	0.82	0.71	1.29	0.11	2.06
1985	1.94	0.46	2.01	1.79	0.79	0.69	1.24	0.1	1.48
1987	1.88	0.54	2.1	1.36	0.63	0.77	1.67	0.16	1.67
1990	1.46	0.48	1.23	0.83	0.64	0.7	1.26	0.49	2.26
1993	1.22	0.81	0.87	0.6	0.57	0.55	1.15	0.44	3.03
1995	0.94	0.83	0.72	0.54	0.6	0.64	1.35	0.54	2.82
1997	0.93	0.53	0.64	0.51	0.77	0.62	1.28	0.61	2.96
1999	0.86	0.37	0.63	0.32	0.16	0.64	1.19	0.71	2.81
2000	0.91	0.33	0.58	0.29	0.16	0.53	1.25	0.80	2.76
2001	0.83	0.34	0.51	0.34	0.13	0.5	1.2	0.87	2.56
2002	0.78	0.31	0.45	0.3	0.07	0.43	1.17	0.95	2.43
2003	0.68	0.24	0.37	0.31	0.06	0.4	1.13	1.05	2.26
2004	0.59	0.23	0.31	0.31	0.06	0.39	1.17	1.11	2.25
2005	0.58	0.21	0.31	0.34	0.07	0.43	1.23	1.24	2.24
2006	0.55	0.20	0.34	0.31	0.08	0.41	1.22	1.23	2.26

数据来源：2000 年之前的数据来自傅朝阳《中国出口商品比较优势的实证分析：1980—
2000》，《世界经济研究》2005 年第 3 期，2001—2006 年数据是根据 UNCOMTRADE 提供的数
据计算而得。

需要注意的是，由于一国的出口往往受到贸易政策的影响，并不

是完全意义上的自由贸易，特别是在大量进口原材料、零部件的情况下，进口的结构也会影响到出口，在这种情况下，仅仅通过出口来进行贸易比较优势的分析存在着一定的局限性。

从上述数据计算的结果可以看出，中国贸易商品显示性比较优势指数呈现以下一些基本的特征。

（一）资源密集型产品

根据上述商品的特性，我们可以把 SITC0—4 类定义为资源密集型产品或者初级产品。从上表中可以看出，SITC0 和 SITC2 在 20 世纪 90 年代之前的 RCA 都大于 1，SITC3 在 20 世纪 90 年代之前的 RCA 都大于 0.8，即五类初级产品中的 SITC0、SITC2 具有较强的比较优势，SITC3 大类产品具有微弱的显性比较优势。显示以 SITC0、SITC2、SITC3 为代表的资源密集型产品在 20 世纪 80 年代到 90 年代初期具有明显的比较优势。但从 90 年代初开始，资源密集型产品的 RCA 在不断下降，SITC2 从 90 年代初开始，SITC0 从 21 世纪初开始双双跌破 0.8，而 SITC1、SITC3、SITC4 也呈现同样的趋势，一同成为中国的比较劣势产品（见图 2－2）。据此，我们可以得出结论：改革开放以来，中国的资源密集型产品的显性比较优势逐渐下降，目前整体上已经完全不具备比较优势。

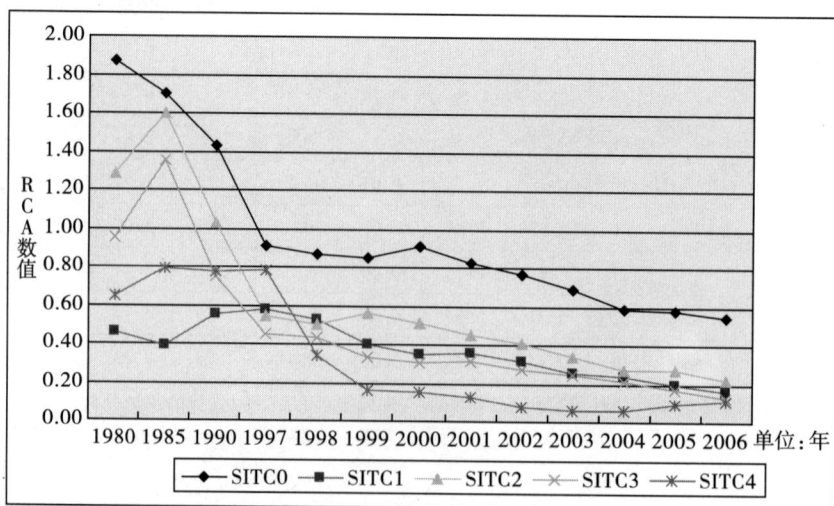

图 2－2 资源密集型产品（初级产品）RCA 趋势

（二）劳动密集型产品

以劳动密集型产品为主的 SITC6 和 SITC8 在整个考察期间 RCA 指数值均大于 1，即处于比较优势的地位。

如表 2－9 所示，第六类按原料分类的制成品（SITC6）和第八类杂项制品（SITC8）的数据都大于 1，呈现出具有比较优势。其中，SITC6 的 RCA 数值，除了 1987 年达到最高点 1.67 外，其余各年的浮动范围为 1.13—1.35 之间，变化幅度非常小；SITC8 的 RCA 数值最低为 1985 年 1.48，但是从 1990 年起，数值就一直大于 2.0，1993—2001年之间 RCA 数值大于 2.5，表现为具有极强的竞争优势。这种趋势在图 2－3 中得到了很好的反映，从图中可以看出，SITC6 的曲线一直在小幅度范围波动，形状与水平直线比较接近；而 SITC8 的曲线则不同，先是在 20 世纪 80 年代初呈现出下降的趋势，在 20 世纪 80 年代中期达到最低点，但是在之后的十几年里迅猛发展，并在 20 世纪 90 年代中期达到了顶点，1997 年之后的曲线呈现了明显的下降趋势，这说明了中国 SITC8 经历了从具有一般比较优势到具有强比较优势，但在 20 世纪 90 年代中期之后，这种强比较优势呈现出不断弱化的趋势。可见，中国劳动密集型商品的比较优势是由 SITC8 带动起来的，它使中国劳动密集型商品的出口曾经在世界市场上有个飞跃式的发展，带来了中国劳动密集型商品近十几年来的强比较优势和较强的竞争力，但在 20

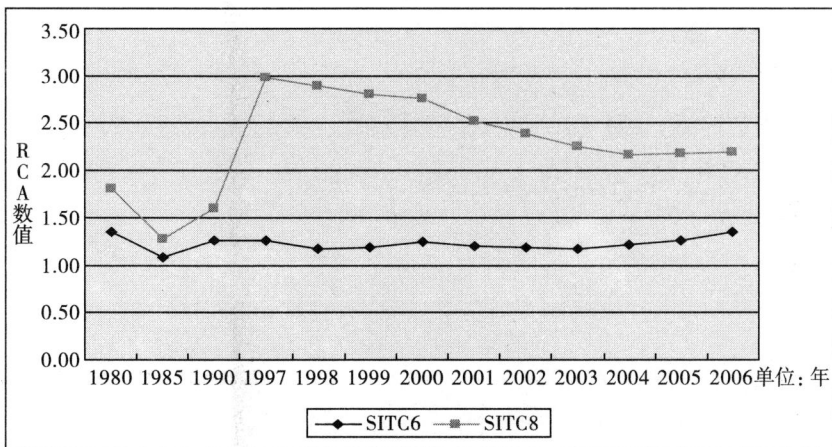

图 2－3　劳动密集型产品 RCA 趋势

世纪 90 年代中期之后，SITC8 比较优势呈现减弱的趋势。

（三）资金、技术密集型产品

SITC5 是以物质资本密集型产品为主的，在整个考察期间 RCA 指数均小于 1，即处于比较劣势地位。不仅如此，SITC5 的 RCA 指数在 20 世纪 80 年代初跌破 0.8 以后，并呈现逐年下降之势，基本上丧失了国际市场的竞争力。SITC 7 是以人力资本密集型产品为主的。从一位数 RCA 看，从 1980—2002 年都是处于比较劣势地位，直到 2003 年才开始转变成比较优势。

整体上，资本、技术密集型产品表现为比较劣势。如表 2 - 9 所示，纵观所有的数值，除了 2003 年之后第 7 类机械及运输设备（SITC7）的 RCA 数值略大于 1.00 外，其余数值均小于 1.00。在 1997 年之前第五类化学成品及其有关产品（SITC5）的 RCA 数值比 SITC7 的大，而在 1997 年之后，SITC7 的 RCA 数值就一直比 SITC5 的大，并在 2003 年突破了 1.00，从比较劣势转变为了比较优势，可见，中国资本、技术密集型产业有从比较劣势向比较优势发展的趋势，这种趋势可以在图 2 - 4 中得到很好的反映。从图中可以看出，在 1997 年之前，SITC5 的曲线一直在 SITC7 的曲线的上方，但是 SITC5 的曲线缓慢下降，而 SITC7 的曲线不断上升，最后在 1997 年两条曲线相交，之后，SITC5 的曲线仍旧缓慢下降，SITC7 的曲线仍旧不断上升，且 SITC7 的

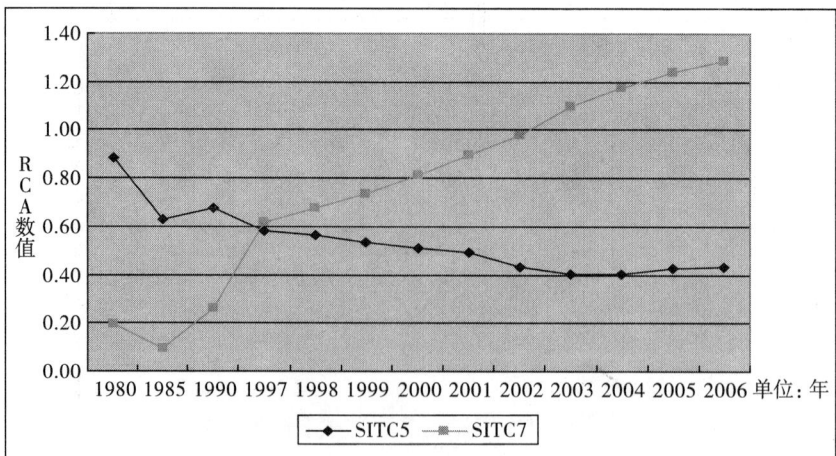

图 2 - 4　资本、技术密集型产品 RCA 趋势

上升速度快于 SITC5 的下降速度，显然，SITC7 带动了中国整个资本、技术密集型产业呈现出从比较劣势向比较优势发展的趋势。

二、贸易竞争力指数（TC）

所谓贸易竞争力指数（TC）是指某对外贸易商品的净出口与进出口总额之比，即 TC 指数 =（出口 – 进口）/（出口 + 进口）。若该指数为正值，表明该类商品为净出口，具有较强的国际竞争力；若该指数为负值，表明该类商品为净进口，不具国际竞争力；若该指数为零，表明此类商品为产业内贸易，竞争力与国际水平相当。

（一）中国贸易商品的贸易竞争力指数

根据中国统计年鉴的有关资料，我们对 1980—2006 年中国贸易商品的贸易竞争指数进行了计算，计算的结果如表 2 – 10 所示。同时为了形象地表达 TC 的走势，我们根据表 2 – 10 的结果作成了中国按 SITC 分类的商品 TC 趋势图（见图 2 – 5）。

表 2 – 10   1980—2006 年中国贸易商品的贸易竞争力指数（TC 指数）

年份	初级产品	SITC0	SITC1	SITC2	SITC3	SITC4	工业制成品	SITC5	SITC6	SITC7	SITC8
1980	0.13	0.01	0.37	– 0.35	0.91	– 0.60	– 0.18	– 0.44	– 0.02	– 0.72	0.68
1985	0.45	0.42	– 0.32	– 0.10	0.95	0.05	– 0.46	– 0.53	– 0.45	– 0.91	0.29
1989	0.12	0.19	0.22	– 0.07	0.45	– 0.82	– 0.12	– 0.40	– 0.06	– 0.65	0.68
1990	0.23	0.33	0.37	– 0.07	0.61	– 0.72	0.03	– 0.28	0.17	– 0.50	0.72
1991	0.20	0.44	0.45	– 0.18	0.38	– 0.65	0.03	– 0.42	0.16	– 0.47	0.74
1992	0.12	0.45	0.50	– 0.30	0.14	– 0.58	0.00	– 0.44	– 0.09	– 0.41	0.72
1993	0.08	0.58	0.57	– 0.28	– 0.17	– 0.42	– 0.09	– 0.35	– 0.27	– 0.49	0.71
1994	0.09	0.52	0.87	– 0.29	0.00	– 0.57	0.01	– 0.32	– 0.09	– 0.40	0.76
1995	– 0.06	0.24	0.55	– 0.40	0.02	– 0.70	0.08	– 0.31	0.06	– 0.25	0.74
1996	– 0.07	0.29	0.46	– 0.45	– 0.07	– 0.64	0.06	– 0.34	– 0.05	– 0.22	0.74
1997	– 0.09	0.44	0.53	– 0.48	– 0.19	– 0.44	0.17	– 0.31	0.03	– 0.09	0.78
1998	– 0.06	0.47	0.69	– 0.51	– 0.13	– 0.66	0.16	– 0.32	0.02	– 0.06	0.78
1999	– 0.15	0.49	0.58	– 0.53	– 0.31	– 0.82	0.12	– 0.40	– 0.02	– 0.08	0.76
2000	– 0.29	0.44	0.34	– 0.64	– 0.45	– 0.79	0.11	– 0.43	0.01	– 0.05	0.74

年份	初级产品	SITC0	SITC1	SITC2	SITC3	SITC4	工业制成品	SITC5	SITC6	SITC7	SITC8
2001	−0.27	0.44	0.36	−0.68	−0.35	−0.75	0.10	−0.41	0.02	−0.06	0.70
2002	−0.27	0.47	0.44	−0.68	−0.39	−0.89	0.09	−0.44	0.04	−0.04	0.67
2003	−0.35	0.49	0.35	−0.74	−0.45	−0.93	0.09	−0.43	0.04	−0.01	0.59
2004	−0.49	0.35	0.38	−0.81	−0.54	−0.93	0.11	−0.43	0.15	0.03	0.51
2005	−0.50	0.41	0,20	−0.81	−0.57	−0.85	0.16	−0.37	0.23	0.10	0.52
2006	−0.56	0.44	0.07	−0.83	−0.67	−0.83	0.21	−0.32	0.34	0.12	0.54

资料来源：根据《中国统计年鉴》（2007）计算得出。

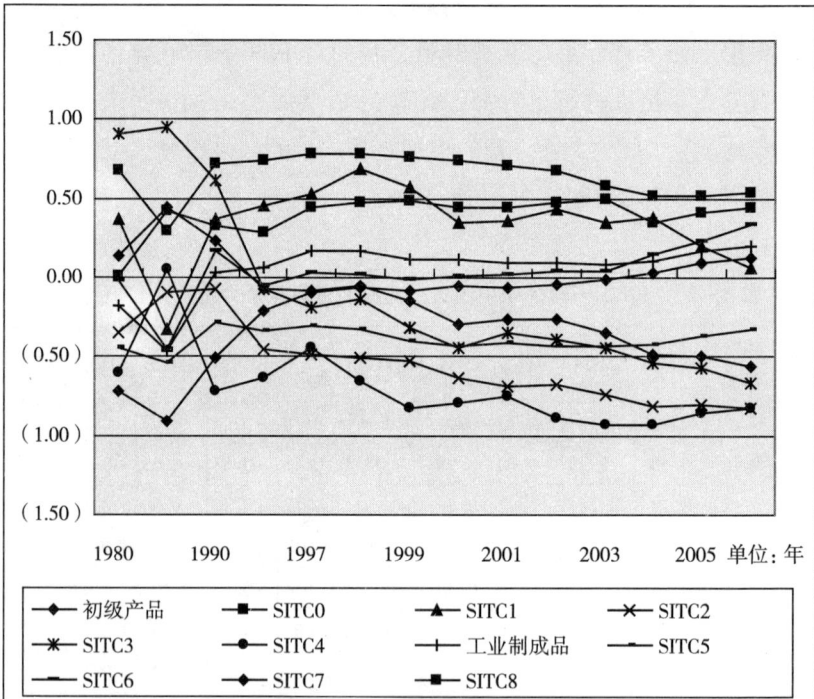

图 2−5　中国按 SITC 分类的商品 TC 趋势

首先，从图 2−5 及表 2−10 的计算结果可以看出，初级产品的 TC 结果与其 RCA 的分析结果基本一致，两种指数均显示了中国初级产品在 20 世纪 80 年代和 90 年代初呈现出比较优势，而 90 年代中期呈现比较劣势，并且竞争力呈现出下降的趋势。但在 SITC0 和 SITC1 上的结果稍有不同。RCA 分析结果显示：20 世纪 90 年代中期的 SITC0 及整个考察时期的 SITC1 这两类商品在世界市场上是有没有竞争力的；而通过 TC 公式算出来的数值却是大于 0 的，呈现具有竞争力的状态。由于 RCA 是从出口比例的角度，而 TC 是从纯出口的角度来说明一国某种商品的竞争力，两者数据上的偏离说明 SITC0 和 SITC1 这两类商品的微弱竞争力是建立在出口份额不断萎缩的基础上。综合 RCA 和 TC 两个指标，初步可以得出如下结论：20 世纪 80 年代和 90 年代初，中国初级产品具有比较优势，而 20 世纪 90 年代中期后，初级产品整体上呈现为比较劣势，且呈现出比较优势和竞争力下降的趋势。而伴随着初级产品竞争力的下降，中国出口商品的比较优势已由初级产品向制成品转变，改变了 20 世纪 80 年代过于依赖初级产品的情况，从而在一定程度上避免了陷入"比较优势陷阱"的可能，实现了比较优势的升级。

其次，从劳动密集型商品来看，SITC6 在 20 世纪 80 年代的 TC 数值为负数，表现为比较劣势。而进入 90 年代后，中国 SITC6 商品的 TC 指数波动比较大。1995 年以后，SITC6 类商品的 TC 指数一直稳定在 0 附近。这说明中国材料制品产业的国际竞争力通过多年的努力，已经达到或者接近国际的平均水平。在这类型行业中，国际竞争力状况很不平衡，相差甚远。如纺织行业是中国国际竞争力最强的行业之一，但同属 6 类商品的皮革制品和纸制品的国际竞争力则较弱。因此，从总体上来看，中国材料制品产业在国际上没有什么竞争优势，其发展也较为缓慢。

除了个别年份以外，中国 SITC8 类商品的 TC 指数持续保持在 0.5 以上。这说明这类产业一直保持着相当强的国际竞争力，是中国的主要出口产业之一。在此类商品中，服装、鞋靴、旅行用品、家具等中国具有世界一流的国际竞争力，但在科学仪器及摄影器材等技术含量稍高的商品中，中国的国际竞争力明显偏弱，其 TC 指数仍小于零。

再次，从资本、技术密集型商品来看，TC 指数的分析结果基本上与 RCA 指数相同。即 SITC5 自 20 世纪 80 年代以来，其 TC 数值一直小于 0，呈现比较劣势，并且没有明显的变化趋势；而 SITC7 基本上为负数，表明此类商品的国际竞争力不高，但总体上来呈现持续上升趋势，2006 年已经上升到 0.12，表明中国在各种机械及运输设备上的国际竞争力已经接近世界平均水平，产业内贸易已经开始并具备了一定的条件。鉴于机械及运输设备行业的发展趋势，相信在不远的将来，中国机械制造产业将成为中国未来具有国际竞争力的一个主要产业。

（二）中国服务贸易分行业贸易竞争力指数

根据商务部发表的《中国服务贸易发展报告 2007》的研究成果，中国服务贸易分行业贸易竞争力指数可以概括为表 2 - 11 所示。从表 2 - 11 中可以看出，从 1997 年起，整体上来看，中国服务贸易竞争力（TC）指数一直处于 - 0.05— - 0.09 之间，小于 0，这表明中国服务贸易整体上处于比较劣势，国际竞争力较弱。而同期欧盟的 TC 指数一直保持在 0.8 左右，具有较强的竞争力，美国的 TC 指数从 20 世纪 80 年代以来一直保持上升趋势，2006 年为 0.12，具有竞争力。

表 2 - 11   1997—2006 年中国服务贸易分行业竞争力指数

年份 行业	1997	1998	1999	2000	2001	2002	2003	2004	2005	2006
总体	- 0.07	- 0.05	- 0.09	- 0.08	- 0.08	- 0.08	- 0.08	- 0.07	- 0.05	- 0.05
运输	- 0.54	- 0.57	- 0.53	- 0.48	- 0.42	- 0.41	- 0.04	- 0.34	- 0.29	- 0.24
旅游	0.2	0.16	0.13	0.11	0.12	0.14	0.07	0.15	0.15	0.17
通信服务	- 0.03	0.6	0.51	0.7	- 0.17	0.08	0.2	- 0.03	- 0.1	- 0.02
建筑服务	- 0.34	- 0.31	- 0.22	- 0.25	- 0.01	- 0.13	- 0.04	- 0.05	- 0.23	- 0.15
保险服务	- 0.71	- 0.64	- 0.81	- 0.92	- 0.85	- 0.88	- 0.87	- 0.88	- 0.85	- 0.88
金融服务	- 0.85	- 0.72	- 0.0	- 0.11	- 0.12	- 0.28	- 0.21	- 0.2	- 0.04	- 0.72
计算机和 信息服务	- 0.47	- 0.43	0.09	0.15	0.14	- 0.3	0.03	- 0.13	- 0.06	- 0.26
专有权利 使用费和 特许费	- 0.82	- 0.74	- 0.83	- 0.88	- 0.89	- 0.92	- 0.94	- 0.9	- 0.94	- 0.94
咨询	- 0.15	- 0.19	- 0.3	- 0.29	- 0.26	- 0.34	- 0.22	- 0.2	- 0.07	- 0.03
广告、宣 传	- 0.01	- 0.11	- 0.004	- 0.05	- 0.04	- 0.03	- 0.03	0.1	0.2	0.2

续表

年份 行业	1997	1998	1999	2000	2001	2002	2003	2004	2005	2006
电影、音像	-0.63	-0.44	-0.67	-0.34	-0.21	-0.53	-0.35	-0.62	-0.06	-0.08
其他商业服务	0.19	0.07	0.02	0.07	0.12	0.28	0.4	0.31	0.28	0.27

数据来源：根据 1997—2006 年《中国国际收支平衡表》整理计算。

资料来源：商务部《中国服务贸易发展报告 2007》，中国商务出版社 2007 年版。

从各个具体行业上看，中国服务贸易进出口结构不平衡。只有具有劳动密集型特征的旅游和其他商业服务的贸易竞争力指数一直保持在正数状态，具有一定的竞争力，而具有资本及技术密集型的其他服务行业基本上没有比较优势。这个结果基本与货物贸易相似，反映了中国生产要素禀赋是劳动力丰裕而资本相对稀缺的状况。

随着中国不断的对外开放，加上中国拥有丰富的旅游资源和悠久的历史文化，近年来旅游业的竞争力呈现出越来越强的态势，成为中国服务贸易的支柱行业。而一向被认为属于劳动密集型的运输服务的贸易竞争力指数却一直呈负数状态，究其原因是：自 20 世纪 80 年代以来，随着远洋集装箱运输盛行和运输现代化的不断完善，运输服务越来越偏向资本、技术密集型服务方式转变，而中国在资本、技术两方面的基础一向比较薄弱，越来越显现出相对的比较劣势。

随着近年中国城市化的迅速膨胀，中国房地产行业和基础设施建设行业的迅速发展，中国建筑服务的贸易竞争力指数在 21 世纪得到了很大的改善。由于中国建筑行业劳动力主要来源于到城市打工的农民工，而中国的农村劳动力不仅资源丰富，而且劳动力成本非常低廉，使得中国建筑行业的成本非常低，依靠成本优势使得中国建筑服务的贸易竞争力具有了一定的比较优势。尽管通信服务、计算机和信息服务基本上属于资本、技术密集型行业，但由于这些行业基本上处于国家政策性垄断状态，只有在一小部分领域对外开放，还不是处于自由贸易状态，使得其发展的大多时间内呈现出正数状态，呈现一种"垄断性"的比较优势。因此，在目前的市场机制下，如何将原有的垄断优势转换为竞争优势以提高其整体服务水平，使其呈现自由贸易状态下的比较优势，是中国通信服务、计算机和信息服务面临的最大问题。在保险、金融、专有权利使用费和特许费、咨询和电影音像等高附加值的服务贸易领域，贸易竞争力指数绝大多数为负数，反映出中国资本和技术密集型服务贸易的国际竞争力水平比较低，特别是专有权利使用费和特许费10年间的 TC 指数平均值是 −0.88，反映该行业对进口的依赖很大[①]。

为了进一步分析各类货物贸易商品的竞争力指数，这里，考虑到中国现阶段经济发展水平大致相当于台湾20世纪70年代的水平，借鉴王新奎在分析台湾当时的生产和贸易结构所采取的方法，即：

L－L型（劳动密集、低技术）产品：SITC6（制成品，按原料分类）；

L－H型（劳动密集、高技术）产品：SITC8（其他制成品）；

K－L型（资本密集、低技术）产品：SITC7（机械及运输设备）；

K－H型（资本密集、高技术）产品：SITC3＋5（矿物性燃料、润滑油及有关产品、化学品及未列名有关产品）。

下面，根据中国统计年鉴和商务部统计统计的有关资料，计算了1980—2006年中国贸易商品的贸易竞争指数，具体如下（见表2－12）：

表2－12 1980—2007年中国各类出口商品竞争力指数状况

年份	L－L竞争力指数	L－H竞争力指数	K－L竞争力指数	K－H竞争力指数
1980	−0.02	0.68	−0.72	0.47
1985	−0.45	0.29	−0.91	0.42
1990	0.17	0.72	−0.50	0.33
1995	0.06	0.74	−0.25	−0.29

---

① 有关服务贸易竞争力状态的分析主要来自于商务部《中国服务贸易发展报告2007》，中国商务出版社2007年版的研究成果。

续表

年份	L－L 竞争力指数	L－H 竞争力指数	K－L 竞争力指数	K－H 竞争力指数
2000	0.01	0.74	－0.05	－0.88
2001	0.02	0.71	－0.06	－0.76
2002	0.04	0.67	－0.04	－0.83
2003	0.04	0.59	－0.01	－0.88
2004	0.15	0.51	0.03	－0.97
2005	0.23	0.52	0.10	－0.94
2006	0.32	0.54	0.11	－0.98
2007	0.30	0.58	0.13	－0.96

数据来源：根据《中国统计年鉴2007》及商务部网站进出口统计资料计算而成。

由表 2－12 可以看出，贸易竞争力指数（TC）计算的结果基本上与前面的显示性比较优势指数相同，即中国外贸产业的国际竞争力依然主要集中在以 SITC6 和 SITC8 的大部分商品为代表的劳动密集型产业。值得注意的是，从 2000 年开始，中国劳动密集且高技术型的产业其传统比较优势正逐步丧失，竞争力不断下降，同时，资本密集型且低技术的产业其竞争力在不断增强，这显示出中国在机械及运输设备的国际贸易中开始具有微弱的竞争能力，并且也从一个侧面预示着中国对外贸易商品从劳动密集型逐步向资本密集型过渡。然而，资本密集型中高技术类型的产品其竞争力指数却在一直大步下滑，这究竟是 SITC3 类产品还是 SITC5 类产品所致？为进一步明确，我们进一步计算了 SITC3 和 SITC5 的竞争力指数（见表 2－13）：

表 2－13　1980—2007 年中国各类出口商品竞争力指数状况

年份	K－H 竞争力指数	K－H 竞争力指数	
		SITC3	SITC5
1980	0.47	0.91	－0.44
1985	0.42	0.95	－0.53
1990	0.33	0.61	－0.28

年份	K–H 竞争力指数	K–H 竞争力指数	
		SITC3	SITC5
1995	−0.29	0.02	−0.31
2000	−0.88	−0.45	−0.43
2001	−0.76	−0.35	−0.41
2002	−0.83	−0.39	−0.44
2003	−0.88	−0.45	−0.43
2004	−0.97	−0.54	−0.43
2005	−0.94	−0.57	−0.37
2006	−0.98	−0.69	−0.29
2007	−0.96	−0.63	−0.33

数据来源：根据《中国统计年鉴2007》及商务部网站进出口统计资料计算而成。

通过进一步分析可以看出，中国的第3类商品的国际竞争力在改革开放之后经历了一个大幅度下跌的过程。1980年、1985年，中国此类商品的TC指数均在0.9以上，显示出了极强的国际竞争力，是当时中国具有高比较优势或强竞争力的产品。1995年之后，此类商品的TC指数便开始转变为负值，并迅速下降，2006年，此类商品的TC指数降低到−0.69，属于低比较劣势产品。而中国的5类商品的TC指数一直为负数，并基本上保持在−0.3——0.4左右徘徊。这说明中国的化工产业与国际先进水平一直具有较大的差距，其国际竞争力仍较弱。这几年中国较重视发展化工产业，其产量也不断提高，由此国际竞争力也在一定程度上有所改善。

综合来看，中国的劳动密集型产业及其产品的外贸比较优势仍然比较强，而随着经济发展及对外贸易发展战略的调整，资本密集型产业尤其是高技术的产业其竞争力一直在减弱，其TC指数已经由1980年前的0.27下降至2006年的−0.98，显示出中国的资本密集型中的高技术的产品其比较优势已经完全丧失。

三、显示技术优势指数（RTA）

显示技术优势指数（RTA：Revealed Technology Advantage）是 Vollrath 在 1991 年提出的，是将显示性比较优势指数（RCA）与贸易竞争力指数（TC）两者的长处结合起来的一个衡量对外贸易比较优势的一个指标。既避免了显性比较优势指数（RCA）只考虑出口的弱点，又克服了贸易竞争力指数（TC）很难判断该国对外贸易在世界贸易中位置的缺陷。在分析对外贸易结构及比较优势方面是一个比较好的综合指标[1]。

在这里，把上文用到的显示性比较优势指数（RCA）记为出口显示性比较优势指数（RXA），相应的进口显示性比较优势指数即为 RMA，而显示技术优势指数则是这两者的差值。用公式表示为：

$$RMA = (M_{ij}/M_i)/(M_{wj}/M_w)$$

$$RTA = [(X_{ij}/X_i)/(X_{wj}/X_w)] - [(M_{ij}/M_i)/(M_{wj}/M_w)]$$

$$RTA = RXA - RMA$$

一般认为，若指数大于 1 则具有较强竞争优势；若小于 1.0 但大于 0 则具有一定的竞争优势；指数小于 0，则说明该产品在国际市场上没有比较优势。

根据上面的公式，利用 WTO 及 UNCTAD 数据库的资料，在分类整理的基础上对 2006 年中国显示技术优势指数进行了计算，计算的结果如表 2 - 14 所示。

表 2 - 14　2006 年中国对外贸易商品显示技术优势指数 RTA

商品种类			RXA（RAC）	RMA	RTA
农产品			0.42	0.81	- 0.40
	食品		0.45	0.45	0.00

---

[1]　显示技术优势指数剔除了产业内贸易或分工的影响，反映了进口和出口两个方面的影响，因此用该指数判断产业国际竞争力要比其他指数更能真实反映进出口情况。该指数值越高，国际竞争力越强；该指数值越低，国际竞争力越弱。如果考虑贸易壁垒的影响，这种比较优势与真实的比较优势可能出现一定的差距。

续表

商品种类			RXA (RAC)	RMA	RTA
	原材料		0.30	2.26	-1.96
燃料和矿物产品			0.21	1.03	-0.83
	矿砂及其他矿物		0.16	3.45	-3.29
	有色金属		0.72	1.11	-0.38
工业制品			1.32	1.04	0.27
	钢铁		1.06	0.86	0.20
	化学制品		0.43	1.04	-0.60
		医药品	0.18	0.13	0.05
	其他半成品		1.15	0.49	0.66
	机械和运输设备		1.27	1.22	0.05
		办公室和电信设备	2.41	2.03	0.38
		自动数据处理设备	3.18	1.18	2.00
		电信设备	2.76	0.97	1.79
		集成电路	0.91	4.62	-3.71
		运输设备	0.34	0.36	-0.01
		车载设备	0.17	0.27	-0.10
	纺织品		2.71	1.11	1.59
	衣服		3.73	0.08	3.64
	其他工业制品		1.83	1.09	0.74
		私人及家用产品	3.19	0.12	3.07
		科研及控制仪表	1.06	3.01	-1.95

资料来源：易姗姗：《中国对外贸易商品结构优化分析》，上海对外贸易学院 2008 年毕业论文。

从表 2 - 14 可以看出，显示技术优势指数（RTA）的计算结果基本与显示性比较优势指数（RCA）相吻合：以服装、纺织品为代表的劳动密集型行业及以自动数据处理设备为代表的低技术行业仍表现着较强的竞争优势。但科研及控制仪表和集成电路的 RTA 与 RCA 出现了偏离。特别是科研及控制仪表，在比较优势指数 RCA 中显示出了一定的比较优势，在显示技术优势指数 RTA 中这类产品却表现出在国际市场上具有强比较劣势。究其原因，在于上述商品的比较优势是建立在大量加工贸易基础上，即通过大量从国外进口核心零部件和原材料来进行加工装配，然后再出口成品，典型的代表就是中国的 IT 产业。

四、Lafay 的国际专业化指标

Lafay 提出的国际专业化指标，不仅考虑了进口，而且对产业内贸易和复出口都有所考虑，因此该指标更能反映一国的比较优势。此外，由于 Lafay 所提出的指标考虑了每种产品的常规化贸易平衡和总体常规化贸易平衡，因而能有效地去除周期性的影响因素，再者，Lafay 提出的指标根据每种产品在贸易中的相对重要性，因而能正确地衡量每种产品对贸易的贡献[①]。

对于某个特定的国家 i，某种特定的产品 j，Lafay 所提出的指标可以定义为：

$$LFI_j^i = 100 \left[\frac{x_j^i - m_j^i}{x_j^i + m_j^i} - \frac{\sum\limits_{j=1}^{N} (x_j^i - m_j^i)}{\sum\limits_{j=1}^{N} (x_j^i + m_j^i)} \right] \frac{x_j^i + m_j^i}{\sum\limits_{j=1}^{N} (x_j^i + m_j^i)}$$

上式中，x_j^i 代表某种特定类型产品的出口，m_j^i 代表某种特定类型产品的进口，N 是所有进出口货物的种类。

给定每种产品对贸易总额所作出的贡献，就可以得到 $\sum\limits_{j=1}^{N} LFI_j^i = 0$，那些 LFI_j^i 大于 0 的，表明该产品对外贸易具有比较优势，该值越大，表明比较优势越明显，在该产品领域实现的专业化程度越高。那些

---

① 程新章、唐海燕：《中国对外贸易优势——基于国际分工视角的再研究》，《国际贸易问题》，2006 年第 11 期。

LFI_j^i 小于 0 的，表明该产品对外贸易具有比较劣势，该值越小，表明比较劣势越明显，在该产品领域实现的专业化程度越低。

在这里，我们借鉴程新章、唐海燕的分析方法，按照联合国产品生产阶段的宽泛经济分类（BEC）标准①，将产品分为 5 种不同类型：初级产品、半成品、零件和部件、资本货物和消费货物，并计算了 1995 年、2000 年、2006 年、2007 年中国对外贸易在 5 种不同类型产品各自占对外贸易的比重以及国际专业化指标，具体如下（见表 2－15）：

表 2－15　各种产品进出口占总进出口额的比重

单位：%

年份	1995			2000			2006			2007		
类别	总比	出口	进口	总比	出口	进口	总比	出口	进口	总比	出口	进口
初级产品	7.38	5.23	9.81	8.40	3.67	13.65	7.06	2.59	11.81	8.31	1.89	15.09
半成品	35.35	27.59	44.17	30.67	22.30	39.99	26.83	20.44	33.51	26.33	21.89	31.03
零件和部件	10.6	7.17	14.49	18.33	12.86	24.41	22.07	16.01	28.50	22.51	19.69	28.67
资本货物	18.48	11.96	25.88	17.49	17.31	17.68	22.51	23.32	21.65	23.27	25.27	21.15
消费货物	28.2	48.05	5.66	25.12	43.86	4.26	21.53	37.53	4.53	19.58	34.25	4.05

资料来源：1995 年、2000 年数据来自程新章、唐海燕《中国对外贸易优势——基于国际分工视角的再研究》，《国际贸易问题》2006 年第 11 期，2006 年、2007 年是根据中国海关统计年鉴相关统计数据计算而得。

从 5 种类型产品的对外贸易构成看，初级产品的比例几乎没有太大的变化；在 1995 年，中国中间产品进出口额占总进出口额的 45%，2000—2007 年中间产品进出口额占总进出口额的 49% 左右，

---

① BEC 标准根据产品的用途将产品的国际贸易标准分类（SITC）进行了重新划分，它将国际贸易资料转换为最终用途和中间用途的产品，诸如资本货物、中间产品和消费货物等类型。

在中间产品中，半成品的比重逐步下降，零件和部件的比重日益上升，这就证明了中国参与国际分工的程度日益加深。在最终产品中，资本货物进出口额占总进出口额的比重日益提升，而消费货物占总进出口额的比重日益下降，这表明了中国进出口最终货物的质量有明显的改进。

从5种类型产品的出口构成看，最终产品的出口构成了最重要的组成部分（从1995—2007年，几乎每年都为60%左右）。在最终产品的出口构成中，消费货物的出口比例尽管每年都有所下降（从1995年的48.05%下降到2007年的34.25%），但它依然占了绝大部分比例，资本货物的出口增长较快（从1995年的11.96%增长到2007年的25.27%）。最终产品出口中，资本货物增长的速度较快，表明中国的出口日益向资本、技术密集型产品转移，出口能力有所提高，初级产品的出口占整个产品出口的比例最小，而且比例每年都有下降的趋势（从1995年的5.23%下降到2007年的1.89%）。中间产品的出口比例有上升的趋势（从1995年的34.76%上升到2007年的38.58%），这其中半成品的出口比重有下降的趋势（从1995年的27.59%下降到2007年的21.89%），元件和部件的出口比例有所上升（从1995年的7.17%上升到16.69%）。

从5种类型产品的进口构成看，中国的进口严重地依赖于中间产品（从1995—2007年，中间产品的进口平均占进口总额的60%左右），在中间产品的进口构成中，半成品的进口比例不断下降（从1995年的44.17%下降到2007年的31.03%），而零件和部件的进口比例不断上升。初级产品的进口比例有不断上升的趋势（从1995年的9.81%上升到2007年的15.09%），这表明随着中国的经济发展，中国对世界的初级产品依赖程度不断上升。最终产品的进口比例有不断下降的趋势（从1995年的31.54%下降到2007年的25.20%），其中消费货物的进口比例不断下降（从1995年的5.66%下降到2007年的4.05%）。

中国对外贸易的动态优势变化与外贸增长方式的转变

表 2 - 16 1995—2007 年中国各种产品的国际专业化指标

类别	1995 年国际专业化指标	2000 年国际专业化指标	2006 年国际专业化指标	2007 年国际专业化指标
初级产品	- 2.28	- 4.97	- 4.61	- 6.59
半成品	- 8.26	- 8.82	- 6.48	- 4.57
零件和部件	- 3.64	- 5.76	- 6.24	- 5.99
资本货物	- 6.93	- 0.19	0.83	2.06
消费货物	21.11	19.74	16.49	15.09

资料来源：1995 年、2000 年数据来自程新章、唐海燕《中国对外贸易优势——基于国际分工视角的再研究》，《国际贸易问题》2006 年第 11 期，2006 年、2007 年由笔者根据中国海关统计年鉴相关统计数据计算而得。

分析表 2 - 16 可以发现，中国在国际分工中地位的特征是在消费货物的生产中具有比较优势，而在中间产品的生产和初级产品上具有极大的比较劣势，在资本货物领域则优劣势不明显。在初级产品、半成品以及零件和部件领域，中国始终处于比较劣势。初级产品的比较劣势日益明显，这主要与中国国内经济快速发展，对国外原料、燃料等需求强劲增长密切相关。半成品的比较劣势有下降的趋势，零件和部件的比较劣势有逐步扩大的趋势，这一方面说明中国进出口产品中零件和部件进口增长的速度快于出口的增长速度；另一方面表明，中国出口的最终产品中有相当部分是依靠国外的零部件加工出口的。在最终产品生产中，中国始终处于强大的比较优势，资本货物从 1995 年处于明显的比较劣势，发展到 2007 年具有一定的比较优势，这就证明了中国资本货物的出口取得了明显的进步。从消费货物看，中国消费货物出口的比较优势逐年下降，但比较优势依然明显，这表明，从总体上看，中国出口能力的快速扩张与中国在劳动力密集型产业中所具有的强大优势密切相关。

以下，我们从 2006 年进出口商品贸易方式中企业性质视角来看中国对外贸易优势，分别计算出各种进出口贸易方式、不同性质企业占中国对外贸易总额的比重以及国际专业化指标，具体如表 2 - 17 所示。

表2-17 不同贸易方式中不同性质企业占中国对外贸易总额的比重以及
国际专业化指标

单位:%

	总值		一般贸易		来料加工装配贸易		进料加工贸易		保税仓库进出境货物		保税区仓储转口货物		其他	
	比重	指标	比重	指标	比重	指标	比重	指标	比重	指标	比重	指标	比重	指标
总值	100	0	42.6	-1.58	10.6	3.08	37.0	6.89	1.46	-0.50	4.08	-2.57	4.27	-3.23
国有企业	28.6	-1.10	20.5	-3.48	4.42	2.37	1.75	0.60	0.80	-0.16	0.42	-0.22	0.65	-0.21
中外合作	2.21	0.29	0.53	0.15	0.30	0.03	1.28	0.19	0.01	0.01	0.00	-0.00	0.08	-0.08
中外合资	19.0	-0.46	6.72	-1.18	0.90	0.08	9.17	2.26	0.39	-0.25	0.61	-0.20	1.16	-1.19
外商独资	36.3	-0.18	4.53	-0.15	1.70	0.05	23.6	3.48	0.07	-0.01	2.69	-1.85	1.65	-1.70
集体企业	4.29	1.10	2.98	0.88	0.41	0.08	0.66	0.20	0.07	-0.01	0.04	-0.03	0.12	-0.02
私营企业	9.63	2.09	7.29	2.20	0.86	0.07	0.53	0.15	0.06	-0.03	0.31	-0.27	0.58	-0.03
其他	0.07	-0.05	0.01	-0.01	0.00	-0.00	0.00	-0.00		-0.04			0.02	0.00

资料来源:转引自向铁梅《国际贸易与直接投资的关系及其中国情况的实证分析》,《世界经济研究》2008年第2期。

从进出口贸易的方式占贸易的总比重看,一般贸易所占的比重为42.59%,而来料加工装配贸易与进料加工贸易共计占47.61%,超过了一般贸易的比重,这说明在2006年,中国对外贸易中加工贸易仍然具有一定的优势。在一般贸易中,国有企业占有相当大的比例(相当于一般贸易的一半左右),私营企业也有突出的表现,中外合资企业位居第三。来料加工装配贸易相当大的比例都是国有企业进行的(超过来料加工贸易总额的40%),进料加工贸易中相当大的比例都是在外商独资企业完成的(超过了进料加工贸易总额的60%)。

从进出口贸易方式的国际专业化指标看,中国在保税区仓储转口货物、一般贸易领域具有明显的比较劣势,特别是国有企业在一般贸易领域具有非常明显的比较劣势,这就证明了中国最重要的贸易主体在国际贸易中的地位不高的客观事实;在进料加工贸易以及来料加工装配贸易领域,中国具有非常明显的比较优势,这就说明了中国对外贸易的扩张主要是依赖于出口加工业务,在某种程度上表明了中国对外贸易的发展主要是发挥了中国在劳动力密集型产业中所固有的优势。

特别需要指出的是，外商独资企业和中外合资企业在进料加工贸易领域更具有非常明显的比较优势，这就证明了外资企业在中国地理意义上的出口能力夸大了中国要素的出口能力的论断。国有企业在来料加工装配贸易领域同样具有比较优势，这就说明了外商充分利用了中国国有企业所具有的人力优势，国有企业只能收取工缴费，只是在低端的加工领域具有一定的优势。

从企业性质占中国对外贸易的总比重看，外商独资企业占中国对外贸易总额的比重最高，其次是国有企业，居第三位的是中外合资企业，随后是私营企业和集体企业。这说明中国对外贸易的主力越来越集中在外商独资企业上，中国越来越成为跨国公司集中生产的地区。中国进出口贸易及其产品结构事实上并不是中国产业结构的真实反映，而在很大程度上是跨国公司全球生产布局的表现。

从企业性质看，私营企业和集体企业在总体上具有一定的比较优势。特别需要指出的是，私营企业在一般贸易领域具有比较明显的优势，这就表明了私营企业在国民经济中的地位明显上升，在一般贸易领域已经具备了和国有企业相抗衡的实力。中外合作企业具有弱小的比较优势，中外合资和外商独资企业具有微小的比较劣势。而中外合资企业的比较劣势，主要来源于一般贸易和其他贸易方式，而在进料加工领域具有比较优势。外商独资企业的比较劣势，主要来源于保税区仓储转口货物和其他贸易方式，而在进料加工贸易中具有明显的比较优势。国有企业具有非常明显的比较劣势。

五、国际市场占有率

国际市场占有率是指一个国家的出口总额占世界出口总额的比例，它反映了一国出口的整体竞争能力和比较优势。就一国的某一产业的国际市场占有率而言，该指标主要反映一国某一产业国际上的竞争地位和竞争实力。其计算公式为：

$$MPR_{ij} = X_{ij}/X_{wj}$$

上式中的 MPR_{ij} 表示 i 国家 j 商品的国际市场占有率；X_{ij} 表示 i 国家 j 商品的出口值；X_{wj} 表示世界上 j 商品的出口总值。

根据这个指数的含义，MPR_{ij} 最大值为 1，最小值为 0，数值越大，表明该产品在世界市场上所占的出口份额越大，从量上说明了一个国家在该产业上所具有的优势。

（一）中国制造业国际市场占有率

根据韩国贸易协会国际贸易院 2007 年发布报告，2005 年中国有 958 种产品在世界市场上的占有率排名第一，是拥有占有率位居第一的商品种类最多的国家，是日本的近 5 倍、英国的近 8 倍[1]。为了把握中国制造业国际市场占有率的大致情况，我们选择了几种具有代表性的产业进行了分析比较，计算结果反映在表 2-18 及图 2-6 中。从表 2-18 及图 2-6 中可以看出，中国制造业总体市场占有率一直处于上升状态，1980 年仅为 0.8%，2000 年上升到 4.7%，而 2006 年更是急升至 10.8%，是 1980 年的 10 多倍。在 5 个主要的制造业类型中，所占比例最大的是传统劳动密集型的服装和纺织品，数据显示 1980 年这二者之和所占到的市场份额约 15%，而到 2006 年已经达到 52.9%，是 1980 年的 3 倍以上；而增长幅度最大的是办公用品和电子设备，2000 年该类产品的国际市场占有率还只有 4.5%，2006 年猛增到 19.8%，在世界市场占有率的排名上升到第 2 位，仅次于欧盟。而市场占有率低下且成长缓慢的是化学品及其相关产品。

表 2-18　中国制造业及其主要子行业国际市场占有率指数

年份	2000	2001	2002	2003	2004	2005	2006
制造业	0.047	0.052	0.061	0.072	0.082	0.096	0.108
1. 钢铁	0.031	0.024	0.023	0.026	0.051	0.061	0.087
2. 化学成品及其有关产品	0.021	0.022	0.023	0.024	0.027	0.032	0.036
3. 机械和运输设备	0.031	0.038	0.049	0.064	0.076	0.092	0.105
其中：办公设备和电子产品	0.045	0.062	0.089	0.123	0.149	0.177	0.198

---

[1] 《中国鞋类等 958 种产品世界市场占有率排名第一》，全球纺织网（www.tnc.com.cn），2007 年 8 月 23 日。

年份	2000	2001	2002	2003	2004	2005	2006
4. 纺织品	0.102	0.113	0.132	0.154	0.171	0.200	0.223
5. 服装	0.182	0.189	0.200	0.222	0.237	0.267	0.306

资料来源：徐婧：《中国对外贸易比较优势变化及政策调整》，上海对外贸易学院 2008 年毕业论文。

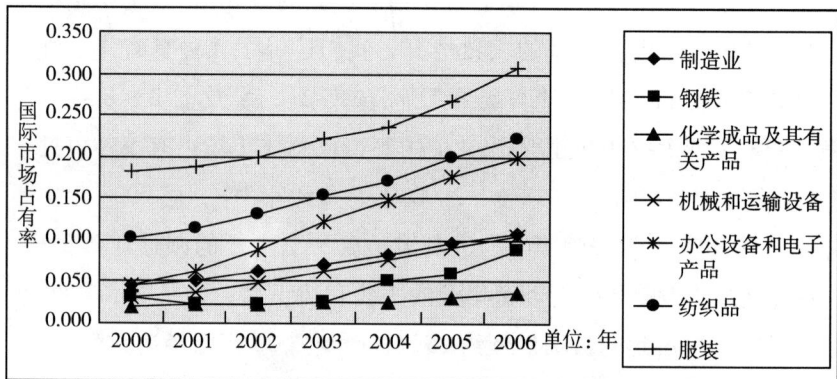

图 2-6　2000—2006 年中国工业产品出口市场占有率

资料来源：徐婧：《中国对外贸易比较优势变化及政策调整》，上海对外贸易学院 2008 年毕业论文。

（二）与其他国家的国际市场占有率比较

为了进一步把握中国制造业市场占有率的相对状况，我们选择发达国家的代表——美国和发展中国家的代表——印度与中国进行横向比较，从图 2-7 中可以看出，中美之间在工业品市场占有率方面非常符合两国的要素禀赋。中国拥有比较优势的劳动密集型产业，如纺织品和服装行业，中国远远超过美国，高出 45.5%。办公设备和电子产品高出 10.5%；而在美国拥有比较优势的资本密集型产业——化工产品的份额比较中，中国的市场占有率仅 3.6%，而美国占到 10.9%，是中国的 3 倍。

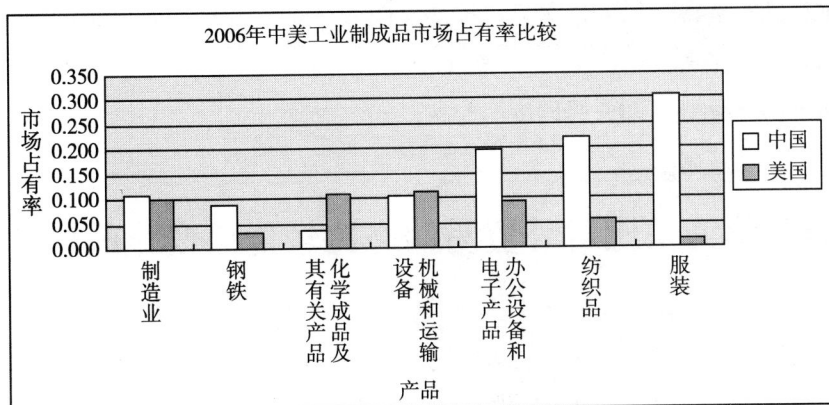

图2-7 2006年中美工业产品出口市场占有率比较

资料来源：徐婧：《中国对外贸易比较优势变化及政策调整》，上海对外贸易学院2008年毕业论文。

而从图2-8中可以看出，不管在劳动密集型产业还是资本技术密集型的产业中国产品的市场占有率都远远高于印度。虽然从图2-8中没有得到反映，但值得一提的是在软件行业中，印度是世界上获得质量认证软件企业最多的国家。有170家公司获得ISO 9000质量标准认证，在全世界获得美国CMM5级认证的50多家软件企业中，印度占了绝大多数。印度正在成为世界软件中心，许多著名的信息产业公司，

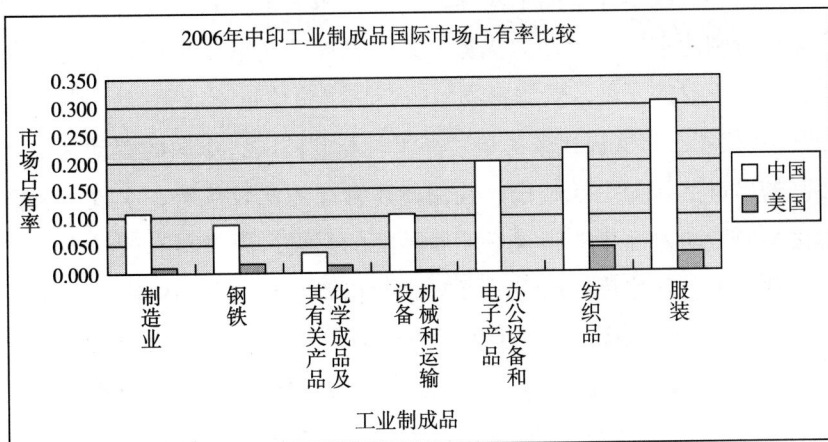

图2-8 2006年中印工业制成品国际市场占有率分析

数据来源：WTO官方网站数据库 International Trade Statistics。

资料来源：徐婧：《中国对外贸易比较优势变化及政策调整》，上海对外贸易学院2008年毕业论文。

如微软、英特尔、甲骨文公司等都在印度建立了研发基地。据有关资料显示：印度软件产品在美国市场上占 60%，而中国从美国进口的 80% 的产品中有 70% 是印度的产品。

第三节　中国对外贸易动态比较优势变化的总结

通过对中国对外贸易显示性比较优势指数、贸易竞争力指数、显示技术优势指数、Lafay 的国际专业化指标、国际市场占有率等指标的分析可以看出，随着中国国力水平的提高，中国的要素禀赋在发生变化。在改革开放初期，由于中国经济水平和生产力水平非常低，加上受计划经济时代将对外贸易定位为"拾遗补缺"的影响，中国对外贸易的结构主要是利用国内丰富的资源和原材料的优势，大力发展能源、原材料的出口，而实证分析也显示中国资源密集型产品在 20 世纪 80 年代有部分产品具有比较优势。改革开放初期，中国以资源密集型产品出口为主导，虽然显性比较优势不大，但这是在中国工业起步阶段是必然的，因为没有太多制成品出口。

随着中国改革开放的不断深入，中国积极参与到全球的产业分工中，充分利用本国的劳动力优势，大力发展劳动密集型产业。随着劳动密集型工业的发展，资源密集型的产品出口比重不断下降，到 20 世纪 90 年代就已转变成比较劣势产品了。与此同时，中国的劳动密集型产品的出口上升为主导地位，且保持非常高的比较优势，实现了从资源优势向劳动力优势的转换。随着经济的发展，原材料和劳动力成本也呈现同步上升趋势，国内的资本原始积累逐步增加，中国的资本密集型产品的比较劣势也得到了极大的改善，并保持着强劲的上升势头。

总之，自改革开放以来，中国逐步扩大市场开放，不断实现从计划经济向市场经济转轨，充分发挥了各个时期的比较优势，按照比较优势、要素禀赋开展与世界各国的分工，并遵循了阶段比较优势原则，中国出口商品的比较优势表现出动态的变化过程，逐步实现了从资源优势向劳动力优势，再从劳动力优势向资本优势转换的过程。

第三章 贸易强国的标准及中国与世界贸易强国的差距

正如前面所分析的那样，经过三十多年的发展，中国已经成为世界上名副其实的贸易大国。但是贸易大国并不是贸易强国的代名词，从目前来看，无论从贸易结构、贸易方式还是贸易产品，中国目前还算不上一个真正的贸易强国。与贸易大国强调一国的贸易规模和贸易量不同的是，贸易强国具有更丰富、系统的内涵，反映的是一国贸易的本质内容。按照外经贸部门的目标，到2020年前后，中国初步实现从贸易大国到贸易强国的转变。因为只有这样，中国才能在国际市场激烈的竞争中占据主导地位。那么，贸易强国的标准是什么？中国离贸易强国还有多大的差距，中国的对外贸易具有多大程度的竞争力，本章将对此进行具体的分析。

第一节 贸易强国的定义与标准

一、贸易强国的定义

正如前面文献综述所指出的那样，围绕着什么是贸易强国，不同的学者给出了不同的定义，表述方法五花八门，并没有形成一个统一的说法和确切的标准。为此首先应该对贸易强国的标准进行讨论，以便在此基础上对世界各国贸易强弱进行判断。尽管如此，学者们给出的定义内容大同小异，基本上包括贸易竞争力、贸易条件、贸易品牌、贸易结构、贸易发言权等一系列指标。

综合各方面学者的观点，我们认为所谓贸易强国是指：出口商品和服务中高级生产要素含量高、控制着技术与品牌等核心要素、在国际贸易中具有较强的竞争能力并能够获得主要利益的国家或经济实体。

二、贸易强国的标准

正如前面所指出的那样，一个贸易强国应该是综合素质的反映，因而也就不可能从单一的指标去判断一国是否是贸易强国，而是要从综合的观点去考虑。在把握贸易强国时，可以从多个角度进行把握，比如贸易利益的角度、贸易结构的角度。

随着贸易自由化及全球经济一体化的不断深入，世界各国的生产与分工通过全球生产网络形成了全球价值链，它构成了全球化的重要微观基础。全球生产网络以跨国公司为主体，存在于潜在市场使用者—发明与设计—再设计—生产—营销之间的联系与反馈就构成全球生产的链接过程，它存在于企业内部之间、企业与企业之间、企业与其他组织之间，贯穿着创新活动的始终，从而形成全球生产网络[①]。

在全球生产网络理论下，贸易强国的贸易主体往往是一些像跨国公司一样的高级供应商。这些贸易主体通过大量的资金和技术投入，从数量和质量两个方面产生巨大的贸易总量和贸易剩余，而巨大的贸易产品将出口到世界市场上的其他国家，而贸易剩余则转变为生产国的贸易利益。因此，基于全球生产网络链基础上的国际贸易流程可以用以图3-1来表示。

根据这个流程，贸易强国就是贸易主体优化、贸易产品以高附加价值为主，并能够产生最大的贸易总量和贸易剩余，对世界市场依赖程度合适的经济体。以下我们就按照这样的思路来构筑贸易强国的指标体系。

在这里值得注意的是，贸易强国是一个综合的概念，需要从以下几个方面来综合把握。

---

① 苏桂富、刘德学、陶晓慧：《全球生产网络下我国加工贸易转型升级与结构优化机制》，《特区经济》2005年第5期。

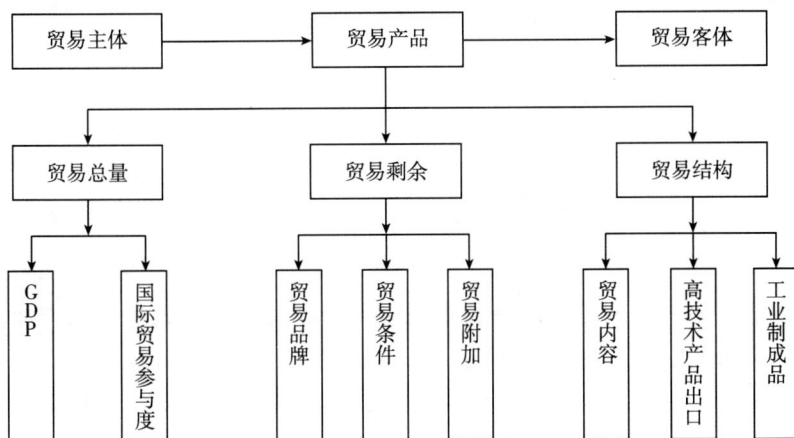

图3-1 全球生产网络链基础上的国际贸易流程

资料来源：在李峰《贸易大国和贸易强国的评判体系指标化及实证分析》，湖南大学2007年的有关构思基础上作者制成。

（一）经济总量及人均GDP

贸易是经济的重要组成部分，是社会生产力水平的重要体现，反过来经济的发展水平又严重影响着国际贸易。如果一国的经济总量比较少，必然使得其可供交换商品就比较少。因此，贸易强国一定是经济强国，这是贸易强国存在的基本前提。在一国的经济实力中，对外贸易、工业水平占据着重要的地位，两者与GDP互为条件，相互促进，是一个铜板的两面。

（二）国际贸易参与度

从国际贸易的角度来看，一国对世界经济与贸易的影响主要源于其对国际贸易的参与程度，所以一国在世界市场上贸易商品所占的份额越大，则其进出口量的增减对世界贸易商品市场价格的影响就越大。由于世界市场是由多种进出口商品组成的，对一国在世界市场的份额就有不同的计算方法。比如，进出口贸易总额占世界贸易的比重、某个单项商品占该项商品世界进出口份额的比重、服务贸易占世界服务贸易的比重，等等。我们这里选用一国的绝对贸易额与相对贸易额（所占的比重）来表示。如果一国的进出口商品在国际市场占有很大的份额，则该国产品进出口量的变化将对世界市场的走势产生一定的影响。由于贸易额有多方面的含义，我们在这里选择总贸易额和人均贸易额来考察中国参与国际贸易的程度。

（三）贸易结构

作为贸易强国的特征其贸易结构应该是进口初级产品，出口高附加价值产品为主。换句话说，该国在国际经济贸易分工中处于相对较高的地位。在国际分工的理论与实践中，有一个著名的"微笑曲线"。"微笑曲线"最早是台湾宏基公司董事长施振荣先生提出来的，用来描述生产个人电脑的各个工序的附加值特征。在整个个人电脑的产业链里，上游的 CPU、操作系统和下游的售后服务等工序具有较高的附加值，而处在中游的组装生产等工序则利润空间最小。这条曲线类似于字母"U"，但更平缓一些，像张嘴微笑时的下嘴唇，所以有此称谓。后来经济学家们将此观点进行扩张，引入到产业构造与国际贸易分工中来。在整个产业链及国际贸易分工中，"微笑曲线"有两个高端，一端是自主知识产权和品牌，另一端是营销渠道。这条曲线最低点在中间，产品的加工、制造处于这一位置，如图 3-2 所示。而且，由于"模块化"的技术革新和"大竞争"这一世界政治经济形势的变化，位于微笑曲线"下颚"部分的竞争更加激烈，曲线的弧度变得更加陡

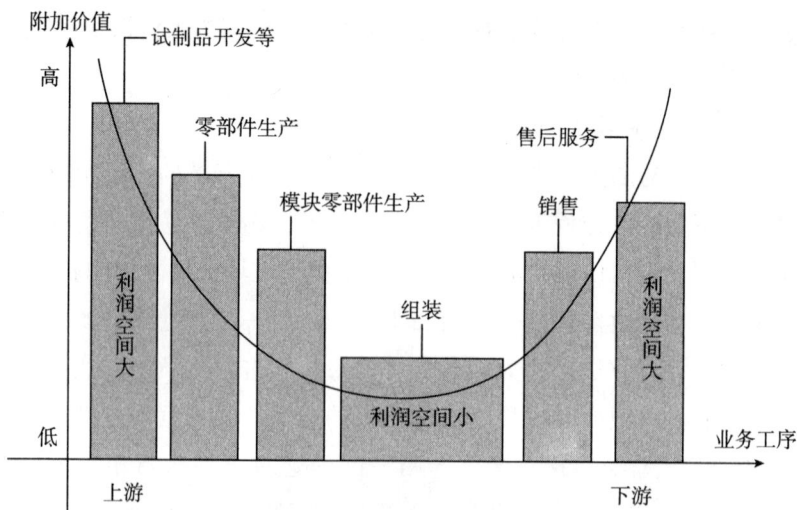

图 3-2　"微笑曲线"示意

资料来源：关志雄：《模块化与中国的工业发展》，http://www.rieti.go.jp。

峭。不仅如此，在20世纪60—70年代，商品基本上全部由发达工业国家生产，因此，即使是劳动密集型工序，也必须支付高额的工资。但是，此后，由于模块化的发展，对产业内的各工序进行了调整和分割，能够仅把低附加值的生产工序委托给发展中国家，因此，中间环节的甜头减少了。而且，随着东西方对峙的瓦解和经济全球化的发展，承担劳动密集型工序的国家不再限于中国，而是扩大到了东欧原来的社会主义各国、东盟各国和中南美等发展中国家，中间工序的附加值更加降低了，如图3-2、图3-3所示。因此，现代可以称得上贸易强国的国家必须能够在"微笑曲线"两个高端中占有一定的份额。

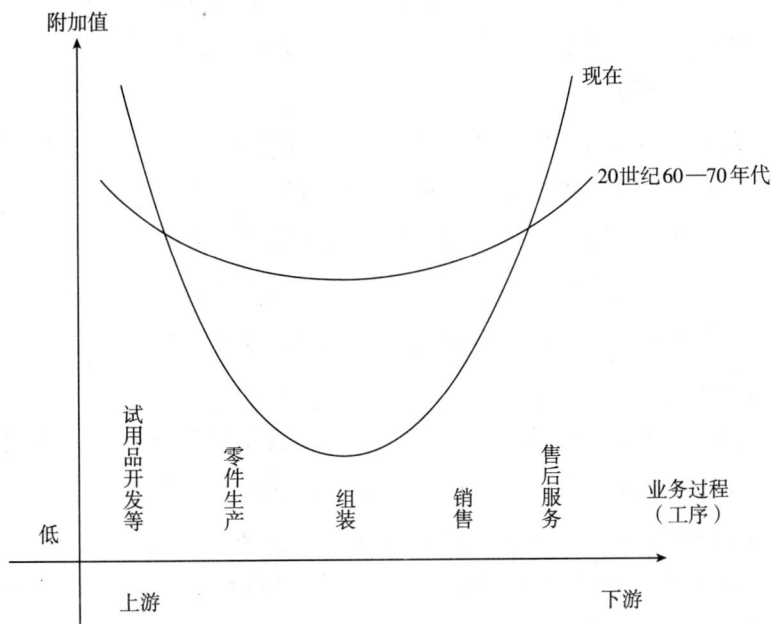

图3-3 "微笑曲线"示意图及随着时代变化的微笑曲线的形状

资料来源：关志雄：《微笑曲线向谁微笑？——中国应慎防"谷贱伤农"的陷阱》，http：//www.rieti.go.jp。

在衡量贸易结构时，我们可以用货物出口额占世界出口额比重、服务出口额占世界出口额比重、工业制成品比重、高新产品出口比重等衡量一国是否属于贸易强国。通过对一些贸易强国的统计表明，贸易强国商品贸易额与服务贸易额应该小于8:1（即服务贸易在总体贸易所占的比重大约在13%以上）、工业制成品比重应该大于90%、高新技术产品出口应该在15%以上。

（四）微观竞争力

微观竞争力即企业的世界竞争力。企业是一国财富的创造者，一国参与世界经济竞争的主体是企业，一国GDP的规模、国际贸易参与程度、贸易结构既取决于企业的竞争能力，最终也必须依靠企业来完成，一国比较优势的实现也依赖一个健康有活力的企业去创造。作为贸易强国，必须拥有自己的跨国公司，并拥有具有一定影响力的品牌，拥有自主研发能力并掌握核心技术[①]。在具体指标衡量上，可以用世界品牌100强、世界最大500家企业数等指标来进行度量。

（五）跨国投资

随着全球经济一体化的进展，自20世纪80年代开始，跨国公司开始借助自己强大的实力大规模对外进行投资，在全球范围内进行企业内的分工与贸易。这种大规模的资本移动促进了国家与国家之间在深度与广度上的合作，决定了世界贸易的地理分布、商品结构与贸易方式。甚至在一定程度上可以认为，跨国公司对外投资左右着世界贸易的动向。

自第二次世界大战以来，贸易强国一直是国际直接投资的主体。例如，1995年发达国家的直接投资为2710亿美元，占当年国际直接投资总额的85.2%，而美国一国的投资就高达960亿美元，占当年世界对外直接投资总额的30.2%。根据日本贸易振兴会有关资料表明，2007年全球外国直接投资达到12157.88亿美元。美国、德国、法国、英国、意大利、日本、加拿大7大贸易大国合计达到6280.78亿美元，占全世界对外直接投资的51.7%。大量的对外投资拉动了对外贸易的开展，并使得这些国家在世界贸易市场中占据着主导地位，形成了贸易与投资的良性循环。

---

① 陈飞翔：《由贸易大国向贸易强国转变的转换路径与对策》，《世界经济研究》2006年第11期。

（六）贸易条件与贸易品牌

贸易条件决定一国出口的商品能够换取多少进口商品，贸易品牌则决定贸易商品能够提供多大的利润空间，因此它们往往直接决定一国在国际贸易中的利益分配，影响着一国内部资源配置的效率和国民的福利水平[①]，对一国福利条件的改善具有特殊的作用。一般来说，世界贸易强国的贸易条件基本上是朝着改善的方向发展，并为此使这些国际能够在国际贸易中获得更大的投入产出比；而贸易品牌则是贸易强国获取贸易利益的秘密武器，是贸易强国在国际贸易中获取超额利润的主要来源。在 2005 年公布的世界 500 强中，头号贸易强国美国一国就独占 52 个。

（七）在制定世界贸易规则中，要有较多的发言权

从宏观来看，发达国家历史上形成的经济优势具有延续性，他们是旧国际政治经济秩序的既得利益者，绝不会轻言放弃。在全球化面前，经济实力决定着"发言权"。发达国家凭借其优势地位把持着世界生产和流通，"自然而合理"地利用自己规定的"游戏规则"，抢占经济全球化"蛋糕"的较大份额。目前，中国在制定世界贸易规则上还没有多大的发言权，绝大部分的世界贸易规则都是在发达国家一手操纵下制定的。从微观上来讲，标准成为了企业在国际市场获取最大利益的手段。一项标准被国际采纳，常可带来极大的经济效益，并决定一个行业的兴衰乃至影响整个国家的经济利益。以 DVD 为例，全球每年的 DVD 需求量约为 4000 万台，而中国 DVD 的产量已经占到了全球产量的 90%。但由于 DVD 的核心技术和标准都掌握在外国开发商手中，解码芯片、激光头、机芯等核心部件中国都无法生产，不但完全依赖进口，而且每台产品还需缴纳 4.5 美元的专利费，使得国内厂商赚到的钱少之又少，国内创造的价值相当部分流向国外，成为他国国民的财富[②]。

---

① 陈飞翔：《由贸易大国向贸易强国转变的转换路径与对策》，《世界经济研究》2006年第 11 期。

② 黄锫坚：《还原跨国公司：从恶魔到天使交替扮演着角色》，http://biz.163.com、《经济观察报》2005 年 4 月 9 日。

第二节　中国对外贸易国际竞争力的现状及与贸易强国的差距

　　国际竞争力是在国际间自由贸易条件下或在排除了贸易壁垒因素假设条件下，一个某特定产业的特定产品所具有的开拓市场、占据市场并以此来获得利润的能力①。从微观上来看，是反映一国企业在国际市场上竞争能力的大小，而从宏观上来看，是反映了一国在世界贸易中所处的地位，即一国是否是属于贸易强国。单从贸易绝对规模上来看，2007 年中国对外贸易总额已经跃居世界第三，另外，中国的对外贸易顺差在不断扩大，市场多元化趋势也在逐步走向良性化。这些都从一个侧面反映了中国对外贸易开始接近贸易强国的水平，但从国际竞争力及贸易强国的上述一系列标准来衡量，中国还存在着一定的差距。

一、经济发展水平上的差距

　　贸易强国往往是经济大国的代名词，是经济高度发达、名副其实的经济大国。从经济发展水平上看，2007 年中国的经济总量约为 30100亿美元，位居美国、日本、德国之后，排名世界第四（见表 3－1）。其中与排在首位的美国的差距最大，大约只相当于美国的 1/4，与排在次席的日本的经济总量差距有所缩小，但仍高达 22800 亿美元，即使与排在第三的德国的差距亦有 2700 亿美元之多。因此，国际经济界普遍认为，依照中国目前的增长态势，中国经济总量将在 2008 年超过德国成为世界第三经济大国。尽管从经济总量来看，中国已经可以算得上经济大国，但中国目前人均 GDP 只有 2280 多美元，在世界中排名104 位，只有美、日、德等发达国家平均水平的 5%；不仅如此，中国

---

　　① 康学芹、张海珍：《迈向贸易强国之路探究》，《集团经济研究》2007 年 10 月中旬刊。

仍然有1479万尚未解决温饱的绝对贫困人口，2841万温饱问题已解决但发展水平依然较低的低收入贫困人口，2271万城镇居民需领取最低生活保障金，6000万残疾人需要救助。人均GDP及中国国民的生活水平刚刚达到世界的平均水平，和美、日、德等经济强国还有相当大的一段距离。

表3-1 世界 GDP 排名前 10 位的国家（2007 年）

国家	GDP（亿美元）	GDP 排名	人均 GDP（美元）
美国	139800	1	46280
日本	52900	2	41480
德国	32800	3	39710
中国	30100	4	2280
英国	25700	5	42430
法国	25200	6	41200
意大利	20900	7	35980
西班牙	14100	8	30820
加拿大	13600	9	41470
俄罗斯	11400	10	8030

资料来源：中国在线网站。

另外，中国的对外贸易总额虽然超过20000亿美元，成为世界第三大贸易大国，但人均外贸额还不到2000美元。根据WTO官方网站中 *Trade Profiles* 2007 的数据，2006 年，中国的人均贸易额只有1207美元，相比之下，美国是10903美元，英国为21328美元，德国为26321美元，日本是10112美元，韩国是13601美元（见表3-2）。这表明，虽然中国总贸易额很高，但从人均贸易额的角度看，中国不仅低于美、日、德等贸易强国，就是与马来西亚相比仍然具有相当大的差距，这表明中国贸易产业的国际地位相对落后。

表 3 - 2　2006 年中国人均贸易额与世界主要国家的比较

单位：美元

国家	中国	美国	英国	法国	德国	日本	韩国	新加坡	马来西亚	加拿大
金额	1207	10903	21328	18722	26321	10112	13601	125381	11629	24954

资料来源：WTO 官方网站 World Trade Profile 2007。

二、对外贸易商品结构有很大改善，但仍然存在着很大差距

从对外贸易商品结构来看，对外贸易强国具有进口初级产品，出口高附加价值为主的特点。改革开放以来，中国对外贸易商品结构不断改善，出口商品质量迅速提高，出口商品的层级也不断提升，要素资源得到更加合理的配置，出口商品结构也明显优化。

从表 3 - 3 中 1975—2007 年期间中国对外贸易商品结构的变化情况来看，自 1980 年以来，初级产品在中国出口商品中所占比重从 50% 下降到 2007 年的 6%，呈现持续下降的趋势；工业制成品在中国出口商品结构中所占的比重从 50% 稳步提高到 2007 年的 94%，呈现持续上升的趋势。此外，20 世纪 80 年代到 90 年代中后期，制成品出口占总出口的绝大部分比重，且机电化工产品超过纺织轻工产品的出口比重，深加工、精加工程度显著提高和附加值与技术含量不断提升是其主要

表 3 - 3　中国对外贸易商品结构的变化（1975—2007 年）

单位:%

年份	进口		出口			
	初级产品	工业制品	初级产品	工业制品	纺织服装	机电产品
1980 年	35	65	50	50	14	8
"六五" 时期	24	76	46	54	21	8
"七五" 时期	17	83	30	70	27	14
"八五" 时期	16	84	18	82	28	26
"九五" 时期	19	81	12	88	23	37
2005	22	78	7	93	19	46
2007	24	76	6	94	21	47

资料来源：1980 年至 "九五" 时期数据转引自宋全成《迈向贸易强国——中国外贸竞争力研究》，中国商务出版社 2004 年版。2005 年、2007 年数据为笔者根据《中国统计年鉴 2007》计算整理。

特征。可以说，经过多年的发展，中国出口商品的结构得到了一定程度的优化。

从工业制成品出口占货物贸易出口的比重来看，中国甚至超过了美国、法国、德国和英国，略低于日本，已经初步具备贸易强国的一些基本特征（见表3-4）。但仔细分解制成品出口的结构发现，在美国、日本、法国、德国和英国等发达国家，资本技术密集型的机械及运输设备、化工产品（SITC7 + SITC5）是其主要的出口产品，该类产品的出口比重近十年来平均都超过了60%，而中国只有40%—50%左右，与美国、日本、法国、德国、英国等国相比，中国的资本技术密集型产品出口所占比重相差10多个百分点，依然存在着较大的差距。

实施科技兴贸战略以前，在1992—1998年的7年时间里，中国高新技术产品出口则从38.6亿美元增长至202.51亿美元，达到1991年的7倍，年均递增32.1%。实施科技兴贸战略以后，在1999—2004年的6年时间里，中国高新技术产品出口则从247.04亿美元增长至1655.4亿美元，达到1998年的8.2倍，年均递增41.9%。同时，2007年在中国出口商品结构中，高新技术产品所占比重已经超过30%，这标志着中国出口商品结构发生了质的改变。然而，20世纪90年代末，OECD国家的高新技术产品出口占其出口总额的比重平均接近40%，而这一时期中国的这一比重在1998年仅为11%，到2006年虽提高到30.2%，与发达国家相比依然存在一定差距。

表3-4 工业制成品出口商品结构的国际比较

国别	年份	工业制成品出口占货物贸易出口的比重（%）			
		总体	化学品及有关产品所占比重	机械及运输设备所占比重	其他制成品所占比重
		SITC5—9（所有制成品）	SITC5（资本技术密集型制成品）	SITC7（资本技术密集型制成品）	SITC6 +8（劳动密集型制成品）
中国	1990	71.4	6.0	17.4	47.9
	1995	84.0	6.1	21.1	56.9
	2000	88.2	4.8	33.1	50.3
	2007	94.5	4.6	47.1	42.8

续表

国别	年份	工业制成品出口占货物贸易出口的比重（%）			
		总体	化学品及有关产品所占比重	机械及运输设备所占比重	其他制成品所占比重
		SITC5—9（所有制成品）	SITC5（资本技术密集型制成品）	SITC7（资本技术密集型制成品）	SITC6＋8（劳动密集型制成品）
美国	1990	74.0	9.8	46.5	17.7
	1995	77.3	10.4	48.3	18.6
	2000	83.1	10.4	52.8	20.0
	2007	85.2	11.2	54.3	19.7
日本	1990	95.9	5.4	70.9	19.6
	1995	95.1	6.7	70.3	18.2
	2000	93.8	7.2	68.7	18.0
	2007	94.0	6.9	71.1	16.0
法国	1990	76.9	13.3	37.3	26.4
	1995	79.1	14.6	39.6	24.8
	2000	82.7	15.1	44.9	22.7
	2007	84.3	13.6	46.2	24.5
德国	1990	—	—	—	—
	1995	84.4	13.0	46.9	24.5
	2000	83.9	12.4	49.8	21.7
	2007	85.1	11.1	48.9	25.1
英国	1990	79.2	12.5	40.3	26.4
	1995	81.5	12.2	43.7	25.6
	2000	82.1	12.4	47.7	22.1
	2007	83.2	12.4	46.3	24.5

资料来源：1990—2000 年数据转引自黄锦明《中国迈向贸易强国的理论与对策研究》，浙江大学出版社 2007 年版。2007 年数据来自 WTO 官方网站资料 World Trade Profile 2007。

三、服务贸易发展速度快，但规模较小

当今世界，国际贸易的发展已经不再是仅仅依靠货物贸易，服务贸易的发展尤为重要。近年来中国服务贸易发展速度很快，从 1985 年的服务贸易总额 51.9 亿美元飞速发展到 2007 年的 1917 亿美元，增长

近37倍（见表3-5）。

表3-5　1985—2007年中国服务贸易差额及竞争力指数 TC 变化

单位：亿美元

年份	1985	1990	1995	2000	2001	2005	2006	2007
服务贸易总额	51.9	98.1	430.7	664.6	726.1	1345.7	1665	1917
进出口差额	6.7	15.9	-62.1	-56.0	-59.3	-96.9	-41	-89.1
TC 指数	0.13	0.16	-0.14	-0.08	-0.08	-0.07	-0.02	-0.05

资料来源：根据中国统计年鉴相应年份中数据整理、计算。

不难看出，中国的服务贸易逆差和服务贸易整体竞争力偏低的现状，说明中国的服务贸易仍然缺乏国际竞争力。2006年中国服务贸易出口逆差出现了近5年来的首次下降，比上年减少了57.8%，但仍有41亿美元的逆差，而好景不长，到了2007年，逆差又再次增加到89.1%，这甚至远不如1990年以前的状况，虽然这与中国的服务贸易在2001年之后才在国际市场上放开有关，但其TC指数一直在0附近徘徊也表明中国的服务贸易一直处于世界平均水平的状态。

与国际上其他国家相比，2005年美国的服务贸易为5783亿美元，德国为3269亿美元，英国为3079亿美元，日本为2289亿美元，法国为2059亿美元；世界排名美国第一，德国第二，英国第三，日本第四，法国第五。而当年中国的外贸总额虽已跃居世界第三，但服务贸易却只有1346亿美元，位居世界第九位[①]。2006年中国服务贸易出口额占世界服务贸易出口额比重也仅为3.31%，远远低于美国、英国等传统贸易强国的水平。不仅如此，中国的服务贸易更多偏重于旅游、建筑等传统部门，而在咨询、金融与保险、专利权利使用费等高附加价值领域比重较低并存在着大量的逆差。

四、主要对外贸易市场与世界总体贸易格局相符

当前世界贸易和投资格局呈现出"多元发展、少数主导"的现状，

---

① Statistics Division，http：//unstats. un. org.

中国作为世界贸易与投资多元格局的一部分，受其影响，也呈现出"多元发展、少数依赖"的格局。这一点，从近些年中国贸易前十位贸易伙伴中有所体现（见表2-7）。

从表2-7可以看出，中国的主要对外贸易市场比较集中在日本、美国和欧盟等贸易强国中，与他们之间的贸易额基本都维持在50%左右，而目前世界贸易格局也呈现出以美欧日主导的多元化态势，这三大经济体占世界贸易总额近1/2，中国国的贸易格局与世界总体贸易格局呈现基本吻合的状态。

尽管中国目前前十大贸易伙伴进出口总额占比将近80%，与中南美、中东、非洲、东欧等国家和地区的贸易还停留在比较低的水平，但过分依赖某些国家的状况有了很大的改观：前5位贸易伙伴的贸易份额已经由1990年的70.3%下降到2007年的59.6%，接近世界贸易强国的水平。

五、对外直接投资增长很快，而水平很低

近些年中国的对外贸易得以飞速发展，这与大量的外商投资是分不开的，而与此同时，中国为力保对外贸易的长足发展也当重视本身的对外直接投资。在中国加入WTO的条件下，以自由公平竞争为原则，必然要让国内企业参与国际市场的搏击，与跨国公司放开一搏。2001年以来，中国企业海外并购迅速发展，成为中国企业对外直接投资的重要方式，如TCL并购德国彩电著名生产商施耐德公司，京东方并购韩国现代显示技术株式会社资产，联想并购美国IBM个人电脑业务等。以下是2000年以来中国企业对外直接投资的数值和趋势（见表3-6、图3-4）。

表3-6 2000—2007年中国企业对外直接投资额（非金融部分）

单位：百万美元

年份	2000	2001	2002	2003	2004	2005	2006	2007
金额	916	1560	2700	2900	5500	6900	16100	18700

资料来源：商务部网站。

单位：百万美元

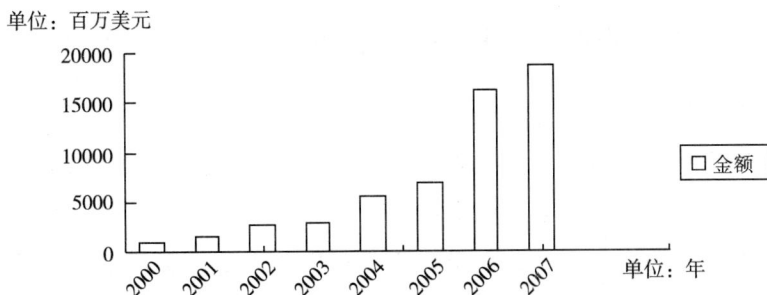

图 3-4　2000—2007 年中国企业对外直接投资（非金融部分）趋势

中国实施"走出去"战略以来，通过重构对外投资政策，形成了支持、促进、服务、监控连为一体的较为完善的框架体系，已经由原来完全依附于单纯贸易政策、与投资有关的贸易政策措施体系演变为相对独立的、与贸易有关的投资政策措施体系①，可谓进步许多。

从贸易强国的投资与贸易的发展历程来看，先是大量吸引外国投资来拉动国际贸易的发展，然后进入内外平衡阶段。然而，中国对外直接投资起步于 1979 年的改革开放初期，与贸易强国的对外直接投资历史相比滞后了一个多世纪。目前中国境外投资金额仅占世界对外直接投资总量的 0.15%。根据联合国贸发会议的统计，2006 年，吸引外资与对外投资的比例发达国家为 1∶1.14，发展中国家为 1∶0.13，而中国仅为 1∶0.09，也就是说，发达国家对外投资的数额相当于其吸收外资数额的 1.14 倍，发展中国家对外投资数额仅相当于吸引外资额的 13%，中国则更低，只有 9%。从这个比例来看，中国还处于投资与贸易发展历程的初级阶段。中国的对外投资虽然近几年发展较快，但与吸引外资相比，中国的对外直接投资规模还普遍偏小，尚处在起步阶段，远远落后于贸易强国的水平②。

---

①　李晓飞：《入世后我国对外直接投资策略调整的路径》，《世界经济研究》2002 年第 4 期。

②　李春顶：《当前我国开展对外直接投资的战略必要性研究》，《平原大学学报》2005 年第 1 期。

六、贸易条件呈现不断恶化的状态

普雷维什的"中心—外围"理论认为，发展中国家贸易条件恶化是国际不平等交换的产物，是发达国家剥削发展中国家的结果，加剧了发展中国家的贫困化。有关实证研究表明，劳动密集型制成品与高科技制成品的交换比率，在全球化进程中变得对前者越来越不利了。对发展中国家和发达国家制成品单位价值时间序列的回归分析表明，1970—1987 年发展中国家制成品的出口价格，相对于发达国家而言，每年平均下降1%左右，18 年间累计下降了 20% 左右[1]。

与高速增长的贸易额相比，中国的商品贸易条件呈现不断恶化的状态，与发达国家贸易条件不断改善的趋势不一致（见表 3 – 7）。另一方面，由于中国对外贸易出口生产率的大幅度上升，抵消了贸易条件（NBTT）的恶化，促使中国的要素贸易条件呈现不断改善的状态[2]。这表明中国在消耗一定量资源的条件下，从对外贸易获取的净利益在不断增加。

但是贸易条件的不断恶化不仅不利于中国资源的充分利用和对外

---

[1]　刘重力、胡昭玲：《21 世纪中国外贸发展战略——比较优势、竞争优势理论与实证研究》，中国财政经济出版社 2005 年版。

[2]　在国际经济学理论中贸易条件可分为三类：纯贸易条件（Net Barter Terms of Trade，简称 NBTT）、收入贸易条件（Income Terms of Trade，简称 ITT）、要素贸易条件（Factorial Terms of Trade，简称 FTT）。

纯贸易条件（NBTT）又称贸易条件，被定义为一国出口与进口的交换比价，反映的是单位出口商品的进口能力。公式表示为：$NBTT = Px/Pm$。式中 Px、Pm 分别为出口价格指数与进口价格指数。其经济学含义是，随着出口商品相对于进口商品价格的变化，出口每单位商品所能换回的进口商品的数量。贸易条件的改善意味着一国的贸易利益或经济福利的增加。

收入贸易条件（ITT）是联系出口数量，反映一国出口商品的整体进口能力的指标。公式表示为：$ITT = Px/Pm \cdot Qx$。式中 Qx 为出口数量指数。由于 ITT 是由 NBTT 和 Qx 两个因素决定，所以 ITT 与 NBTT 的变动方向不一定一致。

要素贸易条件（FTT）又分为单要素贸易条件（Single Factorial Terms of Trade，简称 SFTT）和双要素贸易条件（Double Factorial Terms of Trade，简称 DFTT）。其中 $SFTT = Px/Pm \cdot Zx$，$DFTT = (Px/Pm) \cdot (Zx/Zm)$。式中 Zx 和 Zm 分别是出口和进口部门的劳动生产率指数。要素贸易条件表明，NBTT 恶化并不一定是一件坏事，因为出口生产率的提高会使出口价格下降，而国外进口品生产率的下降会使进口价格上升，但无论发生哪种情况，一国从贸易中获得利益的大小主要取决于劳动生产率上升或下降的幅度是否超过了价格的上升或下降的幅度，而不是取决于价格贸易条件。

贸易效益的提高，还极容易引起与国外的贸易摩擦，有必要促使其不断改善。

表3-7　1995年以来中国要素贸易条件的估计

年份	1995	1996	1997	1998	1999	2000	2001	2002	2003	2004
贸易条件（NBTT）	100.00	97.50	107.50	103.30	101.14	102.07	94.85	92.50	87.66	83.02
出口生产率指数（ZX）	100.00	119.79	138.18	169.88	201.05	242.91	270.62	314.09	—	—
要素贸易条件（FTT）	100.00	116.80	148.54	175.49	203.34	247.94	256.68	290.53	—	—

资料来源：转引自陈飞翔：《由贸易大国向贸易强国转变的转换路径与对策》，《世界经济研究》2006年第11期。

从微观上来看，贸易条件的不断恶化导致中国的出口商品常常处于增产不增收的不利境地。据有关资料显示，2005年中国出口彩电数量增长了70%，但出口金额只增长了47%；女式胸衣单价从1.22美元降低到0.88美元；汽车和汽车底盘出口量增长了206.7%，但出口值只增长了56.3%。过去10年，中国皮鞋、布鞋、球类、伞、鬃刷、热水瓶等6种小商品出口额增长了50%，但平均价格却降低了20%以上。中国稀土出口量2004年是1990年的9倍，平均价格却下降了46%。中国出口的袜子最初卖6美元一打，现却跌到0.99美元一打[1]。

此外，即便是在衣料品等传统性行业，中国也无法参与设计、创意和销售等高附加值的领域，正如从"优衣库"等产品中所看到的那样，中国专门从事服装的缝制等工序。在"优衣库"的各个店铺里，标价1000日元销售的毛衣在中国创造的附加值只有100日元左右[2]。

---

①　李长久：《从贸易大国走向贸易强国任重道远》，《经济参考报理论周刊》2005年7月9日第7版。

②　关志雄：《微笑曲线向谁微笑？——中国应慎防"谷贱伤农"的陷阱》，http://www.rieti.go.jp。

这些情况说明，虽然中国已转变为第三大贸易国，但中国外贸增长仍以低价竞争和数量增长为主。对中国低技术的劳动密集型产品来说，贸易条件恶化并不表明外贸竞争力的提高，因为缺少了技术进步和劳动生产率提高的支撑，出口价格的下降最终将耗竭劳动密集型产品出口的经济效益。作为劳动密集型产品的出口大国，国内资源的供应日益紧张，环境承载力越来越超出限度，使得生产和出口的成本日益增加，再加上国际贸易保护主义抬头和国际市场有限的背景，中国出口数量的进一步增长和出口价格进一步下降的空间越来越小，单纯依靠数量扩张和低价出口来改善收入贸易条件的空间已越来越小，陷入贫困化增长的可能性加大。

七、跨国公司增长较快，但仍然有很大的差距

经济全球化的载体是跨国公司，跨国公司成为国际贸易、国际投资和生产、技术创新和转让的主导力量。目前，世界6.4万多家跨国公司通过它们的80多万家海外子公司已经渗透到世界各国和地区几乎所有的产业和部门，进行跨越国家和地区界限的生产要素和资源的优化组合配置。这些跨国公司的产值已占世界总产值的1/3以上，跨国公司内部和相互贸易占世界贸易的2/3以上，跨国公司的直接投资占世界直接投资的90%，控制技术专利的80%[1]，国际知名品牌和全球营销网络也掌握在跨国公司手中，跨国公司日益成为富可敌国的经济实体。国家之间的竞争已经主要体现在企业特别是大跨国公司之间的竞争中。

众所周知，美国《财富》杂志每年按销售额（营业额）评选上一年度世界500强企业，它是目前世界上最有权威性的企业实力和竞争力的评选排名。一般来说，一国进入500强企业的多少，基本上与该国的经济实力与发达程度成正比，同时也是衡量一国在国际上地位的最重要指标。中国内地企业从1995年开始入选世界500强，入选数1995年为两家，1996年和1997年为3家，1999年为9家，2004年为

---

① 杨大楷：《国际投资学》，上海财经大学出版社2003年版。

14家，2006年度世界500强公司名单，共有23家中国公司入选（其中中国内地公司19家，中国台湾公司3家，中国香港公司1家，表3-8）。整体上呈现增长的态势，表明中国的国力及在世界中的地位在不断增强。

表3-8 中国企业在2006年度美国《财富》杂志500强中的排名情况

名次	公司名称	主要业务	营业收入（亿美元）
23	中国石化	炼油	987.84
32	国家电网	电力	869.84
39	中国石油天然气	炼油	835.56
199	中国工商银行	银行	291.67
202	中国移动通信	电信	287.77
206	鸿海精密	电子	283.50
217	中国人寿	保险	273.89
255	中国银行	银行	238.60
259	和记黄埔	多元化	234.74
266	中国南方电网	电力	231.05
277	中国建设银行	银行	227.70
279	中国电信	电信	227.35
296	宝钢集团	金属	215.01
304	中化集团	贸易	210.89
331	国泰金融控股	保险	194.68
377	中国农业银行	银行	171.65
441	中国铁路工程总公司	工程建筑	152.93
454	广达电脑	计算机	149.00
463	中粮集团	贸易	146.53
470	一汽集团	汽车	145.10
475	上汽集团	汽车	143.65
485	中国铁道建筑总公司	工程建筑	141.38
486	中国建筑工程总公司	工程建筑	141.22

资料来源：北方网——时代财经。

2006 年度世界财富 500 强入榜企业数量排名前十位的国家分别是：美国、日本、法国、英国、德国、中国、加拿大、荷兰、韩国、瑞士。虽然中国进入了全球世界财富 500 强的第 6 名，但是与前 5 位的世界贸易强国的美国、日本、法国、英国、德国相比仍然有很大的差距。与世界财富 500 强入榜企业数量最多的美国相比，中国只有其11.7%，即使是排名靠后的德国，中国也只有其54.3%。而美国与日本两国合计占有 240 家，占整个世界财富 500 强入榜企业数量的48%，接近一半。而美国、日本、法国、英国、德国世界五大贸易强国合计占有 350 家，占整个世界财富 500 强入榜企业数量的 70%（见表 3 - 9）。

表 3 - 9　2007 年度美国《财富》杂志 500 强中的前 10 名国家分布情况

国家	美国	日本	法国	英国	德国	中国	加拿大	荷兰	韩国	瑞士
拥有 500 强的家数	170	70	38	37	35	19	14	13	12	12

资料来源：中国安徽在线网站、新华网。

从表 3 - 8 可以看出，在中国内地 19 家企业当中，主营业务是制造业的只有上汽集团、一汽集团两家且排名靠后，其余均为银行、电信等服务型性公司和炼油、电力等能源性公司。与世界知名企业相比，中国企业在企业规模、赢利能力、企业核心竞争力及整体国际竞争力方面仍存在较大差距。2007 年，中国企业 500 强的平均营业收入为世界企业 500 强的 9.3%，资产规模相当于后者的 7.1%，利润总额也仅相当于后者的 6.6%[①]。此外，中国企业的技术创新能力弱，当前中国 95% 以上的企业没有自己的专利，国内拥有自主知识产权核心技术的企业仅占 3‰ 左右，很多企业都处在有"制造"无"创造"的状态。

---

① 黄锦明：《中国迈向贸易强国的理论与对策研究》，浙江大学出版社 2007 年版。

八、中国制造有品无牌

品牌是一个国家综合国力和经济实力的集中体现，是展现一个国家实力和整体形象的强烈信号。一个国家拥有的品牌越多，就越拥有推动本国经济发展的巨大动力，同时也大大增强了本国的国际竞争力。世界品牌实验室（World Brand Lab）的研究发现，"国家品牌"对一个企业或产品的品牌成功贡献率达到 29.8%[1]。另据联合国发展计划署统计，名牌在全球品牌中所占的比例不到 3%，但市场占有率却高达40%，销售额高达50%，个别行业超过90%，国际市场已全面进入品牌竞争时代[2]。

在 2006 年度世界品牌 100 强排行榜上，美国占据 100 个世界品牌中的 51 个，所占比例达到 51%，可谓实实在在的半壁江山。德国、日本以 8 个世界级品牌并列世界第二，接下来法国以 7 个品牌位居世界第四，世界 5 大贸易强国美国、日本、德国、英国、法国合计品牌总数达到 80 个，占据 100 个世界品牌中的 80%，而全球制造业大国中国居然没有本土品牌入选（见表 3 - 10、图 3 - 5）。

中国的出口商品中相当一部分是 OEM、ODM 自主品牌，尤其是知名品牌少。在中国出口 500 强中，34 个名牌出口企业的出口额也仅占总量的 6%，名牌商品的集中度很低。中国有世界级的产品产量，却没有世界级的品牌，"有品无牌"的最终结果就是中国企业在国际竞争中获益甚少。长此以往，即使中国的外贸总额从世界第三位跃居到第一位，但由于缺乏专利及国际知名品牌，处于国际分工价值链的低端，缺乏核心竞争力，也只能充当国际打工仔的角色。

从品牌数量上及品牌商品出口的集中度来看，中国与贸易强国还有相当一段距离（见表 3 - 10）。

---

① 毛日昇：《贸易强国的中国路径》，《财富世界》2008 年 7 月版。
② 中国服装协会网站。

表3-10 2006年中国100强品牌与世界比较

单位：个

国家	中国	美国	英国	法国	德国	日本	韩国	新加坡	马来西亚
100强品牌	0	51	6	7	8	8	2	0	0

资料来源：WTO：World Trade Profile 2007。

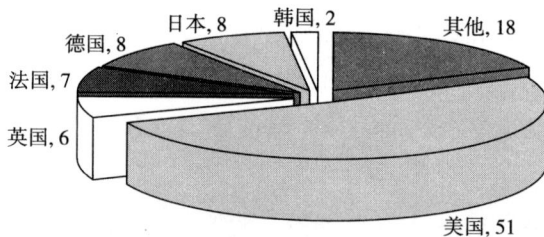

图3-5 2006年中国100强品牌与世界比较

资料来源：WTO：World Trade Profile 2007。

九、缺乏在世界贸易中的话语权

从制定世界贸易规则的话语权方面，尽管中国在宏观规则方面在世界经济贸易中的作用在逐步增大，但在微观方面常常是处于被领导的地位。以汽车为例，据中国汽车工业协会发布的统计显示，2007年中国汽车产量为888.24万辆，汽车销量879.15万辆，是仅次于美国、日本的世界第三大汽车生产和销售国，把法国、英国、韩国等传统汽车大国都抛在身后。但如果以品牌、技术来衡量，中国每年生产的800多万辆汽车中，真正属于中国的大约只有10%，全国五花八门的汽车企业绝大多数都是美、欧、日、韩等汽车巨头的下游组装厂，中国充其量只能算是世界汽车的装配车间。所以尽管中国被人称为"世界工厂"，但这个"世界工厂"实质上只是接受坐在"世界办公室"里的发达国家CEO指挥与控制的"世界加工厂"。

最具典型性的事例莫过于近年国际石油和铁矿石价格剧变，中国作为全球第二大石油消费国和第二大进口国、第一大钢铁生产国和铁矿石进口国，但在国际石油市场上及铁矿石市场上始终缺乏定价权，只能被动跟随市场变化，被动地接受其他国家确定的价格，并为此每年不得不多花费几百亿美元的外汇损失。

通过以上分析可见，中国显然还不是世界贸易强国，与其他贸易强国相比，还有明显差距。中国只是世界上的贸易大国，并部分具备了世界贸易强国的特征。中国要真正成为世界贸易强国，还有很长一段路要走。

但考虑到中国经济的良好发展态势、巨大的增长空间以及面临的各种有利条件，预计中国在未来10—15年内将有可能成长为世界贸易强国。

第四章　中国贸易地位界定的实证分析

在第三章中我们根据国内外的经验构筑了一个大致的贸易强国的标准，并运用这些标准与中国目前经济发展水平及对外贸易的现状进行了对比，通过经验的对比我们发现，中国对外贸易的某些指标如绝对贸易规模、贸易多元化等已经达到了贸易强国的水平，有一些指标如工业品出口的比例、贸易条件已经比较接近贸易强国的水平，而有些指标如知名品牌数量、对外投资的规模则与贸易强国有着很大的差距。但是由于第三章的评价是逐一进行定性、定量分析的，因而很难从整体上把握中国对外贸易的整体实力水平、在世界贸易中所处的地位。为了进一步检验第三章定性分析的结果，进一步把握中国作为贸易大国的整体地位及在世界贸易体系所处的大致位置，把握那些指标左右着中国能否进入贸易强国行列中去，这一章在借鉴国内外研究经验和做法的基础上，尝试从贸易发展量的规定性和质的规定性这两方面，对中国与贸易强国差距进行实证分析并对贸易强国的指标进行归纳和完善。在实证分析上的具体方法上，采用目前较多采用而且比较成熟的主成分因子分析评价法，从贸易主体、贸易客体和贸易内容三方面来构建贸易强国的指标体系，并从中一一对应找出中国与其他贸易强国的差距。在具体指标的选择、构建及数据的处理等方法论问题上，借鉴了湖南大学张亚斌教授在其国家社会科学基金重点项目——不均质大国对外贸易增长方式转变研究中采用的思路。

第一节　指标选取

在第三章中，我们根据国内外学者对贸易强国标准的研究，提出了判断贸易强国的一系列指标，这些指标涉及方方面面，既有经济总量、贸易额等宏观方面的指标，也有贸易结构、商品结构等结构上的指标，还有以世界贸易规则发言权为中心的政策方面的指标。大量指标的选取有利于我们从总体把握贸易强国的全貌，细致地比较中国与贸易强国的差距。但过于分散的指标不利于把握这些指标之间的关系及各个指标在整个贸易强国指标体系中所处的地位。为此，我们基于前几章中全球生产网络链上的国际贸易流程，将贸易指标分成贸易主体、贸易客体、贸易内容三大小类指标。

一、贸易主体

这里的贸易主体主要是指担当对外贸易的内资企业。一个国家的产品比较优势的体现需要依靠企业来完成，要成为一个贸易强国，作为贸易主体的国内企业必须能够在世界供应市场达到主导的地位，需要完成从"一般供应商—主要供应商—合同制造商—品牌领导者"的提升过程，而且组织形式不能够仅仅局限于外商投资企业，而是应该有国有企业、私营企业广泛参与的多元化组织形式。由于品牌领导者往往采用的是跨国公司的形式，并且是利用外商直接投资来获取利益份额。在贸易强国指标中，我们选取对外直接投资占外来直接投资和对外直接投资和的比重来衡量，它在一定程度上反映了国内企业对世界市场的控制力。

二、贸易客体

这里所指的贸易客体主要是指贸易市场。在衡量贸易市场上我们一般选取贸易依存度来衡量一国出口贸易占一国国内市场和国外市场的比重，即进出口贸易总值与 GDP 的比值，这反映了贸易额在 GDP 中所占的比重。

三、贸易内容

贸易产品涵盖的部分比较多，有出口额占世界总出口额比重和出口额占本国进出口总额的比重，这两个指标反映了出口贸易总量的程度；除此之外，还有贸易品牌、贸易条件、贸易结构等。贸易品牌指标是指一国贸易产品的无形资产占总资产的比重，一般来说采用世界周刊中评出来的世界品牌占世界 100 强的比重来衡量；贸易条件是指一国单位出口商品价格和单位进口商品价格之间的关系；而贸易结构主要包括高新技术产品出口比重、工业制成品比重等。

第二节　方法应用与数据采集

在分析不同因素对一国贸易强弱的贡献这一问题上，不同学者采用了不同的方法，比较常见的运用多元线性回归，从而得出各个影响因素在整体影响中的作用与分量。但是，由于多元线性回归要求各个因素之间必须确定存在某种相关性，而对于影响贸易国强弱的各个因素，如人均贸易额、服务贸易在总出口额中的比重、高新产品出口占总出口额的比重、世界最大 500 强企业拥有数等，他们之间并不存在严格的、绝对的相关性，因此，直接的多元线性回归可能并不能够准确反映各个因素在贸易强弱的作用和贡献上。另外，我们还可以采用将各个影响因素折合成分数，并给予一个估计的权重来对各个影响因子进行排名。但是这种方法一是各个因素权重的估计存在很大的随意性；二是评价过于笼统，看不出各要素之间的优劣势。

为了解决传统评价方法中的缺陷，本文认为可以通过因子分析模型来建立综合评价指标，运用主成分分析指标来进行贸易强国的评价和具体的优势、劣势的度量。该方法在构造综合评价指标值时所涉及的权数都是通过数学变化产生，不是人为确定的，具有客观性、科学性。同时，通过设定主成分的分析可以解决在分析贸易强国时设计指标过多的弊端，使其能清晰地揭示影响贸易大国的主要原因，以便再有针对性地采取有效的对策。

一、因子分析法的介绍

因子分析（Factor Analysis）是一种数据简化的技术，是将多个指标化为少数指标并且能够保持最大原始数据的相关性的一种多元统计方法。它通过研究众多变量之间的内部依赖关系，探求观测数据中的基本结构，并用少数几个因子去描述许多指标或因素之间的联系，即将相关比较密切的几个变量归在同一类中，每一类变量就成为一个因子（之所以称其为因子，是因为它是不可观测的，即不是具体的变量），以较少的几个因子反映原资料的大部分信息。换句话说，因子分析就是要以较少的几个因子反映原资料的大部分信息[1]。本文运用因子分析的基本目的就运用这种统计方法，我们可以方便地找出影响中国成为贸易强国的主要因素是哪些，以及它们的影响力（权重）。

因子分析模型是根据变量间的相关性大小，把变量分组，组内的变量之间相关性高，但不同组的变量相关性低，每组变量代表一个基本结构，这个基本结构称为公共因子，其出发点是用较少的相互独立的因子变量来代替原来变量的大部分信息[2]。

该评价法的优点在于：在减少分析指标的同时，能够尽量减少原指标包含的信息的损失。原始数据经标准化处理后，成了无量纲的相对数，不受计量单位的影响，满足了贸易国类型界定评价的需要。

二、主成分分析法

主成分分析的主要目的是希望用较少的变量去解释原来资料中的大部分变异，将我们手中许多相关性很高的变量转化成彼此相互独立或不相关的变量。通常是选出比原始变量个数少，能解释大部分资料中的变异的几个新变量，即所谓主成分，并用以解释资料的综合性指

---

① 余建英、何旭宏：《数据统计分析与 SPSS 应用》，人民邮电出版社 2004 年版；黄琼：《因子分析法在高职医学生成绩评价中的应用》，《湖北职业技术学院学报》2006 年第 1 期。

② 宁自军：《因子分析在居民消费结构的变动分析中的应用》，《数理统计与管理》2004 年第 1 期。

标。由此可见，主成分分析实际上是一种降维方法[①]。

主成分分析也称主分量分析，旨在利用降维的思想，把多指标转化为少数几个综合指标。在实证问题研究中，为了全面、系统地分析问题，我们必须考虑众多影响因素。这些涉及的因素一般称为指标，在多元统计分析中也称为变量。因为每个变量都在不同程度上反映了所研究问题的某些信息，并且指标之间彼此有一定的相关性，因而所得的统计数据反映的信息在一定程度上有重叠。在用统计方法研究多变量问题时，变量太多会增加计算量和增加分析问题的复杂性，人们希望在进行定量分析的过程中，涉及的变量较少，得到的信息量较多。主成分分析正是适应这一要求产生的[②]。

主成分分析主要是作为一种探索性的技术，一般很少单独分析，往往是在分析者进行多元数据分析之前，用主成分分析来分析数据，让自己对数据有一个大致的了解，这对于数据的进一步统计分析是非常重要的。主成分分析法通过数学变换将原来相关的各原始变量转换为相互独立的分量，消除了评价指标体系中指标间相关对评价对象的重复信息，因此可以不用担心相关性对评价结果的影响。由于在评价各个指标所使用的权重值不是人为规定的，而是通过对原始数据的分析得到的，因而评价结果具有很强的客观性。

主成分分析法的不足之处在于综合评价值对不同样本集合中的同一样本可能不唯一，不便于横向和纵向比较；此外主成分分析法对原始变量与分量的关系都是按线性关系处理，然而有时二者之间可能是非线性关系，用线性方法进行处理可能会导致对现实关系反映上的偏差[③]。

三、主成分因子分析法

从上面的介绍中可以看出，因子分析法的思想与主成分分析法大

---

① 姚鑫：《中原城市群各市竞争力发展状况研究》，中国论文下载中心 2009 年 6 月 18 日。

② 百度百科 http://baike.baidu.com/view/855712.htm；刘光明：《科学技术评价办法与评价工作指导全书》，安徽文化音像出版社 2003 年版。

③ 陈榕：《主成分分析法在评价物流供应商综合实力中的作用》，《物流技术》2004 年第 2 期。

致相同，都是要计算出一个综合评价值。但因子分析法的综合评价值是对公共因子的合成，而主成分分析法是对原有变量的合成。二者在原理和操作上有共同之处，因而因子分析法也就具有主成分分析法的优缺点。因子分析法的独特之处在于：因子的性质比主成分更容易解释；但由于因子得分和总因子得分都是估计值，不如主成分分析法的综合评价精确；因子分析的综合评价有可能包含重复信息。此外，这种方法工作量巨大。

在因子分析模型中，有多种确定公共因子变量的方法，本文用基于主成分模型的主成分分析法来确定公共因子，并将其叫做主成分因子分析（Principal Components Analysis）。

主成分因子分析（Principal Components Analysis）是将多个指标化为少数指标且能保持最大原始数据的相关性的一种方法[①]。在主成分分析中较为重要的方差贡献 β_i（$i = 1, 2, \cdots, k$），表示第 i 个公因子在消除 $i-1$ 个公因子影响后，使方差贡献取到的最大值。用它主要衡量第 i 个公因子的重要程度。因此我们可以以 β_i 为权重，建立相应的评价模型：$F = \beta_1 F_1 + \beta_2 F_2 + \cdots + \beta_k F_k$，其中 F_1，F_2，$\cdots$，F_k 为相应的用来综合描述原始指标的 k 个公因子，计算综合得分并排序。

步骤如下：设有 n 个样本，每个样本有 p 个指标，于是得到原始数据矩阵：

$$X = \begin{pmatrix} X_{11} & \cdots & X_{1p} \\ \vdots & \ddots & \vdots \\ X_{n1} & \cdots & X_{np} \end{pmatrix}$$

1. 将原始数据进行标准化处理，避免指标计量单位及数量级的影响，采用 Z-score 法，标准化转换的公式为：

$$X_{ij}' = X_{ij} - \bar{X}_j / S_j$$

$$\bar{X}_j = \sum_{i=1}^{n} X_{ij} / n,$$

式中：

[①] 林海明、张文霖：《主成分分析与因子分析详细的异同和 SPSS 软件》，《市场研究》2006 年 6 月，本部分以下的有关公式的内容也引自上述论文。

$$S_j^2 = \sum_{i=1}^{n} (X_{ij} - \bar{X}_j)^2 / n$$

$$i = 1, 2, \cdots, n \qquad j = 1, 2, \cdots, p$$

经标准化后的数 X_{ij}' 有：$\bar{X}'_{ij} = 0, \text{var}(X_{ij}') = 1$

2. 计算样本相关矩阵 R

$$R = \begin{pmatrix} r_{11} & \cdots & r_{1p} \\ \vdots & \ddots & \vdots \\ r_{n1} & \cdots & r_{np} \end{pmatrix}$$

矩阵中相关系数 r_{ij} 的计算公式为：

$$r_{ij} = \sum_{k=1}^{n} X_{ki}' X_{kj}' / n - 1, (i, j = 1, 2, 3, \cdots, p)$$

3. 求相关矩阵 R 的特征根及特征向量和贡献率。

根据特征方程式 $|R - \lambda I| = 0$，求得 p 个特征根 λm（$m = 1, 2, \cdots, p$），根据方程组 $(R - \lambda mI)Um = 0$ 求得特征根 λm 对应的特征向量 Um，$m = 1, 2, \cdots, p$。

4. 求 m 个因子的累积方差贡献率。

$$\partial(K) = \left(\sum_{m=1}^{k} \lambda_m \right) / \sum_{m=1}^{p} \lambda_m$$

根据 $\partial(K) \geq 85\%$，确定 k 值。

5. 计算 k 个因子进行综合得分。

将因子变量表示为原有变量的线性组合，即：

$$F_{mi} = \sum_{j=1}^{p} U_m \cdot X'_{ij},$$

其中，$i = 1, 2, \cdots, n$；$j, m = 1, 2, \cdots, p$

用每个主成分的贡献率作权重，进行加权求和即得综合值

$$F_i = \sum_{m=1}^{p} \beta_m \cdot F_{mi}, \beta_m = \lambda_m / \sum_{m=1}^{p} \lambda_m$$

四、数据采集

根据第三章贸易强国的一系列指标分析，我们可以认为美国、日本、英国、法国、德国是公认的贸易强国，而印度、菲律宾为相对较

弱的贸易国家，因此本文通过中国与这些不同层次的国家的对比来看中国同这些国家的不同，来说明贸易大国和贸易强国的判别标准。根据上面建立的指标体系以及数据完全的获得性，我们主要选取 2006 年数据作为依据（其中，高新技术出口的数据由于较难获得性，所取的是 2004 年数据）。X_1—X_{12} 分别对应后附表一中的 12 个指标。具体为：人均贸易额 X_1、货物出口总额占世界出口额比重 X_2、服务贸易出口额占世界出口额比重 X_3、工业制成品所占比重 X_4、高新技术产品所占比重 X_5、世界最大 500 强企业拥有数 X_6、世界品牌百强拥有量 X_7、对外直接投资所占比重 X_8、贸易平衡指数 X_9、贸易集中度 X_{10}、贸易依存度 X_{11}、净贸易条件 X_{12}。资料如无特别说明，主要收集来自《中国统计年鉴》、《中国对外经济贸易年鉴》、《中国海关统计年鉴》以及 WTO World Trade Profile 2007 等，并且通过计算而来。贸易品牌指数数据主要来自 2007《商业周刊》公布的世界品牌 100 强各个国家所占的席位。以上数据汇总如表 4 – 1 所示。

第三节　主成分因子分析法实证分析

一、确定原有变量是否适合进行因子分析

主成分因子分析是将多个指标化为少数指标且能保持最大原始数据的相关性的一种方法，这必定有一个潜在的前提要求，即原有变量之间应具有较强的相关关系。因此，一般在运用因子分析时需要对原有变量进行相关分析。最简单的方法是计算变量之间的相关系数矩阵并进行统计检验[①]。

设有 n 个样本，每个样本有 p 个指标，于是得到原始数据矩阵：

---

① 彭熠、姚耀军等：《中国经济周期波动态势的实证分析》，《重庆大学学报（社会科学版）》2005 年第 4 期。

表 4－1　进行实证分析的原始数据

	人均贸易额（2006，美元）	货物出口额占世界出口额比重（2006，%）	服务出口额占世界出口额比重（2006，%）	工业制成品比重（2006，%）	高新出口额占出口额比重（2004，%）	世界最大500家企业数	世界品牌100强	对外直接投资比重（%）	贸易平衡指数	贸易集中度	贸易依存度	净贸易条件
中国	1207	8.00	3.31	92.40	19.80	20	0	18.80	10.10	70.70	69.00	0.81
美国	10903	8.56	14.38	79.80	32.30	170	51	55.30	－29.80	66.90	26.00	0.97
德国	26321	9.15	6.04	86.30	27.20	35	8	64.90	10.00	81.60	77.00	1.05
法国	18722	4.10	4.25	79.80	19.20	38	7	58.70	－4.20	78.70	53.20	1.11
英国	21328	3.71	8.17	77.60	24.10	38	6	36.30	－15.10	80.50	57.60	1.05
加拿大	24954	3.21	2.09	55.60	13.60	14	0	39.60	4.10	93.00	72.30	1.11
意大利	16082	3.44	3.51	85.90	17.70	10	4	51.80	3.10	76.70	52.90	1.01
日本	10112	5.34	4.43	90.20	23.70	70	8	114.90	5.70	66.30	28.80	0.83
韩国	13601	2.69	1.82	89.10	32.80	12	2	59.00	2.60	63.80	83.50	0.79
印度	309	1.00	2.71	68.00	4.90	6	0	36.40	－18.40	57.10	42.20	0.83

资料来源：《中国统计年鉴》各年版、《中国对外经济贸易年鉴2007》、《中国海关统计年鉴2007》、《商业周刊》2007年版、World Trade Profile 2007等。

$$X = \begin{bmatrix} X_{11} X_{12} \Lambda X_{1p} \\ X_{21} X_{22} \Lambda X_{2p} \\ \Lambda \\ X_{21} X_{22} \Lambda X_{2p} \end{bmatrix}, \text{设相关矩阵为} \quad R = \begin{bmatrix} r_{11} r_{12} \Lambda r_{1p} \\ r_{21} r_{22} \Lambda r_{2p} \\ \Lambda \\ r_{21} r_{22} \Lambda r_{2p} \end{bmatrix}$$

如果相关系数矩阵中的大部分相关系数都大于 0.3 且通过统计检验，那么，这些变量就可以作因子分析[①]。根据表 4 - 1 的数据及上面的计算公式，计算出各个变量之间的相关系数矩阵（见表 4 - 2）。大部分变量相关系数大于 0.3，且通过统计检验，因此确定上述变量适合进行因子分析。

二、对原始变量数据进行标准化处理

上述的 12 个指标的衡量标准分别是比重、金额、系数、个数，由于指标的经济意义和表现形式不同，它们之间不具有直接的可比性。因此，为了进行科学的综合排行，有必要对各个指标予以标准化处理。所谓标准化处理，也就是对排行指标数值的无量纲化、正规化处理，它主要是通过一定的数学变换方法，把性质、量纲各异的指标转化为可以进行综合的一个相对数——量化值，以此来消除量纲的影响，并使其保持方向上的一致性。运用 Eviews5.1 软件，输入表 4 - 1 的数据，得到标准化矩阵如表 4 - 3 所示。

三、确定数据是否适合进行因子分析

在进行标准化处理之后，接下来要对数据进行因子分析前的检验，以此来判断是否适合做因子分析，检验所采用的方法为巴特利特球度检验（Bartlett Test of Sphericity）和 KMO（Kaiser - Meyer - Olkin）检验。巴特利特球度检验（Bartlett Test of Sphericity）是假设相关系数矩阵是一个单位阵，如果统计量值比较大，且其相对应的相伴概率值小于用户指定的显著性水平，拒绝原假设，认为适合作因子分析。反之，

---

① 大连海事大学世界经济研究所：《中国港口综合竞争力指数排行榜报告》，中国国际海运网。

表 4 - 2 相关系数矩阵

		人均贸易额 (2006, 美元)	货物出口额占世界出口额比重 (2006, %)	服务出口额占世界出口额比重 (2006, %)	工业制成品比重 (2006, %)	高新出口额占出口额比重 (2004, %)	世界最大500家企业数	世界品牌100强	对外直接投资比重 (%)	平衡指数	分散度	依存度	净贸易条件
Correlation	人均贸易额 (2006, 美元)	1.000	0.089	0.081	-0.256	0.047	-0.056	-0.029	0.151	0.227	-0.832	0.402	0.815
	货物出口额占世界出口额比重 (2006, %)	0.089	1.000	0.566	0.466	0.658	0.567	0.527	0.112	0.131	-0.129	-0.045	0.071
	服务出口额占世界出口额比重 (2006, %)	0.081	0.566	1.000	0.080	0.435	0.904	0.919	0.067	-0.685	0.054	-0.534	0.232
	工业制成品比重 (2006, %)	-0.256	0.466	0.080	1.000	0.558	0.122	0.069	0.340	0.339	0.393	0.009	-0.472
	高新出口额占出口额比重 (2004, %)	0.047	0.658	0.435	0.558	1.000	0.487	0.423	0.154	0.052	0.099	0.175	-0.231
	世界最大500家企业数	-0.056	0.567	0.904	0.122	0.487	1.000	0.966	0.314	-0.590	0.184	-0.657	0.058
	世界品牌100强	-0.029	0.527	0.919	0.069	0.423	0.966	1.000	0.172	-0.660	0.180	-0.581	0.112
	对外直接投资比重	0.151	0.112	0.067	0.340	0.154	0.314	0.172	1.000	0.682	0.167	-0.398	-0.114
	平衡指数	0.227	0.131	-0.685	0.339	0.052	-0.590	-0.660	0.682	1.000	-0.350	0.611	-0.067
	分散度	-0.832	-0.129	0.054	0.393	0.099	0.184	0.180	0.167	-0.350	1.000	-0.425	-0.845
	依存度	0.402	-0.045	-0.534	0.009	0.175	-0.657	-0.581	-0.398	0.611	-0.425	1.000	0.102
	净贸易条件	0.815	0.071	0.232	-0.472	-0.231	0.058	0.112	-0.114	-0.067	-0.845	0.102	1.000

表 4 - 3　标准正交化矩阵

人均贸易额（2006，美元）	货物出口额比重（2006，%）	服务出口额比重（2006，%）	工业制成品比重（2006，%）	高新产品出口比重（2004，%）	世界500强企业数	世界品牌100强	对外直接投资比重（%）	贸易平衡指数	贸易分散度	贸易依存度	净贸易条件
-1.4629	1.1173	-0.4654	1.0517	0.8312	-0.4335	-0.5638	-1.3524	0.9851	0.2687	0.6483	-1.1353
-0.384	1.3204	246%	-5.91%	108.2%	261.9%	2.7794	0.0673	-197.2%	62.95%	-153.8%	10.89%
1.3317	1.5344	25.6%	51.4%	57%	-12.8%	-0.0393	0.4407	97.8%	-76.6%	105.5%	73.1%
0.4861	-0.2975	-21.7%	-5.9%	-23.4%	-6.7%	-0.1049	0.1995	-7.5%	-49.1%	-15.5%	119.8%
0.7761	-0.4389	81.9%	-25.3%	25.8%	-6.7%	-0.1704	-0.6717	-88.3%	-66.2%	6.9%	73.1%
1.1795	-0.6203	-78.8%	-219.2%	-79.7%	-55.6%	-0.5638	-0.5434	54.0%	-184.9%	81.6%	119.8%
0.1923	-0.5369	-41.3%	47.9%	-139%	-63.7%	-0.3015	-0.0689	46.6%	-30.1%	-17%	42%
-0.4720	0.1524	-16.9%	85.8%	21.8%	58.4%	-0.039	2.3855	65.9%	68.6%	-139.6%	-98%
-0.0838	-0.8089	-85.9%	76.1%	113.3%	-59.6%	-0.4327	0.2112	42.9%	92.4%	138.6%	-129.1%
-1.5629	-1.422	-62.4%	-109.9%	-167.1%	-71.8%	-0.5638	-0.6678	-112.7%	156%	-71.4%	-98%

接受原假设，不适合作因子分析。

而 KMO（Kaiser - Meyer - Olkin）检验是用于比较变量间简单相关系数和偏相关系数的一个指标，KMO 值越接近 1，则越适合作因子分析，KMO 越小，则越不适合作因子分析。根据学者 Kaiser 的观点，如果 KMO 的值小于 0.5，则不适宜进行因子分析，而在 0.7 以上则是令人满意的值[1]。计算公式如下：

$$KMO = \frac{\sum \sum_{i \neq j} r_{ij}^2}{\sum \sum_{i \neq j} r_{ij}^2 + \sum \sum_{i \neq j} p_{ij}^2}$$

根据上面的公式，计算的结果如表 4-4 所示。从表 4-4 可以看出，KMO 统计量为 0.796，大于 0.7，可视为因子分析的效果较好，再由 Bartlett 球形检验，Sig. 值为 0，可知各变量的独立性假设不成立，故因子分析的适用性检验通过。

表 4-4　KMO 和 Bartlett 检验

Kaiser - Meyer - Olkin Measure of Sampling Adequacy.		0.796
Bartlett's Test of Sphericity	Approx. Chi - Square	98.097
	df	23
	Sig.	0.000

四、求相关系数矩阵 R 的特征值和特征向量

利用相关系数矩阵进行主成分分析，计算其特征值及贡献率，结果如表 4-5 所示。

表 4-5　特征值和特征向量一览

因子	特征值	贡献率（%）	累计贡献率（%）
1	4.427	36.892	36.892
2	2.939	24.494	61.386

[1]　高惠璇：《统计分析方法》，北京大学出版社 2004 年版。

续表

因子	特征值	贡献率（％）	累计贡献率（％）
3	2.336	19.470	80.856
4	1.216	10.131	90.987
5	0.514	4.285	95.272
6	0.316	2.630	97.902
7	0.125	1.039	98.940
8	0.081	0.674	99.614
9	0.046	0.386	100.000
10	$1.962E-16$	$1.635E-15$	100.000
11	$-8.214E-17$	$-6.845E-16$	100.000
12	$-2.712E-16$	$-2.260E-15$	100.000

根据样本数据和累计率一般达 80% 即可，达 90% 则效果较理想的原则，从表 4-5 可以看到，前 4 个特征值分别为 4.427、2.939、2.336、1.216，其累积贡献率已达到了 90.987%，可以说它们基本上包含了全部指标的所有信息，故我们可取出因子个数为 4，见表 4-6。

表 4-6　各因子的特征值和累积贡献率

序号	特征值	贡献率（％）	累计贡献率（％）
1	4.427	36.892	36.892
2	2.939	24.494	61.386
3	2.336	19.470	80.856
4	1.216	10.131	90.987

五、建立因子载荷矩阵

由于因子变量在许多指标上都有很高的载荷，那么它的实际含义就比较含糊。经过旋转后的因子负荷阵表，因子变量的含义就大为清楚。用旋转后的因子载荷矩阵，可考察各主因子的经济含义与其主要指标间的数量关系。主因子 F1 的贡献率最大，其他依次递减。综合因子的信息量由小到大依次递减的特性使得有些信息量过小的因子可以舍去。计算其因子载荷表，见表4-7所示。

表4-7 旋转后的因子载荷统计

主成分矩阵				
	主成分			
	1	2	3	4
人均贸易额（2006，美元）	-0.060	0.941	0.172	0.143
货物出口额占世界出口额比重（2006,%）	0.328	0.107	0.018	0.314
服务出口额占世界出口额比重（2006,%）	0.937	0.129	-0.035	0.150
工业制成品比重（2006,%）	-0.057	-0.315	0.209	0.284
高新产品出口比重（2004,%）	0.244	-0.064	0.057	0.886
世界最大500家企业数	0.910	-0.037	0.027	0.207
世界品牌100强	0.948	-0.008	0.081	0.139
对外直接投资比重	0.083	-0.011	0.985	0.038
贸易平衡指数	-0.835	0.162	0.212	0.112
贸易集中度	0.202	-0.922	0.127	-0.015
贸易依存度	-0.688	0.300	-0.358	0.109
净贸易条件	0.164	0.940	-0.096	-0.201

　　以上12个变量经过数学处理，压缩成为互不相关的4个综合指标，而每一个主因子又根据各个小指标在其中所占的权重的多少，由所占权重数较大的几个小指标共同决定①。

　　1. 主因子F1主要由世界品牌100强、服务出口额占世界出口额比重和世界最大500家企业数三个指标共同决定，本文把它定义为贸易

----

　　① 以主因子F1为例，先看旋转后的转荷因子统计表，各个因子对F1的影响系数分别为——人均贸易额：-0.60；货物出口额所占比重：0.328；服务出口额所占比重：0.937；工业制成品比重：-0.057；高新产品出口比重：0.244；世界最大500强企业数：0.910；世界品牌100强：0.948；对外直接投资比重：0.083；贸易平衡指数：-0.835；贸易离散度：0.202；贸易依存度：-0.688；净贸易条件：0.164。从中可以发现，对F1该因子影响最大的是世界最大500强企业数和世界品牌100强这两个指标，再回到相关系数矩阵表（Correlation Matrix）检验，可以发现世界最大500前企业数和世界品牌100强这两个指标的相关系数为0.966，是该指标与其他任何指标之间相关系数里面最高的，因此可以设定F1由世界最大500强企业和世界品牌100强这两个指标来代表。之后的F2、F3、F4以此类推。

品牌；

2. 主因子 F2 主要由人均贸易额和净贸易条件两个指标决定，本文把它定义为贸易条件[①]；

3. 主因子 F3 主要由对外直接投资比重和贸易平衡指数[②]两个指标决定，它体现了一国对外的贸易状况，本文把它定义为贸易主体；

4. 主因子 F4 主要由高新技术产品出口额比重、货物出口额占世界出口额比重和工业制成品比重三个指标决定，本文把它定义为贸易结构。

六、各因子及综合得分表及各国的总得分

根据上面所选取的 4 个主因子，我们以特征值的贡献率作加权系数来计算各样本中因子得分，各因子的特征贡献率来源于表 4 - 5，即如下所示：

F1—X6（2.630），X7（1.039），X3（19.470）

F2—X1（36.892），X12（-2.260E-15）

F3—X8（0.674），X9（0.386）

F4—X5（4.285），X2（24.494），X4（10.131）

根据前面的公式，具体计算公式如下：

$F1 = -0.06zx1 + 0.328zx2 + 0.937zx3 - 0.057zx4 + 0.244zx5 + 0.91zx6 + 0.948zx7 + 0.083zx8 - 0.835zx9 + 0.202zx10 - 0.688zx11 + 0.164zx12$；

$F2 = 0.941zx1 + 0.107zx2 + 0.129zx3 - 0.315zx4 - 0.064zx5 -$

---

① 在该指标中，虽然贸易集中度的影响也占到了 0.922，但由于其是负值，根据林海明、张文霖：《主成分分析与因子分析的异同和 SPSS 软件——兼与刘玉玫、卢纹岱等同志磋商》，《统计研究》2005 年第 3 期一文中的描述，在进行主成分分析时，若主成分是负值，则即便数值很大，由于其与目标因子是负相关，不能正向说明后面结论，也不能计算其中，固在此贸易集中度没被计算到影响 F2 的因子当中。

② 有些文献建议关联度大约 85% 以上的提取出来做指标较好，有些学者则认为这只是一个大体的说法，具体怎么选，应该看实际情况而定。这里笔者考虑对于实现贸易强国，贸易平衡指数应作为一个重要指标，故这里虽然贸易平衡指数与 F2 的关联度只有 0.212，也被选入。

$0.037zx6 - 0.008zx7 - 0.011zx8 + 0.162zx9 - 0.922zx10 + 0.3zx11 + 0.94zx12$;

$F3 = 0.172zx1 + 0.018zx2 - 0.035zx3 + 0.209zx4 + 0.057zx5 + 0.227zx6 + 0.081zx7 + 0.985zx8 + 0.212zx9 + 0.127zx10 - 0.358zx11 - 0.096zx12$;

$F4 = 0.143zx1 + 0.314zx2 + 0.150zx3 + 0.284zx4 + 0.886zx5 + 0.207zx6 + 0.139zx7 + 0.038zx8 + 0.112zx9 - 0.015zx10 + 0.409zx11 - 0.201$.

最终，总分 $FS = （23.139F1 + 36.892F2 + 1.06F3 + 38.91F4） * 100\%$。将标准化后的数据分别代入 F1、F2、F3、F4 的表达式中，我们得到各因子和综合得分，见表 4-8。

表 4-8　各因子及综合得分

国家	贸易品牌	排序	贸易条件	排序	贸易主体	排序	贸易结构	排序	总得分	排序
中国	-2.2806	8	-2.627	8	-1.3044	9	-1.5722	·9	-212.24	9
美国	10.9028	1	-1.3322	6	1.0089	2	1.7208	2	271.16	1
德国	-0.9214	5	3.1205	2	0.4515	3	1.7518	1	162.44	2
法国	-0.2614	4	1.9519	4	0.0953	5	-0.6067	7	42.45	6
英国	1.052	2	2.0382	3	-0.9979	7	-0.018	6	97.78	4
加拿大	-0.9588	6	4.877	1	-1.5187	10	-1.5058	8	97.54	5
意大利	-2.0759	7	0.7318	5	-0.0969	6	1.4871	4	23.14	7
日本	1.004	3	-2.6473	9	3.4188	1	0.2875	5	135.71	3
韩国	-3.1042	9	-2.1451	7	0.0985	4	1.5095	3	-92.13	8
印度	-3.3567	10	-3.9678	10	-1.1553	8	-3.054	10	-344.13	10

七、各国 4 个主要指标得分情况

从以上实证分析来看，各国 4 个主要指标得分情况如下：

1. 判别一国是否为贸易强国时，本文主要从贸易品牌、贸易条件、贸易主体和贸易结构四个方面来判别，而其中最主要的是贸易条件和贸易结构（本文的实证结论中，贸易条件和贸易结构在最后的贸易强国的评定中所占的权重分别为 36.892%、38.91%），其次是贸易品牌（所占权重为 23.139%），再接下来是贸易主体（所占权重为 1.06%）。研究各国贸易强弱的差距可以从这几方面来看，要实现贸易大国向贸易强国的转变，也需要从这四个方面着手。

2. 在各个得分指标当中，权重最重的是贸易结构指标，该指标主要由高新产品出口比重、货物出口额占世界出口额比重以及工业制成品比重三个数值决定，最终结果德国为 1.7518，排在第一位，其次分别为美国（1.7208）、韩国（1.5095）、意大利（1.4871）、日本（0.2875）、英国（－0.018）、法国（－0.6067）、加拿大（－1.5058）、中国（－1.5722），而排在最后的是印度（－3.054），这表明中国的贸易结构指标和其他公认的贸易强国还存在不小差距（排在倒数第二的位置，只比印度好一些）。返回附表一中看高新产品出口比重、货物出口额占世界出口额比重以及工业制成品比重三个指标，不难发现，中国的货物出口额占世界出口额比重为 8.00%，只逊色于德国 9.15% 和美国 8.56%[1]，可以说与其他国家相比并不存在劣势，我们的工业制成品比重也很高。由此可以得出结论，在该指标上中国之所以得分欠佳主要是因为中国的高新技术产品出口比重较低，最终影响了我们的得分。

3. 再看贸易条件指标，该指标主要由人均贸易额和净贸易条件两个指标决定，在贸易主体指标当中，加拿大排在第一位，指标得分为 4.877，排在后面的依次为德国（3.1205）、英国（2.0382）、法国（1.9519）、意大利（0.7318）、美国（－1.3322）、韩国（－2.1451）、中国（－2.627）、日本（－2.6473）、印度（－3.9678）。先看人均贸易额指标，根据 WTO：World Trade Profile 2007 中的数据，2006 年，德国的人均贸易额为 26321 美元，紧随其后的加拿大人均 24954 美元，英国人均 21328 美元，而中国人均仅为 1207 美元，印度更是人均只有 309 美元，可以看出，虽然中国的贸易总量很高，但人均贸易额还是太低，是下一阶段我们要实现变强的一个重要努力方向。再看净贸易条

---

[1] 数据来源：WTO：World Trade Profile 2007。

件，这里的净贸易条件是指贸易商品价格指数，等于出口价格指数/进口价格指数，根据《中国统计年鉴2007》的数据，加拿大和法国的净贸易条件最好，为1.11，其次为德国和英国为1.05，中国为0.81，也是排在倒数第二的位置，仅略优于韩国0.79，尚不如印度0.83。由此看出，虽然近些年中国的贸易出口总额在世界上排名前列，贸易大国的地位也不容忽视，可是若是看人均的指数以及我们的商品价格指数，不难看出中国与传统贸易强国的差距。

4. 在贸易品牌指标当中，美国排在第一位，为10.9028，紧随其后的是英国（1.052），再排在后面的依次为日本（1.004）、法国（-0.2614）、德国（-0.9214）、加拿大（-0.9588）、意大利（-2.0759），再是中国（-2.2806）、韩国（-3.1042）和印度（-3.3567）。影响贸易优势指标的因素为世界500强企业数和世界品牌100强的拥有数，其权重分别为2.63%、1.039%，根据《财富》杂志评选，美国是全世界拥有500强企业数最多的国家，一人独占170家500强企业，遥遥领先于其他国家，其次，日本也很高，拥有70家，而中国因为有一些国有银行和政府支持的大型国有企业，也有20家上榜。再看100强品牌，差距就更悬殊了，美国作为传统强国，一人独占百强品牌的一半以上，拥有数为51，然后是德国和日本，各有8个百强品牌，而中国在这一指标上的得分为0，因为中国没有任何的百强品牌上榜。接下来，中国也需要在企业和品牌的竞争力上加大投入，只有这样才能成为一个真正的贸易强国。

5. 在贸易主体指标中，其主要影响因素为对外直接投资比重和贸易平衡指数，在该指标中，日本以3.4188当仁不让排名第一，接下来分别是美国（1.0089）、德国（0.4515）、韩国（0.0985）、法国（0.0953）、意大利（-0.0969）、英国（-0.9979）、印度（-1.1553）、中国（-1.3044）、加拿大（-1.5187）。究其原因，在对外直接投资（对外直接投资所占比重＝对外直接投资/对外直接投资＋外商直接投资）这一指标中，日本2006年的对外直接投资达到114.9%，远远领先于其他国家，接下来是德国64.9%、韩国59%、法国 58.7%、美国 55.3%，而中国为 18.8%，① 仅为邻国日本的 16.4%，排在倒数第一，甚至只有印度的一半。再看贸易平衡指数，贸易平衡指数 = 贸易顺逆差额/贸易进出口总额，这一指标中，中国以 10.1% 列第一，之后是德国 10%、日本 5.7%、加拿大 4.1%，最后是美国 -29.8%。然而，在 F3 的权重中，对外直接投资比重占 0.674%，贸易平衡指数仅占 0.386%，只有前者的一半，并且在对外直接投资比重这一指标中，中国的排名实在太靠后，因此在 F3 的总得分中，中国得分还是很靠后。

6. 在最后的总得分指标当中，美国得分最高，为 271.16，名列第一，其次是德国（162.44）、日本（135.71）、英国（97.78）、加拿大（97.54）、法国（42.55）、意大利（23.14）、韩国（-92.13）、中国（-212.24），最后是印度（-344.13）。美国和德国的排名如此靠前，主要因为其贸易结构和贸易条件两项占权重较大的指标得分较高于其他样本国家，排名较前。尤其是美国，除了贸易条件指标，其他三项指标其排名均非一即二，若不是受人均贸易额影响，其领先于其他国家的幅度还要大。德国也是，除了贸易品牌指标排名第五，其他指标也都名列前三甲，可以看出，这些传统的贸易强国的确有其不可撼动的优势。相比之下，中国的各项指标都是排名倒数第二、倒数第三的样子，不得不拖累最终的总得分。

从上面的分析得出了衡量贸易强国的主要指标体系，为了进一步界定一国的贸易国类型，通过在因子分析的基础上进行归类，这样可以更好地看出一国与他国的竞争优势以及一国在世界所处的位置，而且具有一定的可行性。本文的归类主要根据各个国家各因子得分和总得分的数据，根据各因子得分以及综合得分进行归类，总分大于 0 的和小于 0 的分两类，大于 0 的再根据总得分位于 [0，100] 区间还是大于 100 来分类，小于 0 的同样根据总得分位于 [-100，0] 区间和小于 -100 这两个阶层来分，最终得到以下结果，如表 4-9 所示。

---

① 数据来源：《中国统计年鉴》（2007）。

表4-9 聚类分析结果

层级	国家
第一阶层	美国、德国、日本
第二阶层	英国、加拿大、法国、意大利
第三阶层	韩国
第四阶层	中国、印度

第四节 实证分析的结论

从各分指标得分来看，影响贸易强国判别标准排在第一位的是贸易结构指标，这类指标主要影响因素为高新技术产品出口额比重、货物出口额占世界出口额比重和工业制成品比重三个指标。排在第二位的指标是贸易条件，这类指标主要影响因素为人均贸易额和净贸易条件两个指标。排在第三位的为贸易品牌指标，这类指标主要是由世界品牌100强和世界最大500家企业数两个指标决定。排在第四的是贸易主体指标，主要由对外直接投资比重和贸易平衡指数两个指标共同决定。

从综合指标得分来看，中国的贸易强国综合得分比起美国、德国、英国、意大利、加拿大、法国等得分还是要低很多，因此中国还不是贸易强国。要实现贸易大国向贸易强国的转变，还有一段很长的路要走，尤其是在中国与这些强国差距较大，并且这些因素又对一国贸易的强弱影响力较大的方面——贸易结构和贸易条件方面。

第五章 中国目前对外贸易发展模式的评价及其调整

　　一个国家或地区可以根据本国的国情及国际经济环境来选择适合本国或地区的对外贸易发展模式。随着国际经济环境的变化，各国所采取的对外贸易发展模式也在不断变化之中。各国特别是发展中国家或地区一直在寻求适合本国国情的经济发展道路。对于工业基础非常薄弱、国内市场非常狭小的发展中国家来说，大力发展对外贸易无疑是一种促进国家经济发展的主要因素之一。20 世纪 70 年代，亚洲的一些国家和地区通过大力发展对外贸易，实现了国家和地区工业化并振兴了经济，从而促发了开始将对外贸易的政策与措施与其经济发展联系起来考虑。作为以发展中国家为主要研究对象的发展经济学，通过对近半个世纪以来一些国家和地区国际贸易发展模式的研究，进而推出了一些以贸易战略、贸易模式来区分工业化道路的理论模式，并由此形成了当今国际开发经济学的理论基础。本章将以国际开发经济学的理论研究为基础，对国际贸易发展战略及其模式进行分析比较，并分析了一些发达国家在贸易模式转型方面的经验。在此基础上，对于中国今后对外贸易进行模式进行评价，并寻求今后对外贸易的发展思路①。

---

　　① 贸易战略是隶属于发展战略或工业化战略的范畴，是指一国或地区通过国际分工方式和程度的选择而影响国内资源配置和竞争效率的一整套贸易政策或制度，是一国对外贸易发展全局和长远的一系列方针、政策和措施的总和，体现着造成经济增长方式和结构转变绩效差异的基本原因，对经济发展水平和国际竞争力具有直接和重要影响。

第一节　国际贸易发展模式的分析比较

国际贸易模式一般可以分为以下几种：初级产品出口贸易战略、进口替代型贸易战略、出口导向型贸易战略、混合型贸易战略①。

一、初级产品出口贸易战略

所谓初级产品出口贸易战略是指发展中国家充分利用本国既有要素禀赋优势，积极、主动地多出口、多创外汇，从而带动本国经济增长的贸易战略。它是出口导向经济增长贸易战略的初级阶段。其特点主要表现为：（1）此时发展中国家刚刚步入经济工业化的进程，缺乏生产多样化及高附加值产品的能力与熟练的国际市场经验；（2）出口产品主要是密集使用本国富有的自然资源要素的初级产品及具有浓厚民族特色的简单劳动密集型产品，出口产品更多地表现为其自然形态，其加工深度及资本、技术含量很低；（3）专业生产出口产品的部门或企业没有或非常薄弱，本国需求之过剩产品在总出口中占有相当大的比重②。

对于大多数刚刚独立的发展中国家，尤其是那些经历过长期西方殖民统治的发展中国家来说，整个国家的经济多依赖于单一的农副产品，民族工业几乎处于空白状态。在这些国家中缺少为发展经济所需要的熟练劳动者和专门技术人才，它们缺少改变经济结构所需的资金、物质技术基础，本来就十分稀少的先进技术绝大多数都是向国外模仿

---

① 当然，经济发展战略除了按照对外贸易发展模式来进行区分以外，还可以按照部门发展的优先程度分为重工业优先战略和轻工业优先战略；按照经济体制来分为中央集权发展模式和以市场导向为主的发展模式等。

② 张进、黄建康：《试论出口导向经济增长战略的两个层次》，《审计与经济研究》1995 年 10 月。但刘力认为其根本特征是单纯依赖初级产品的出口来换取他国的工业制成品且主要是消费品，以满足本国消费的需要，而不是通过贸易来谋求建立现代经济结构（参见刘力《贸易的动态利益与发展中大国的贸易战略选择》，《国际贸易问题》1997 年 6 月）。本人认为第一种观点的定义更为确切。

的，这使得本国的民族工业体系很难建立起来。因此，要实现国家工业化，进而实现国家经济振兴的唯一选择就是依赖初级产品的出口来换取外汇，再用获得的外汇从发达国家进口技术、中间制品、生产资料，由此逐步地推进本国、本地区的工业化。因此，初级产品出口贸易战略与其说是一种战略，倒不如说是大多数发展中国家无奈的选择。但是，历史上确实有些国家和地区通过充分利用本国、本地区的资源优势实现了工业化，进而实现经济的发展。比如澳大利亚依靠本地丰富的资源优势，出口较多的资源产品，从而实现了快速的经济发展，其人均收入水平一直居于高收入国家的行列。20 世纪 30 年代以前的阿根廷也曾通过实施资源出口取得了极大的成功。但是，对于大多数发展中国家并没有像澳大利亚那样幸运，其中许多国家甚至陷入了一种"资源劫难"，即自然资源越丰富的国家，其经济增长越慢①。

初级产品出口发展战略实际上是落后国家长期遭受殖民统治，独立后又处于不利的国际劳动分工和不平等的国际经济关系中不得以而采取的，只能作为外向型经济的起步而在短期内采用，作为长期经济增长的动力存在着以下几个方面的问题。

首先，为出口而发展起来的初级产品生产部门由于产业链条比较短，前后产业的关联度低，往往很难与本国的国民经济融为一体，并发展成为国民经济的主导产业，因而其在国民经济中不可能成为带动其他部门发展的领头羊。不仅如此，长期重视初级产品的发展可能形成或加剧畸形的经济结构，使得国民经济结构长期处于一种不合理的状态。由于初级产品生产技术水平比较低，生产方式往往是粗放型经营，因而依靠单一产品的生产和出口也不可能在较大范围的经济领域中促进生产技术的现代化和生产效率的提高。

其次，初级产品出口贸易战略的国家或地区经济的发展往往受制于世界市场。由于初级产品需求弹性较小，其世界的需求量难以伴随着经济发展一起成长，而在供给方面由于合成替代品及生产技术的提高使得初级产品的供应渠道不断增加。在供应增加超过需求增加的大

---

① 陈志武：《过时的"地大物博"财富观》，《新财富》2003 年第 6 期。

背景之下，初级产品的出口往往会面临贸易条件恶化、增长潜力受限的困境，依靠其拉动经济增长的潜力也非常有限，因而也就难以担当引导发展中国家工业化的重任，享受工业化所带来的动态利益。

再次，初级产品的价格具有极大的波动性，而对于这种波动性的管理又十分困难。对于国外和国内投资者来说，他们总是在时局很好的时候投入资金，而当时局不好时，比如说，能源的价格骤跌时，他们又会撤回资金。因此，这种投资的冲动会使得时局很好的时候，自然资源、初级产品出口繁荣，国内财政收入迅速增加；而当时局不好时，发展中国家又陷入了财政危机。经济活动因此比商品的价格具有更强的波动性，发展中国家繁荣时期从资源出口中获得的利益正好抵消紧接下来的经济衰退，资源的利益并没有很好地转化为经济利益。

由于上述原因，试图通过资源及初级产品的出口来实现本国、本地区工业化的梦想已变得十分渺茫。再加上独立后的发展中国家很容易将出口初级产品、进口工业品这样的贸易结构，与殖民地时代发达资本主义国家强加在他们头上的种种不平等联系在一起，因而到 20 世纪 50 年代末至 60 年代初，许多发展中国家在选择工业化战略时，已经开始放弃这种发展模式。因此，初级产品出口贸易战略也从此被所有的发展中国家和地区排斥在本国、本地区的国际贸易战略之外。

二、进口替代型贸易战略

伴随着初级产品出口战略的失败，许多发展中国家和地区在 20 世纪 50—60 年代开始探索新的以贸易带动工业化模式。鉴于国际市场上初级产品和工业制成品交易条件不断恶化的现实，多数发展中国家纷纷采取高关税、配额等保护政策，将本国市场与世界市场隔离，以此来限制发达国家工业产品大量流入本国市场。然后，通过国内和地区内生产来代替这部分产品进口，以此达成本国、本地区的经济自立。这种试图依靠高关税、配额等保护政策手段的限制，来实现本国和本地区的"内向的"国际贸易战略又叫进口替代型贸易战略。实行进口替代型贸易战略的一般做法是国家通过给予税收、投资和销售等方面的优惠待遇，鼓励外国私人资本在国内设立合资或合作方式的企业；

或通过来料和来件等加工贸易方式，提高工业化的水平。为使国内替代产业得以发展，就要使用提高关税、实行数量限制、外汇管制等手段，限制外国工业品进口，以使国内受进口竞争的工业在少竞争、无竞争的条件下发育成长。

（一）进口替代型贸易战略的优点

在实施进口替代国际贸易战略时，有的国家从消费品的进口替代开始，有的国家则全面地从消费品、中间投入品和资本品（即生活资料和生产资料）的进口替代开始。进口替代国际贸易战略理论的奠基人赫希曼（Hirschman）认为，限制进口有助于腾出一部分国内和地区内市场的需要。通过保护这种需要，将促进国内企业用国内生产来逐步填补这部分需要，最终将有助于更快地诱发国内工业的发展[1]。而发展经济学家普雷维什则强调，从国际分工及其发展的角度看，发展中国家继续向发达国家出口初级产品并从发达国家进口工业制成品是没有出路的，因为由于需求结构变化和技术进步等原因，初级产品与制成品的交换价格将会朝着不利于初级产品生产者的方向变化，发展中国家和地区必须走面向国内和地区内市场的独立工业化道路[2]。

进口替代型贸易战略推动了发展中国家和地区工业化的进程，初步建立了以消费品为中心的制造业体系，为经济自主创造了必要条件。归纳起来，这种政策有以下几个方面的优点。

第一，国内工业品的市场已经存在，避免了工业化初期开拓国际市场的风险，有利于在短时期内建立初步的工业体系。而随着制造业的发展，产业结构得到优化，农业在国民经济中的比重下降，工业增长率超过农业，成为国民经济的新增长点，进而有利于建立一个相对完整的工业体系。

第二，建立起现代化的或半现代化的国内工业企业，对进口工业品，尤其是进口消费品的依赖程度降低了，一些专门技术人才和熟练劳动者也培养出来了，政府部门通过大量的工业建设活动也获得了管

---

[1] ［美］赫希曼：《经济发展战略》，经济科学出版社1991年版。
[2] 谭崇台：《发展经济学》，山西经济出版社2001年版。

理经济的经验和知识。

第三，对发展中国家来说，比起抵制外国竞争、迫使发达国家降低贸易壁垒允许其出口初级产品、劳动密集型商品来，通过采取关税与非关税措施保护国内市场相对来说比较容易[①]。

（二）进口替代型贸易战略的实践

借助于理论上的支持，自20世纪50年代初到60年代末，绝大部分发展中国家和地区都相继采用了进口替代国际贸易战略。很多实行这种贸易战略的发展中国家和地区都取得了相当大的经济增长成就，一些现代化的或半现代化的国内工业企业建立起来了，对进口工业品、尤其是进口消费品的依赖程度降低了，一些专门技术人才和熟练劳动者也培养出来了。得益于这种发展战略的成功，许多发展中国家和地区开始从殖民地经济结构中摆脱出来，实现了初步的工业化。

最早采用进口替代国际贸易战略的菲律宾，借助于国内丰富的资源和给予外国企业以国民企业待遇，吸引了大量外国资本来菲律宾投资，工业化比率借此得以迅速提高。20世纪50年代中期工业化率只有8%，而60年代初期则升至17%。国民经济长期依存于橡胶、锡等自然资源出口的马来西亚，通过以纺织、电子机械为中心的进口替代国际贸易战略的实施，奠定了大规模工业化发展的基础。同样，新中国成立以后，中国面临在一个极端贫困的农业大国里如何建设社会主义现代化的难题，在当时东西冷战这样一种特殊的国际环境下，通过实施进口替代国际贸易战略，初步形成一个完整的工业体系。为了验证进口替代工业化对工业发展的贡献程度，钱纳里借助于投入产出表对工业增长进行了数量分析。根据钱纳里的研究成果，1960年发展中国家中，对工业增长的贡献度，最终需要生产为22%，中间需要生产为28%，进口替代生产为50%，后者的贡献程度远远超过前二者，显示出相当高的贡献度[②]。

不仅是发展中国家和地区，工业化时代以来的经济强国或多或少

---

① ［美］多米尼克：《国际经济学》，清华大学出版社2004年版。
② 钱纳里：《工业化和经济增长的比较研究》，上海三联书店1989年版。

都曾实行过进口替代，进口替代甚至是产业革命的促成者。在 19 世纪初期，英国的棉纺织工业远远落后于当时的印度和中国，为了鼓励国内棉纺织工业的发展，英国禁止从东方进口棉纺织品，以便能够用本国生产棉纺织品来替代进口。正是在这样繁荣起来的棉纺织业生产中发生了"产业革命"，从而使整个人类进入了工业化时代，也使英国成了很长时期中的世界第一经济强国。当今世界的 3 大经济体中最强的国家美国、德国和日本，也无一不是靠进口替代而致富①。

　　美国和德国在 19 世纪末和 20 世纪初分别赶上和超过了英国，成了当前世界的经济强国。而在它们落后于英国的时候，也曾经实施过进口替代发展战略。按照刘易斯的估算，在 1883 年以后的 30 年间，德国制成品进口的增长慢于制造业的增长，从而在整个时期中都在搞进口替代；而美国 19 世纪 80 年代的经济繁荣也靠的是国内需求而非出口的拉动。美国在 1873—1899 年间的进口增长率一直远远低于其实际 GDP 的增长率，原因之一是那些年的美国是一个以高关税保护国内产业的国家，其总体关税率往往在 30%—40%，到 1912 年平均还只有 18%。可以说，没有那一时期的进口替代型经济增长，就不会有今日美国和德国在世界经济中的领导地位②。

　　今日世界第二大经济大国——日本也是在依靠进口替代贸易战略的实施奠定了工业化的基础。比如说，日本的汽车产业一直是在政府采取近似于进口替代政策的扶持下才达到了可以与外国汽车竞争的能力的。1952 年《旧金山对日媾和条约》生效③，结束了美军占领时期，

① 左大培：《转向进口替代的发展战略》，北京大学经济观察研究中心 2003 年。

② 杨帆主编：《中国向何处去》，内蒙古远方出版社 2003 年版。

③ 第二次世界大战结束后国际形势急剧变化，美苏对立，进入"冷战"时期。1949 年中国革命的胜利和 1950 年朝鲜战争的爆发，促使美国对日政策转变，急欲把日本变成反共防波堤。1951 年 9 月 8 日，52 个国家在旧金山召开媾和会议。中国、朝鲜等国没有被邀请，印度、缅甸、南斯拉夫拒绝参加，苏联、波兰和捷克斯洛伐克等 3 国拒绝在条约上签字。最后由 48 个国家签署《旧金山对日媾和条约》。

该《条约》共分 7 章、27 条，宣告自《条约》生效之日起，日本与签字国之间的战争状态结束；日本承认朝鲜独立，放弃对台湾、澎湖列岛的一切权力；承认日本是主权国家，但规定奄美大岛、冲绳等北纬 29 度以南的西南诸岛、小笠原群岛交由美国托管，日本同意美军无限期留驻等。1952 年 4 月 28 日该条约生效，美国对日全面占领时期结束。

作为对日占领政策的一环而实施的限制进口外国汽车的措施被取消，外国汽车大量进入日本市场，这对当时极度缺乏竞争能力的日本汽车工业形成了巨大的冲击。为了防止外国的汽车厂家冲击国内市场，日本政府制定一系列法律，一方面对外国汽车进入日本市场实行了严格的限制，在日本政府的保护和扶持下，日本创造了出口汽车的比较优势，且迅速成为汽车的出口大国，为其经济的外向发展奠定了强大的物质基础。直到现在，日本的汽车进口仍然不到其整个市场的10%左右。

选择进口替代战略并取得成功的国家一般具有这样几个特点：首先，该国的国内市场比较大。较大的国内市场可为其工业的发展提供较有保障的市场，以便使这些行业迅速实现规模经济，且比较快地发展起来。其次，国内拥有一定的自然资源和丰富的劳动力供应。再次是存在"二元经济"。二元经济可以为工业发展奠定基础，也为现代工业的发展提供相对廉价的劳动力。

（三）进口替代型贸易战略的弊端

进口替代国际贸易战略的实施，极大地加快了从殖民地中解放出来的发展中国家和地区工业化的进程，并且奠定了发展中国家和地区开始走向工业化的基础。但是，这种发展战略是建立在政府统制和保护基础上的，在市场经济不发达，经济结构单一，工业发展水平极度低下这样一种初期条件下，通过对市场进行人为的干预和政府强有力的保护来阻断国内、国际市场的联系，将有助于避免国内幼稚产业过早地面临海外跨国企业的竞争，促使本国、本地区幼稚产业尽快地成长。然而，随着经济的发展和市场经济化的进步，进口替代国际贸易战略的局限性日益明显。归纳起来，有以下几个方面的问题。

第一，国际收支不断恶化、外汇不足。进口替代国际贸易战略主要是通过关税和配额来限制工业制成品的进口。如印度、巴基斯坦等国，采取100%—200%甚至更高的有效保护率是很常见的。但由于国内工业基础的制约，工业制品所必需的零部件、原材料、机械设备往往同时也不得不依赖进口。在实施进口替代国际贸易战略时，各国普遍过高地评价本国货币的汇率，这样就使得产业部门积极扩大进口，而不太愿意出口。由于发展中国家出口的主要产品是自然资源等初级产品，人为地过高评价本国的汇率，使得初级产品部门与工业制成品的交易条件进一步恶化，从而阻碍初级产品行业的良性发展，进而带来出口潜力的低下。工业部门的进口偏向和传统出口部门潜力的低下，又使得实施进口替代的发展中国家普遍地存在着国际收入不断恶化、外汇收入不足的现象。

第二，实施进口替代的产业由于受国内市场制约，往往难以充分地享受规模经济效果，从而使得现代产业的竞争力受到影响。发展中国家和地区人口的大部分在农村，人均收入水平低，城乡之间、地域之间的收入水平差距较大，因而国内市场规模本身比较小。进口替代国际贸易战略主要是通过限制进口政策来确保国内市场，在国内和地区内市场尚未饱和时，通过满足国内和地区内市场的需要可以较快地扩大生产规模。但由于国内和地区内市场本来就很小，国内市场的需要将很快达到饱和状态，这样进口替代的机会就将会枯竭，以后的增长将取决于国内生产需要和经济增长率的高低。由于难以充分地享受规模的经济效果，进口替代产业的发展往往停留在进口替代水平上，很难发展成为具有国际竞争力的出口产业。

第三，产业结构急剧地向劳动节约、资本集中型过渡，从而面临着巨大的就业压力。对工业的高度保护和补贴实际上是在鼓励使用资本、限制使用劳动，从而产生资本替代劳动，导致国内产业吸收过量的资本而吸收少量的劳动。这种政策导向的结果很快耗尽了发展中国家和地区的资金，同时涌现出就业严重不足的问题。由于发展中国家和地区普遍重视工业而忽视第三产业的发展，随着工业中资本代替劳动的不断加强，工业中吸收的劳动就业人口也越来越少。

第四，产业结构呈现一种畸形状态。受政策、资金的扶持，进口替代产业将得到较快的发展，而与之相反的是，其他的产业将处于十分不利的位置。这样一来，国内和地区内经济将在进口替代产业与非进口替代产业之间产生巨大的经济差距，从而带来资金、资源、技术向进口替代产业集中，国家的产业结构处于极不平衡的状况。

第五，政府干预过度，会造成巨大的"寻租"成本。进口替代战略的实施，有赖于进口许可证、信贷及财政补贴、平价外汇等政策手段。在如何运用这些手段时，发展中国家和地区往往没有明确的法律或者制度依据，大多数是依赖于官僚的自由裁量。对于企业来说，能够得到来自政府的配额或者平价外汇无疑是获得了一笔额外的利润。为了得到这些利益，企业会进行一系列游说活动，甚至不惜采用行贿和其他拉拢手段，导致资金和企业家的精力流入到非生产性活动中，这部分资源被称为"寻租"成本。由于政府官员并不能从进口许可证、信贷及财政补贴、平价外汇等政策手段获得收益，而这实际上会转换成经营者选择机制中的"廉价投票权"。最终出现的结果是政策"租金"在企业和政府官员之间进行分配，导致政府官僚腐败的产生。

第六，进口替代国际贸易战略不具备自行改正的功能。由于进口替代是建立在政府自由裁量的基础上，是反对市场机制的，因而市场的自行调节机能很难发挥比较好的作用。

发展中国家的实践表明，进口替代工业化战略通常只取得了有限的成功或遭到了失败。有人估计，进口替代策略使发展中国家和地区白白浪费了10%以上的国民收入[①]。

三、出口导向型贸易战略

进口替代国际贸易战略在促进发展中国家和地区工业化发展的同时，因其本身的局限性，随着时间的推移，负作用也越来越大。采用进口替代的发展中国家和地区后来都遇到了国民经济停滞不前的困境。20世纪60年代中期，韩国、新加坡和中国的台湾地区率先成功地从进口替代转向出口导向。所谓出口导向贸易战略，就是以大量的商品出口为导向，把经济活动的重心从以本国或本地区市场为主转向以国际市场为主，进而推动整个国民经济或地区经济的发展。出口导向战略是许多发展中国家采用的发展国内经济的一种战略或方式，一国采取各种措施扩大出口，发展出口工业，逐步用轻工业产品出口替代初级产品出口，用重、化工业产品出口替代轻工业产品出口，以带动经济

---

① ［美］多米尼克：《国际经济学》，清华大学出版社2004年版。

发展，实现工业化的政策。其采取的主要政策措施是：第一，给出口企业提供减免出口关税、出口退税、出口补贴、出口信贷、出口保险、税收优惠等一系列措施，努力降低企业的出口成本，增强企业开拓国外市场、扩大出口商品的竞争能力；第二，给出口生产企业提供低利生产贷款，优先供给进口设备，原材料所需外汇，大力引进资本、技术、经营管理知识，建立出口加工区等，目的在于降低生产成本，提高产品质量，增加创汇能力；第三，采取贬低国内货币的价格，压低国内商品的价格，以便增强国内商品的竞争力①。

第二次世界大战后初期的丹麦、挪威，20世纪50年代中期的日本曾实行过这种战略。20世纪七八十年代后，部分拉丁美洲和非洲国家也从进口替代战略转向了出口导向的发展战略，但是在推动出口导向战略方面最有成效的当数亚洲新兴工业化国家和地区。

（一）出口导向型贸易战略的优点

通常认为，出口导向贸易战略和政策的优势在于以下几点：

首先，由于面向国际市场生产，刺激了整个工业经济效率的提高。出口导向贸易战略的理论基础是比较优势或者要素禀赋，而按照比较优势和要素禀赋能够为发展中国家带来明显的比较优势，从而在国际贸易中占据有利的位置。而按照比较优势进行分工能够充分利用本国的资源与劳动力，进而促进整个工业经济效率的提高。

其次，信息灵通，容易抓住发展机遇。与进口替代战略不同，出口导向战略面向的是整个国际市场，其基础是自由市场经济下的自由贸易，这就要求实施出口导向贸易战略的发展中国家和地区不是根据自身的产业升级需要，而是根据自己的比较优势来发展国内和地区内的产业，因而必须充分了解世界市场的现状及发展动态，根据世界市场的需要来选择本国家和地区产业发展的方向。

再次，能够克服发展中国家（特别是中小发展中国家）国内市场狭小的限制，获取规模经济效益。与国内市场相比，国际市场的容量

---

① 高怀民：《进口替代战略和出口导向战略之比较》，《科技情报开发与经济》2006年第14期。

不知道要大多少倍，通过大力发展面向国际市场的产品，可以使企业的规模不断扩张，从而获取规模效益。

最后，出口导向政策下的庞大外需与内需之间存在统一性，从而能够形成以出口产业为中心的产业链条。巨大的外需通过前、后连锁作用拉动内需，来自发达国家的外需能够在投资和消费两个领域通过"示范效应"推动内需升级；反过来，内需市场的扩大也能够通过强化企业竞争力而促进扩大外需，而国内企业竞争力增强，意味着开拓国际市场、扩大外需的能力增强。

亚洲"四小龙"主要通过大力实施出口导向政策，在较短时期实现了经济腾飞，给予了这一战略极大的实践支持。借鉴它们的经验，东南亚其他国家也纷纷从20世纪70年代开始实施这一战略，通过废除许多保护主义的经济政策，大力引进市场机制，以促进出口来带动本国的发展。出口导向贸易战略的成功极大地促进了以"四小龙"为中心的东南亚诸国或地区的经济发展。20世纪70年代，韩国、中国台湾、印度尼西亚、马来西亚的制造业增长率超过10%，远远高于发达国家2.4%的同期水平。高速成长的结果，是促使上述国家和地区工业化率也迅速提高。20世纪80年代初期，亚洲"四小龙"的工业化率为28%—38%，高于同期发达国家平均水平的24%。除印度尼西亚以外，东盟国家的工业化率也达到了18%—24%，接近发达国家工业化的水平。

20世纪80年代以来，中国沿海地区首先实行了从进口替代型向出口导向型的过渡。通过充分发挥中国劳动力资源丰富的优势，大力发展以劳动密集型产品为中心的加工贸易，中国的对外贸易取得了飞速的发展，外贸出口的迅速扩大改变了中国长时间闭关自守的封闭状态，形成了对外开放的新局面。借助于外贸出口的扩大，中国国民经济保持了年平均10%的高速增长。

有鉴于此，国际发展经济学界对出口导向贸易战略给予了高度的评价，并以此作为发展中国家和地区首选的贸易模式。世界银行1985年年度报告在广泛考察了发展中国家的外贸政策之后得出了出口导向政策优于进口替代政策的结论。而《1987年世界发展报告》在考察了

41 个发展中国家的经济发展实绩之后，通过对其制造业、农业年均增长率、工业增加值在 GDP 中比重、工业劳动力比重、制造业部门就业人数增长等指标的比较分析，结论认定选择外向型经济发展战略的国家各方面数据均优于实施内向型经济发展战略的国家。而在世界银行 1993 年出版的《东亚奇迹：经济增长与公共政策》的报告书中，对实施出口导向贸易战略而取得极大成功的日本、亚洲"四小龙"及泰国、印度尼西亚、马来西亚等国家和地区近 30 年的发展称为"东亚的奇迹"，并认为出口导向国际贸易战略为比其低一层次的发展中经济体树立了促进出口战略的样板，对其他发展中国家和地区具有重要的借鉴意义[①]。

（二）出口导向型贸易战略的缺点

与进口替代国际贸易战略相比，出口导向国际贸易战略的最大特征是不断地推进市场经济化的进程，通过撤销各种政策限制，充分发挥发展中国家低工资劳动力的优势，扩大劳动密集型产业出口，以此带动经济的发展。但是，亚洲金融危机却暴露了出口导向贸易战略的局限性。从许多国家的实践来看，这种贸易策略也存在一系列严重的缺陷。

首先，由于实施出口导向贸易战略的国家和地区的出口市场主要集中在发达国家，过分地追求出口的结果是使得国内工业体系内部出现了"双重化"的倾向，即出口产业的过度膨胀和内需产业的相对萎缩。以韩国的半导体为例，在国际市场需求的刺激下，20 世纪 80 年代韩国的半导体产业取得了快速的发展，但随着 90 年代半导体市场的急剧萎缩，韩国庞大的半导体出口产业顿时陷入了困境，并拖累了给予半导体产业大量资金支持的金融业，进而引发了 20 世纪 90 年代末的金融危机。不仅如此，急速的贸易自由化使得韩国来不及培育重化工业发展所需要的零部件产业，韩国的重化工业发展不得不大量进口零部件和中间产品。随着产业结构的不断升级，在轻工业让位于重化工业的发展过程中，国际贸易收支失衡，外汇短缺就成了经济结构调整

---

① 世界银行：《东亚奇迹——经济增长与公共政策》，中国财政经济出版社 1995 年版。

中的一个制约因素。

其次，不少发展中国家在推行出口导向发展战略时，依然强调政府主导地位的思路，它们主要不是努力为企业活动创造公平竞争和健康成长的环境，而是扶植亲信企业集团。这种不公平的贸易政策，容易造成一些企业不是将精力放在提高企业的产业竞争力上，而是寻求政府的政策支持，从而带来官商勾结，导致腐败的产生。

最后，出口导向战略带来的经济增长由于国内发展的不平衡而缺少充足的持续性动力，以及由于经济体制改革的相对滞后而造成的国内企业组织和金融机构的低下竞争力和危机应付能力。外资进出自由化的政策使得实施出口导向贸易战略的一些国家（地区）的一些重要工业部门，特别是机械、化工、电子电器、医药、汽车等新兴工业，程度不同地为外商控制，国内的民族产业往往出现边缘化的趋势。

四、混合型贸易战略

在这种背景之下，在实施出口导向贸易战略的同时，通过适当的关税及贸易限制来扶持国内重化工业的发展这样一种进口替代型的贸易战略又为被一些发展中国家所采纳，并重新被许多国际发展经济学家所肯定，即走向一种混合型贸易战略的道路。

按照主张混合型贸易战略的学者的观点，混合型贸易战略的根本考虑是把进口替代战略和出口导向战略各自有效的部分组合起来，在继续大力发展进口替代的同时，积极利用出口导向战略的某些政策，兼容并蓄，最大限度地促进经济发展。由于一个国家的不同区域的经济发展水平、资源、优势等不一样，因此需要采取不同的贸易战略，才能充分发挥各区域的优势，使之更快更好地发展。混合型贸易战略是进口替代战略和出口导向战略的"有效组成部分"，它主要包括进口替代战略中的面向国内市场的独立自主的工业化，改进后的政府干预和保护以及出口导向战略中的出口鼓励政策等。主张混合型贸易战略的国内外学者很多，其中包括美国的学者吉利斯、帕金斯，英国学者科尔曼和尼克森，中国学者张士元、陈立成等。按照科尔曼和尼克森的主张，混合型贸易战略主要有四点内容：第一，在战略性的经济部门——中间产品和资本品部门继续实行进口替代工业化；第二，积极鼓励出口，以提供工业化所必不可少的外汇；第三，重视外国资本在工业化过程中的作用，保持进口和本国开发在技术进步中的平衡；第四，继续发挥政府在资源配置中的主导作用，更多地注意计划的有效性，正确地处理计划与市场的关系①。

从政策内容来看，与旧的进口替代战略相比，混合型贸易战略的确有许多改进。例如，混合型贸易战略更为重视对外贸易在技术进步等方面的作用，鼓励出口及利用市场机制等。但是，尽管存在着这些改进，但并不能据此认为混合型贸易战略与进口替代战略相比发生了根本性的变革。混合型贸易战略保留了进口替代战略的核心内容——继续抑制贸易在经济发展中的作用，实行政府干预和保护下的全面进口替代，仍然通过过高的关税和非关税壁垒来限制进口。在混合型贸易战略中，尽管贸易的作用有所加强，但仍然受到抑制；尽管鼓励出口，但依赖政府补贴，而不能充分体现比较优势原则；尽管市场机制的作用得到了承认，仍然处于从属地位，在政府的"主导"之下，难以有所作为②。

更为困难的是，进口替代与出口导向是两种完全不同的贸易战略，且各自奉行的贸易政策是相反的，把两种完全相反的政策放在一起实施，操作上如何结合的难度极大、可行性极低。原因在于保护政策会通过经济关联的过程形成对出口行业的冲击，加重出口的压力和负担，形成"反出口倾向"。一方面，进口替代既提高了可进口商品的相对价格，又可能提高了不可贸易商品的相对价格，这会使得进口投入品和国内投入品的价格上涨，这相当于对出口产品征税。另一方面，出口鼓励政策的实行又会抵消进口替代的保护效用③。

---

① 戴维·科尔蔓、弗雷德克·尼克森：《欠发达国家的变革经济学》，英国曼彻斯特大学出版社 1985 年版。

② 杨圣明：《中国对外经贸理论前沿——中国对外经贸理论前沿丛书》，社会科学文献出版社 1999 年版。

③ 陈文烈：《青海对外贸易战略选择分析》，《甘肃省经济管理干部学院学报》2004 年第 3 期。

第二节 中国对外贸易发展模式的历史进程

中国的对外贸易发展模式大致经历了两个阶段，第一阶段为1949—1978 年进口替代贸易战略阶段，第二阶段为 1979 年至今出口导向贸易战略阶段。而根据它们之间实施政策的差异，出口导向贸易战略阶段又可以分为五个阶段。中国对外贸易政策体系发展阶段的具体情况如表 5 - 1 所示。

表 5 - 1 中国对外贸易政策体系的发展阶段

阶　段	特　征	主要内容	绩效评价
1949—1978 年计划经济下的统制贸易	贸易是从属于国家计划经济的一部分，国家集中管理对外贸易	外贸专业公司垄断经营，按照政府指令性计划出口	初步形成一个完整的工业体系
1979—1983 年计划下的统制贸易和部分地区的自由贸易	贸易仍然属于计划经济的一部分，但在四个经济特区内开始实行自由贸易	通过设立经济特区来吸引外国企业，鼓励在这些区域内进行劳动密集型产品出口加工	打破了长期以来僵化的贸易体系
1984—1990 年作为有计划的商品经济一部分的开放	实施改革开放的国家战略，开始贸易管理体制改革	在部分领域下放贸易经营权，工贸结合，减少外贸计划刚性，以扩大外贸企业的经营自主权	贸易改革与整个经济体制的改革方向和步伐取得一致，贸易发展和吸引外取得突破性发展，外经贸开始起飞
1991—1993 年基本确立出口导向贸易战略发展阶段	市场经济体制正式确立，贸易管理开始重视市场手段	连续降低关税的平均水平和取消进口调节税，削减进口计划配额和许可证，宣布取消进口替代清单并不再制定这样的措施	以市场为基础的贸易管理体制得以被上确认，外资、对外贸易出现了快速增长的势头
1994—2001 年符合国际规范的贸易政策体系改革	作为市场经济体制改革的一部分，以符合国际贸易规则为导向改革贸易制度	外汇管理体制改革，取消进出口指令性计划，改革外贸企业，以关税减让和进出口管理体制改革入手，开始贸易自由化改革	贸易、外资对经济增长和社会发展的贡献持续增加，但贸易政策体系仍落后于国际通行法则

阶　　段	特　　征	主要内容	绩效评价
2002 年至今有管理的贸易自由化	以履行加入 WTO 承诺和参与国际规则谈判为标志，进入国内—国际贸易制度协调的新阶段。中国"和平崛起"、与世界共同发展	按照多边贸易体制及区域、双边贸易协定的要求，对贸易制度进行全面、深化改革和完善	中国对外经济贸易持续发展，贸易投资的规模扩大，中国占世界的比重及对世界经济的影响加大，中国成为国际贸易规则体系的积极参与者

资料来源：张汉林：《中国外经贸理论与政策回顾》，http：//business. sohu. com/2004/05/20/04/article220210492. shtml。

一、进口替代贸易战略阶段（1949—1978 年）

新中国成立之初，为了摆脱经济中的殖民主义色彩和实现经济发展的独立自主，实现工业化就成了中国最大的经济和政治目标，面对国际上资本主义国家对新兴社会主义国家实行经济封锁的国际环境和外汇紧缺的国情，中国不得不依靠自己的力量来实行工业化。由于当时以拉丁美洲国家经济学家为首的发展经济学家为进口替代工业化战略提供了一整套理论和政策的依据及可行办法，而且当时的亚洲和拉美发展中国家都先后选择了进口替代工业化发展战略，中国在没有理论和实践借鉴的基础上只好选择了进口替代的工业化发展战略。受苏联和东欧社会主义国家重工业化模式的影响，再加上世界市场主要的进出口都是对中国实行经济封锁的资本主义国家，因而中国采取的进口替代战略主要是为了满足本国工业化发展的需要，进口替代是反比较优势的，基本上都集中于资本密集型行业。

为了实施进口替代战略，在对外贸易政策上，中国建立了集外贸经营与管理为一体、政企不分、统负盈亏的外贸管理体制，中央以指令性计划管理少数的专业性贸易公司进行进出口。这个时候对外贸易的主要目标是互通有无，调剂余缺，并力求进出口贸易在总体上达到平衡。

进口替代工业化发展战略的实施，使得中国能够在保持国际收支平衡的条件下，初步形成一个完整的工业体系。但是由于割断了中国与世界市场的有机联系，中国经济几乎世界经济边缘化，一直独立地运行在世界经济之外，这种状况的长期存在既不利于中国对外贸易的发展，也使得中国的经济无法依靠世界经济增长的动力，不免影响到整个国民经济的发展。不仅如此，由于当时中国经济非常落后，属资本短缺的国家，资本是一种稀缺的生产要素，因而资本密集型产品的生产成本很高，收益很低。进口替代工业化发展实施的结果，一方面造成资本密集型工业占用了大量稀缺的资金，又挤压了对消费品生产的资金投入，从而引发了资金的严重短缺。为了维持密集型行业的资金周转，国家不得不人为压低农业和原材料等部门的价格，从而为重工业积累资金。这样一来，就造成了一边是发展遇到瓶颈的轻工业和另一边是生产资料严重浪费的重工业同时并存的奇特现象。而且，在这种战略下劳动工资也被人为地降得很低，从而使得较为丰富的劳动力在就业系数很低的重工业体系下就显得更加过剩。

进口替代贸易发展战略实施带来了劳动力严重过剩、资本严重不足、消费品严重短缺。1979年以后，随着改革开放的实施，中国逐步放弃了传统的进口替代贸易战略，开始注重发挥比较优势来扩大出口，逐步实施出口导向贸易战略。

二、出口导向贸易战略阶段（1979年至今）

伴随着中国改革开放的实施，从1979年开始，中国的对外贸易的指导思想发生了根本性的变化，充分利用国外的资金、技术、市场，促进中国经济的发展逐步成为经济发展及对外贸易的指导思想，对外贸易的政策及经济发展的增长方式发生了很大的变化。加上经济"四小龙"的发展经验给了中国许多启示，中国开始由进口替代贸易发展战略向出口导向贸易战略进行过渡①。根据它们之间实施政策的差异，出口导向贸易战略可以分为以下几个不同的发展阶段。

（一）进口替代与边际出口导向阶段（1979—1983年）

在这一阶段，国内市场与国际市场的长期隔绝被打破，中国在一

---

① 中国并没有正式提出过实施出口导向战略，但从中国改革开放以来的对外贸易政策来看，与出口导向战略比较接近，所以一些研究者常常将改革开放和中国的对外贸易归结为出口导向战略。

定程度上放弃了传统的进口战略，转而寻求出口导向战略。中国开始重视国际市场，在沿海的广东和福建两省设立经济特区来吸引外资。另外，在政策措施上允许部分地方的外贸公司留存一定比例的出口创汇，开办外汇调剂市场与额度借贷业务，形成高于官方汇率的调剂汇率，以促使企业逐步转向国际市场①。但是，由于计划经济的影响仍然比较大，贸易计划和汇率的高估使反出口倾向仍然十分强烈，实施出口导向贸易战略的只限定在上述部分区域。

（二）以出口导向抵消进口替代阶段（1984—1990年）

随着中国市场化进程的不断推进，1985年中国对试行的外汇留存的出口鼓励措施进行了正式的推广，并于1985年开始实施出口退税政策。1988年的一揽子外贸改革中进一步增加了对外销的鼓励，包括试行多元的按商品分类的外汇留成制度、全面的出口退税制度、鼓励来料加工和进料加工的出口、发展国家出口商品基地和扩大出口信贷。这个阶段，出口导向的外向型战略比前一段时间"边际"鼓励有了明显的增强，但是并没有取消进口贸易壁垒和采取汇率贬值的办法来实现对出口的鼓励，相反进口保护和本币定值过高的进口替代政策仍在被广泛地实施着。这种受保护的出口导向战略是试图以出口刺激来抵消进口替代的偏向来实现贸易"中性"，该战略在政治上的好处是能够在确保长期受保护的已有既得利益行业不受损失的情况下，逐步发展那些有比较优势的新兴出口行业，而且通过分割市场维持后者在国内市场上原有的垄断利润。

（三）出口促进与边际贸易自由化阶段（1991—1993年）

随着中国市场化改革的推进，特别是邓小平南方谈话之后，中国开始大规模地推进市场化进程。这个时期对外贸易领域最突出的特点是开始了对进口贸易体制进行一系列的重要改革：连续降低关税的平均水平和取消进口调节税，削减进口计划配额和许可证，宣布取消进

---

① 1981年中国还采取了贸易收支的内部结算汇率和非贸易收支的官方汇率。前者高于后者以鼓励商品出口和限制服务贸易进口，这种制度于1984年取消，贸易和非贸易收支仍然恢复采取单一的官方汇率。

口替代清单并不再制定这样的措施。一系列贸易体制的改革形成了中国的贸易发展战略从"受保护的出口导向"向进口自由化与出口导向相结合体制演变的转折点。

（四）贸易逐步自由化阶段（1994—2001 年）

出于加快市场经济体制建立的考虑，也是为了与世界和国际贸易规则相适应，中国的贸易发展进入了贸易自由化时期。这段时期中国对关税和非关税壁垒进行大幅度削减，多年来实施的外汇管制被经常项目下的自由兑换所取代。在保护幼稚工业或民族工业目标下实行的进口替代战略在奠定了国民经济基础的同时，也带来了经济体制僵化、技术革新不足以及"寻租"活动频繁等一系列负面效果。此时，中国参与加入世贸组织的多边贸易谈判加速了其贸易和投资自由化的进程。由于WTO 对新兴发展中国家给予优惠和特殊待遇的条件越来越严格，加入世贸组织也将使中国失去以往通过保护发展国内工业的"合法"保障。在这样的背景下，中国开始主动向无奖励偏向的"中性"贸易化进行过渡。

（五）有管理的贸易自由化阶段（2002 年至今）

2001 年 12 月中国加入 WTO 至今，中国在市场准入、国内措施、外资待遇、服务贸易等各个领域均较好地履行了自身的承诺和义务，得到了 WTO、世界银行等国际组织的高度评价和赞扬。这一阶段的最明显特征就是，中国的贸易政策体系改革已经在许多方面与国际贸易体制接轨，政策变化的动力由单纯的内生或者外生转变为内外协调。

第三节　出口导向贸易战略在中国经济发展中的作用

国家的经济发展就是一个产业结构不断升级的过程，同时又是一个出口——进口——国产化——出口不断循环的过程。在这个过程中动态的选择适合于本国和本地区的国际贸易战略就成为影响经济开发的一个至关重要的因素，并成为左右着该国和地区能否实现自我循环发展的关键。改革开放以来，在西方经济学中的比较优势学说和东亚一些国家和地区凭借对外出口鼓励使经济获得成功的诱导下，中国一改过去三十多年采取的进口替代型贸易发展战略，在 20 世纪 70 年代末实现了从进口替代向出口导向贸易战略的转换①。

一、积极作用

从中国三十多年的改革开放历程来看，中国由进口替代转入出口导向型的贸易战略带动了中国市场的进一步开放，促使了中国不断从计划经济体制向市场经济体制转换。伴随着中国对外开放步伐的加快，中国的对外贸易和外国直接投资取得了飞速的发展，外贸出口的迅速增长和外商直接投资规模的不断扩大，改变了中国长时间闭关自守的封闭状态，推动了国内经济体制的市场化改革，提高了国民经济运行效率，对平衡国际收支、获取大量的国际分工比较利益、促进国民经济快速增长，都起到了积极的推动作用。从中国改革开放 30 年的实践来看，出口导向型贸易战略在促进中国经济发展与对外贸易上主要表现在以下几个方面。

第一，推动经济发展。根据罗伯特逊提出的对外贸易是"经济增长的发动机"原理，如果一国存在着闲置的资源（产品、自然资源、劳动力和资本），则出口贸易可以促进经济增长。改革开放初期，由于中国长期推行重工业化战略和城乡分割的户籍制度，大量的富裕劳动力处于失业与半失业状况。在出口导向模式引导下，中国大量剩余劳动力投入到出口部门，再加上投资的增加，从而使得劳动力资源乃至整个社会资源利用率得以大幅度提高，进而促进了国民经济的发展。据杨蔚、李维的研究，中国进口额每增加 1 亿元就会引起国民生产总值平均增加 3.3429 亿元，出口额每增加 1 亿元就会使国民生产总值平均增加 3.0159 亿元②；蔡南南的研究表明，GDP、出口总额和进口总额之间存在唯一的协整关系，即三者之间存在长期稳定的均衡关系；

① 靖学青：《中国外贸战略模式评析》，《国际贸易问题》2002 年第 4 期。
② 杨蔚、李维：《我国对外贸易与经济增长的相关性实证研究》，《价值工程》2008 年第 5 期。

出口对经济增长有促进作用，出口增长 1%，国内生产总值增长 1.3%[1]。林毅夫、李永军经过研究得出结论：20 世纪 90 年代以来外贸出口增长 10%，基本上能够推动 GDP 增长 1%[2]。此外，许多国内外的学者对中国的对外贸易关系与经济增长的关系进行了大量的分析，尽管他们得出的结论不尽相同，但基本上都认定了在中国的高速增长过程中，对外贸易发挥了重要的作用。

第二，促进了就业的增长。据美国经济学家安妮·克鲁格教授研究表明：与进口替代贸易战略相比，选择开放的贸易战略更有助于发展中国家的就业增长[3]。中国是一个资本短缺、劳动力丰富的国家，按照比较优势进行分工，中国应该大力发展劳动密集型产业。中国大力发展劳动密集型出口产业，能够有效地利用中国丰富的劳动力资源，解决大量的就业问题。另外，出口拉动中国经济高速增长也能够在一定程度上解决剩余劳动力的问题。据有关部门的不完全统计，截至 2007 年上半年，中国外贸领域就业超过 8000 万人。其中，加工贸易领域就业近 4000 万人，绝大多数是农民工；外商投资企业吸纳就业约 2800 万人，占全国城镇就业比重超过 10%；对外经济合作也解决了 100 多万人就业[4]。

第三，扩大和获取规模经济。美国经济学家保罗·克鲁格曼认为，市场竞争越来越不完全的今天，规模经济已经取代要素禀赋差异而成为推动贸易发展的主要原因。许多产业只有达到一定的规模才能降低成本，这一规模仅仅靠狭小的国内市场往往无法实现。在中国出口导向贸易模式下，许多产品尤其是轻工业品形成了一定的规模优势，中国一些企业已有相当大的部分产品主要是满足国外市场的需要而出口到国外市场。通过不断扩大出口市场，使得中国逐渐成为"世界的加工厂"，据不完全统计，中国已有近百种商品产量名列全球第一位，其中"中国制造"手机已经占世界手机产量 48%，拖拉机占全球生产总

---

① 蔡南南：《我国对外贸易与经济增长关系的实证分析》，《市场论坛》2007 年第 1 期。
② 林毅夫、李永军：《对外贸易与经济增长关系的再考察》，http：//www. cenet. org. cn。
③ 尚琳琳：《出口商品结构调整的实证分析》，http：//www. dufe. edu. cn。
④ 《对外贸易平稳增长　开放水平逐步提高》，汇博资讯网。

量的83%、集装箱占83%、钟表占75%、VCD占70%、日用陶瓷占70%、摩托车占50%。中国的纺织品、玩具、家电产品、轻工产品已成为世界日用消费品的主导产品。手机、电冰箱、电视机、摩托车、服装鞋帽类商品的出口依存度都在50%以上,有的甚至达到70%以上。中国为世界每一个人生产1双鞋子、2米布和3件衣服。这些都是通过出口扩大市场及获取规模经济带来的结果。

第四,推动技术进步。罗默的新增长理论认为,通过开展国际贸易可以促进知识与专业化人力资本的迅速积累;通过出口参与国际竞争可以迫使企业加大研究与开发部门的投入,增强其竞争力,从而使一国的经济加速增长。中国改革开放以来科技飞速发展,出口产品的层次也由初级产品逐步向资本、技术密集型产品过渡,出口部门产业的技术外溢也十分明显,许多新技术通过出口部门的应用再扩散到非出口部门产业。据许和连、栾永玉的研究,工业制成品出口部门在"八五"期间每增长1,通过技术外溢效应带动非出口部门增长0.125,而在"九五"期间每增长1,则带动非出口部门增长0.063[①]。

第五,促进企业之间的竞争。在进口替代的贸易战略中,政府一般都会对市场进行过多的干预,实现进口替代的企业会受到政府的严格保护。而实行出口导向贸易战略就要求企业面向世界市场,参与全球范围内的竞争。各经济主体为了在市场竞争中不被淘汰,就必须不断促进技术进步、提高产品质量、降低产品成本、扩大市场占有率。特别是国内形成垄断的行业或企业,由于国际贸易的进行彻底打破了国内的垄断,被迫在平等的竞争中求得发展,而企业竞争程度的提高,将通过企业效益的提高,达到促进经济发展的目的。

二、负面影响

30年来,世人交口称羡的"中国奇迹",离开对外贸易的贡献是不可想象的。但是任何一个国家经济成功发展中都隐含否定性因素,

---

① 许和连、栾永玉:《出口贸易的技术外溢效应——基于三部门模型的实证研究》,《数量经济技术经济研究》2005年第9期。

超过合理的限度，否定因素就有可能占上风，事物的发展就有可能走向反面。中国实行出口导向贸易战略取得了很大的成功，但是其代价也是不容忽视的，随着时间的推移，其带来的负面影响也越来越大。从近几年表现的一些情况来看，片面强调大力发展出口导向的贸易战略带来了以下一些负面影响。

（一）对外贸易依存度大幅度攀升的风险在不断加大

伴随着长时间地推行统一的出口导向贸易战略，中国的对外贸易一直呈现出高速增长的势头，其增长速度一直超过了中国国民经济的增长速度。尽管2007年中国的GDP只占全球的6%左右，排名世界第四，但对外贸易总额已经达到全球的中国进出口比重占全球比重近8%，排名世界第三。对外贸易增长持续高于国民经济增长的结果是对外依赖程度不断攀升。从数字看，1978—2007年，中国对外贸易年均增长速度约为16%，比国民经济增长快7个百分点，高出世界贸易增长速度10个百分点；特别是加入WTO以后的近7年时间里，中国对外贸易的年均增速迅速攀升至30%，而世界贸易量年均增长仅略高于6%，前者增长大致是后者的5倍。外贸依存度从1978年的10%提高到1990年的30%，2007年又进一步上升至60%左右，增长速度非常之快。

外贸依存度在不断提高，既是中国抓住经济全球化机遇、扩大对外开放、不断增强国力的表现，同时也意味着外部环境变化对中国的影响在进一步加深。尽管从总体上看，简单地对中国外贸依存度下一个过高的结论还为时尚早，这一点在国内也存在着诸多的争议，但对外贸易依存度大幅度攀升的风险在不断加大是一个不争的事实。这方面的风险主要在于中国经济对国际市场的过度依赖，一方面中国出口贸易对现国际市场供求的平衡关系必然产生重大冲击；另一方面，中国受到外来冲击的风险在加大，面临的挑战也在增多，国民经济稳定增长的程度下降。

近几年，中国的出口大幅度、快速增加对国际市场形成一定压力和冲击。特别是在当今世界经济增长缓慢的背景下，疯狂地妖魔化"中国制造"成为一些国家抑制中国商品进入这些国家市场的撒手锏。近几年，"中国制造"在全球范围正面临着一系列的信誉危机，有毒宠物食品、有毒牙膏、不安全玩具、不合格轮胎、有问题的水产品，等等，经过媒体的广泛传播，对"中国制造"造成了一系列致命的打击，一些企业为此付出了破产的代价。妖魔化"中国制造"所要证明的无非是，中国的产品虽然廉价但不安全。尽管中国制造的某些产品确实存在一些问题，但妖魔化"中国制造"的观点多是出于对中国制造的无知的敌视，其目的是渲染中国出口商品的负面影响，并对中国施压。但因为这些观点极有诱惑力，很容易成为一些国家抑制中国产品走向国际市场的口实。

而进口的大量增加又容易引发世界可供应资源跟不上中国需求增加，从而导致世界商品价格上扬。2007年中国钢材生产能力已达5亿吨，超过美日欧俄生产能力之和；中国的水泥生产能力已达13亿吨，已经超过世界总能力的一半以上。再加上其电解铝、电解铜、焦炭等其他高消耗产业的发展，使得近年中国的能源、原材料供应处于严重短缺局面，引起国内及全球相关产品价格的大幅度上涨。以钢铁为例，由于中国不是一个铁矿石藏量丰富的国家，一直以来中国需要从世界大量进口铁矿石，近年生产生铁的铁矿石半数以上需要进口。在这种背景下，2005年日本新日铁率先就年度铁矿石进口价格上涨71.5%达成协议后，代表中国钢铁企业协会参加谈判的宝钢集团，"被迫"接受全球最大的铁矿石供应商CVRD价格涨幅高达71.5%的供货合同。2006年宝钢集团代表中国钢企与铁矿石主要生产商BHP Billiton和Rio Tinto，达成的粉矿和块矿价格比上个年度上涨19%。中国钢企为两次铁矿石原料价格上涨付出数百亿元。2007年宝钢和CVRD谈判确定北部和南部生产的粉矿价格将在2006年基础上分别上涨9.5%。2008年日本钢厂新日铁、韩国浦项制铁与CVRD达成南部粉矿、品质较好的卡拉加斯粉矿价格分别上涨65%和71%协议，宝钢宣布接受此价格[①]。这些年铁矿石价格翻倍上涨最主要的动力是来自全球生铁，特别是中国生铁产量上升的推动。而对全球最大钢铁进出口国中国来说，铁矿石连年大幅度上涨无疑是一个灾难性后果，给中国钢铁产业形成巨大的成本压力，既

---

① 上述数据及资料来自中经网。

削弱了中国钢材的价格竞争力，也大大挤压了它们的利润空间。

在这样高度依赖世界市场的背景下，如果全球经济放缓或与发达国家贸易摩擦加大，中国的对外贸易将严重萎缩，并由此带来一些重要的进口产品资源（高新技术、电子设备、资源等）短缺和大量出口资源（纺织、钢铁、家用电器等）的过剩，进而影响国民经济持续稳定的发展。受近期世界金融危机的影响，中国钢铁国内、国外贸易全面受阻，整体效益出现了大面积的滑坡，一些企业不得不靠压缩产量来渡过当前的危机就是一个最好的例证。

（二）粗放型的出口增长加剧了经济发展与资源环境压力之间的矛盾

中国是一个人口多资源少的国家，人均能源可采储量远低于世界人均水平。来自中国矿业联合会的统计数据显示，中国 45 种主要矿产资源人均占有量不到世界平均水平的一半，可以满足经济社会发展需要的仅有 21 种。石油、天然气、铁矿石、铜和铝土矿等重要矿产资源人均数量分别为世界人均水平的 11%、4.5%、42%、18% 和 7.3%。人均森林面积仅为 0.12 公顷，人均蓄积量 8.9 立方米，分别为世界人均水平的 20% 和 12.5%；人均耕地面积、人均水资源约为世界平均值的 30%；而与此形成明显对照的是中国石油消耗量已居世界第二位，占世界消耗量的 7%，钢材占 1/4，水泥约占一半，煤炭约占 1/3，发电量占 13%。国内资源供给不足，生产能力的不断扩大导致中国重要资源对外依存度不断攀升。从目前中国的进口来看，铁矿石、氧化铝、铜的进口依赖度超过 50%。

比主要资源短缺更为严重的是中国的能源，特别是石油资源严重不足已经成为中国经济发展的严重制约因素和不稳定要因。近几年来，中国每年石油进口以 30%—40% 速度增加，已超过日本成为世界第二大石油进口国，对国际市场石油市场供求平衡机制和价格形成机制等均造成重大影响。2007 年中国原油进口 1.6 亿吨，约占国内消费总量的 47%。据商务部政策研究室的资料，到 2010 年，中国石油对外依赖程度将上升到 57%，对国家经济安全极为不利。不仅如此，中国能源进口的一半以上来自动荡不安的中东地区，大约 4/5 的海上石油运输要经过马六甲海峡，一旦受阻，石油安全将受到严重威胁。按照国家发改委能源研究所的研究，如果能源消耗与经济增长速度同步，到2020年中国一次性能源需求总量将达到约60亿吨标准煤，将是目前的4—5倍①。

当然，造成中国资源、能源、原材料短缺的原因并不全是出口大量增长带来的，但是，由于中国出口商品相当一部分为大耗能、高度依赖于原材料加工的劳动密集型、资源密集型商品，粗放型的出口增长加剧了中国经济发展与资源环境压力之间的矛盾却是不争的事实。在这样的背景之下，粗放型的出口增长越多，对能源和资源的消耗就越多，对环境的破坏就越严重。中国目前已经是一个能源和资源消耗大国，如果我们继续保持这种以高耗能、高耗原材料为基础的粗放型出口增长，那么我们所消耗的能源和资源并不是为中国的生产和消费所消耗的，而是为其他国家生产和消费所消耗的，让本来已经十分脆弱的资源和环境来承担这种高消耗的发展道路，无异于用短期利益换取慢性自杀。通过出口廉价商品，污染自己的环境、浪费着资源、拿着低工资，蒙受别人各种各样的骂名却让别人享受世界低成本的产品，显然不是中国对外贸易发展的期望②。

（三）对外贸易摩擦越来越大

随着中国出口规模不断扩大，印有"中国制造"的产品遍布世界各地，中国逐步被人们认为是世界的加工厂，这当然是好事。然而，与之相伴随的却是频繁且形式日趋多样的贸易摩擦。中国出口遭遇国外反倾销和保障措施调查明显增多。美国、欧盟、印度、阿根廷、土耳其、澳大利亚、南非、墨西哥、加拿大、巴西成为对中国发起贸易救济措施调查的前10家。目前对中国的纺织、服装、玩具、家电等主要出口产品实行贸易制裁此起彼伏，而且有不断升级之势。例如2004年9月17日凌晨，在位于西班牙东南部的小城埃尔切市，约400名不明身份的西班牙人聚集街头，放火烧毁了中国温州商人准备在当地销售的商品鞋，造成了约800万元的经济损失；而2007年8—9月份，

---

① 国家发改委宏观经济研究院网站。
② 何帆：《进口是贸易战略的另一只翅膀》，http：//www.doctor-cafe.com。

美泰公司先后 3 次在全世界范围内召回数千万件中国产玩具，他们给出的理由就是中国制造的玩具"存在磁铁易被孩童吞食隐患和油漆铅超标问题"。在这场贸易战中，数千万件原产中国的玩具被召回，一位玩具商因玩具产品被召回、无法出口而自杀，300 家中国玩具企业被暂停出口、注销生产许可证，4 位商人因为向玩具厂提供不合格含铅量过高的油漆被拘留，这一系列触目惊心的后果可以说将中国的对外贸易摩擦推向了迄今为止的"顶峰"。引起这场贸易战的导火索，确实是中方在部分产品上存在一些质量问题，但根本原因是美国改变了玩具的质检标准。我们无法考证美泰公司这样做的真正原因，但我们不排除美国商家再拿技术标准说话，向"中国制造"发难的可能性。因为面对靠低价占据全球 60% 市场的中国玩具这个强大的竞争对手，使用质量标准这种技术"撒手锏"无疑是一种抑制中国制造的最好手段，而且这已成为美方惯用的一种手段。

与贸易摩擦不断扩大相对应的是中国对外贸易摩擦主要集中在一些特定的国家与特定的劳动密集型产品上。由于中国的出口导向贸易战略主要是立足于比较优势，这就决定中国参与全球贸易分工是将生产的劳动密集型商品出口到发达国家与地区，而从发达国家和地区进口资本密集型与技术密集型商品。自 1991 年起，中国开始实施市场多元化战略，对美、日、欧盟和中国香港四大传统市场出口所占比重，从 1990 年的 66.7% 下降到 2007 年的 50.3%，减少了 16.4 个百分点；对发展中国家和地区、新兴市场的出口比重呈现不断上升趋势。但四大传统市场仍然占据中国出口的半壁以上江山。特别是对欧盟、美国的贸易顺差不仅数额庞大，而且呈现不断扩大之势，这种现实已成为引发中美、中欧贸易摩擦，甚至影响中美、中欧政治关系的一个重要原因。

伴随着对外贸易顺差的不断累积，对外摩擦还呈现从贸易领域向投资、金融、汇率等领域延伸的趋势。特别是有关人民币升值问题一直受到来自日本、美国等主要贸易伙伴的巨大压力。美国一些人攻击中国操纵人民币汇率导致汇率人为偏低的言论甚嚣尘上。美国国会议员和政府官员在多种场合不断向中国施加压力，甚至有人建议国会迫使美国政府向 WTO 提出诉讼，控告中国操纵人民币汇率违反了加入世贸组织承诺，也违反国际货币基金组织的规则。如果我们的贸易顺差越来越多，今后的贸易纠纷可能会防不胜防，处理不好会影响中国经济发展所需要的适宜的国际环境。

（四）出口的高速增长并没有带来国际竞争力的提高

各国从自由贸易最基本的假设前提出发，按照比较优势进行分工，并进行国际贸易必定给双方带来利益，否则，另一方可以拒绝开展国际贸易。但按照比较优势进行自由贸易有可能使发展中国家在国际分工中过于偏重劳动密集型产品，虽然依旧能获得一些利益，但在长期中一个发展中国家专注于劳动密集型产品生产的时候，它很有可能被锁定到劳动密集型产业的专业分工当中，从而丧失了技术进步的机会，进而会面临贸易结构不稳定，总是落后于人的"比较优势陷阱"。这一陷阱以两种方式出现：一是发展中国家由于长期在国际分工中处于低附加值环节，使得贸易利润下降，缺乏改善贸易结构的物质基础，并形成对劳动密集型产品生产的路径依赖；二是发展中国家在发展高新技术产业贸易时过分依赖发达国家的技术引进，缺乏创新能力，以至于长期陷于技术跟进状态，被迫受制于人。在过去几十年的历史中，许多发展中国家确实发生了面临"比较优势陷阱"的困境。来自联合国贸发会的一项研究表明，在墨西哥、菲律宾、阿根廷、巴西等很多国家，与出口部门扩张同时发生的还有逆工业化过程，这些经济体一方面经历着出口的迅速增长，但同时也伴随着投资、技术进步的停滞不前[①]。Stokey（1991）、Young（1991）的论文均认为贸易开放只会强化落后经济系统中原有的比较优势，使之专业化生产低技术含量的产品（Matsuyama，1992）[②]。在 Young（1991）的模型中[③]，发达国家的经济增长和技术进步是以强化不发达国家的低技术生产模式为代价的。

---

① 杨育谋等：《反思中国出口模式"出口导向"战略忧思》，http：//www. dajingmao. com 2005. 3. 16。

② Matsuyama, Kiminori. , 1992, "Agricultural Productivity, Comparative Advantage, and Economic Growth. " *Journal of Economic Theory* 58（2）（December）: pp. 317 – 334.

③ Yang, X. and Borland, J. , 1991, "A Microeconomic Mechanism for Economic Growth". *Journal of Political Economy*, 99: pp. 460 – 482.

虽然此类观点都承认贸易在技术外溢中的作用，但外溢的实际效果却受到了怀疑。

尽管中国的情况稍好于墨西哥、菲律宾、阿根廷、巴西等国家，现在就说中国已经陷入"比较优势陷阱"还为时尚早，但是中国出口部门的高速增长主要是凭借大规模的要素投入和国家政策上的倾斜来实现的，出口贸易也主要以劳动密集型产品为主，高技术附加值产品，特别是具有自主知识产权的产品比重很低，中国已经面临踏入"比较优势陷阱"的风险已经是不争的事实。外贸出口这种长期依赖于劳动密集型产品的粗放型出口，尽管带来了中国对外贸易的高速增长，但并没有带来国家竞争力的相应提高。据《2002 年贸易与发展报告》表明，一旦考虑生产率的差异，中国在劳动密集型制成品上的优势并不太明显。以 1998 年美国、日本、韩国为例，尽管美国的平均工资是中国的 47.8 倍，日本是中国的 29.9 倍，韩国是中国的 12.9 倍，但如果考虑生产力因素，创造同样多的制造业增加值，美国的劳动力成本只有中国的 1.3 倍，日本只有中国的 1.2 倍，而韩国只有中国的 0.8 倍，反而比中国低 20%[①]。更为严重的是，一些战略性产业，如汽车、石油化工等产业一直是以进口为主，由于没有受到国家应有的重视，其竞争力一直很低。在全球聚集"中国优势"的时候，达沃斯世界经济论坛发布的《2005 年至 2006 年全球竞争力报告》让很多中国人心里有点不是滋味。该报告显示，中国的全球竞争力排名已经连续 3 年下降了。2003 年从 2002 年的 33 位降到了第 44 位，2004 年降到了第 46 位，2005 年进一步降至第 49 位。虽然任何一种经济指标评估体系都存在缺陷，但中国全球竞争力"逐年下滑"的趋向还是值得我们认真思量：在中国经济总量与增长速度持续走高的前提下，到底是什么原因一直在拖竞争力的后腿？世界经济论坛首席经济学家兼论坛全球竞争力项目主任奥古斯托·洛佩斯－克拉罗认为，参加排名的经济体数量增加是中国排名下降的原因之一（2002 年报告中评估的国家和地区仅有 80 个），但中国宏观经济环境的评分确实出现了轻微下滑。我们必须承

---

① 楼望之：《充裕的劳动力是中国优势》，2002 年 7 月 22 日《深圳商报》。

认，在技术创新及产品结构调整上，中国与发达国家间还有很大的差距，仍需跨越与发达国家间巨大的鸿沟，这个差距是制约中国竞争力排名上升的一个重要因素①。

（五）带来了要素市场的严重扭曲

对外贸、外资的倾斜使得中国各个区域经济工作的重心都放在吸引外资和鼓励出口上。为了鼓励出口，政府相继出台了许多优惠政策，这些优惠政策在刺激出口的同时，也逐渐扭曲了市场关系。由于出口与外资增长成为上级政府考核下级政府的重要指标，因此地方利益和部门利益成为"指标型经济"产生的主要因素，同时贸易增长指标也成为中国偏向于出口量，而忽视整个贸易和外资平衡发展和提高其主要质量的重要原因。这些因素造成了今天中国粗放型出口的格局②。

由于国家给予出口产业大量的优惠政策，在出口导向贸易战略及国家优惠政策的扶持下，各个区域都在大力发展劳动密集型出口产业，致使地区之间的优势无法发挥，全国产业结构、产品结构雷同，企业之间的恶性竞争愈演愈烈。为了扩大出口，中国一些地方政府随意加大对外商投资及出口企业的补贴；为了吸引外资，各个部门和地区之间画地为牢，随意地出台了许多对外资的优惠政策，依靠外资建设了一大批与国内产业脱节的"出口产业"。

为了降低出口产品的成本，维护劳动力的优势，中国的劳动力价格，特别是单纯劳动力价格长期被政策抑制在一个极低的水平上。20世纪90年代中期，沿海地区的农民工劳动力价格就已经达到600元。经过十多年的高速增长，中国的 GDP 年均经济增长率超过9%，但农民工的工资几乎原地踏步，并没有多大的提高。据有关调查显示，最近10年间，珠江三角洲民工月工资年增幅只有68元，扣除物价上涨因素，民工工资呈下降趋势③。农民工工资的低下，使得农民仅仅只能够维护自身的简单再生产，而无法给予子女以很好的教育。没有受到

① 世界经济论坛等：《2005 年至 2006 年全球竞争力报告》，经济管理出版社 2006 年版。
② 何帆：《进口是贸易战略的另一只翅膀》，http：//www. doctor-cafe. com。
③ 黄蔚等：《东部"民工荒"向贵州省提出严峻课题》，2005 年 1 月 4 日《贵州日报》。

很好教育的农民子弟又将不得不去从事工资低下的劳动工种，从而在2亿农民中形成了一种恶性循环。这种以将进城农民"打入另册"、牺牲民工的迁居权、定居权、家庭团圆权、子女受教育权、劳动保障权为代价的劳动密集型发展，将给中国国民素质的提高和国民经济持续稳定的发展带来巨大的障碍，也是不可能持续的。不久以前出现的"民工荒"就是一个明显的信号。据报道，从2003年起，广东、福建、江苏、浙江等沿海地区的加工制造企业出现"民工短缺"和"招工难"，2004年第二季度以后，沿海"民工荒"加剧，并向内陆地区蔓延。对于一个拥有8亿农民的人口大国中国来说，出现"民工荒"是出乎人们预料的。对于这种现象，原国家统计局局长李德水认为，局部地方发生"民工荒"现象的根本原因是农民工的工资水平太低。他援引国家统计局对珠江三角洲地区农民工收入的一份调查数据显示，该地区的农民工平均月工资只有600元左右，和他们父辈二十多年前外出打工时的收益水平相差不大，而"不变"的背景却是中国经济9.5%的高增长①。

（六）加剧了中国区域之间的贫富差距

1978年以来，中国对外开放的战略是从沿海到内陆的阶梯型连锁发展形式，让条件较好的沿海地区享受各种优惠政策，迅速实现经济增长，使一部分地区先富起来。先富起来的地区通过直接和间接方式支援落后地区，最终使两者共同富裕起来。在这样的背景下，沿海地区充分利用国家的政策，大力发展出口产业。由于国内原材料、能源的价格仍然处于国家计划控制之内，价格非常低廉，再加上人民币汇率的低估，沿海地区通过利用国内廉价的原材料、劳动力加工成出口产品获取的利润非常丰厚。在出口导向贸易战略的扶持下，大量的中西部人才"孔雀东南飞"，全国多数的资金、资源源源不断地流向东部沿海地区，在"人、财、物"的集聚效应和政策的扶持下，东部沿海地区取得了超高速的发展，内陆地区的地区差距也随之迅速扩大。

以东西部区域为例，1980年东部地区的人均GDP是西部地区的1.7倍，1986年上升到2.0倍，而到了2005年进一步上升为2.5倍。尽管20

---

① 《工资20年几乎不变，李德水解读"民工荒"经济原因》，2005年1月27日新华网。

世纪末已经开始西部大开发，但西部与东部地区人均 GDP 的差距仍然呈现扩大趋势。另据世界银行估计，中国的基尼系数已从 1984 年的 0.3 上升到 1995 年的 0.415；而据中国社会科学院 2005 年社会蓝皮书报告中，2004 年中国基尼系数超过 0.465；按照国家统计局的数据，中国城乡居民基尼系数 2002 年超过警戒线为 0.45，2004 年达到 0.47；而中国社会科学院 2006 年中国社会发展年度报告对 7140 个居民家庭进行的调查，其结论是：2006 年中国的基尼系数达到了 0.496。尽管有关中国目前的基尼系数说法不一，计算得出的结论也不尽相同，但一个基本共识就是中国的基尼系数已经超过了警戒线①，贫富差距已经相当严重。

区域分化的直接结果造成了国内市场和内需产业的需求的约束，造成了中低收入阶层有效需求的不足，并进而使大量的剩余资金转向金融、房地产投机。尽管近几年中国一直强调扩大内需，但国内市场的需求状况却无多大起色。而与此形成对照的是中国商品房价格却大幅度攀升，沿海地区的房地产投机愈演愈烈。这种状况的出现，其原因当然是多方面的，但地区贫富差距的扩大是其中的主要原因之一。

可以说，改革开放 30 年后的今天，当初设想的从沿海到内陆的阶梯型连锁发展形式，即所谓的"雁形"发展模式仍未完全形成，其带来的经济差距不断拉大的负面影响越来越大。靠出口拉动经济增长已经陷入了"小马拉大车"的困境，前景不容乐观。

第四节　出口导向贸易战略调整的必要性

从上面的分析可以看出，随着中国对外开放的进一步加速，国际贸易在中国经济发展中的作用在逐步加大，中国的经济发展和腾飞离不开对外贸易的发展。但另一方面，长期实施的出口导向贸易战略给

---

① 在国际上，通常把 0.4 作为收入分配贫富差距的"警戒线"。联合国有关组织规定：若低于 0.2 表示收入高度平均，0.2—0.3 表示比较平均，0.3—0.4 表示相对合理，0.4—0.5 表示收入差距较大，0.6 以上表示收入差距悬殊。

中国经济带来的负面影响也越来越大。为什么在亚洲"四小龙"经济发展实践得到印证、并在中国改革开放 30 年的实践中得以成功实施的出口导向贸易模式如今却出了问题呢？这里边既有出口导向贸易模式本身的原因，也与中国的国情有关。换句话说，对于今天的中国来说，出口导向的发展战略已经完成了它的历史使命，中国必须适时地调整出口导向贸易战略。

一、出口导向发展模式对于大国和小国的作用是不同的

一般而言，小国因地域狭小，人口总量不大，市场容量较小，必须采取出口导向型经济发展模式。积极扩大外贸出口，就可以使其产品和生产达到规模经济的要求，取得较大的规模经济效益。改革开放以前，中国人均收入水平低下，国内市场非常狭小，购买力非常低下，可以说是一个人口上的大国和经济上的小国。在这种条件下，通过实施出口导向贸易战略可以充分发挥中国比较优势，克服国内市场规模狭小、购买力非常低下的不足，在开拓国际市场中形成一定的规模经济，从而取得较好的经济效益。中国改革开放的成功已经印证了出口导向贸易战略在中国取得了极大的成功。但是，经过 30 年的发展，中国的国力和生活水平得到了极大的提高。当前中国国民的人均 GDP 已经达到 2000 美元以上，相当一部分大中城市已经达到 5000 美元。从国际上的经验来看，当人均 GDP 达到 1500 美元时，消费的经济化现象将逐渐出现，当人均 GDP 达到 5000 美元时，人们的消费行为将发生质的变化。所谓消费经济化就是消费的近代化，即人们的购买欲望迅速提高；而消费行为将发生质的变化是指原来的消费者是精打细算，缺什么才买什么，过了 5000 美元这个门槛，人们将变成"随心所欲的消费者"。按照上述标准，从整体上看，中国国民已经进入消费的近代化，相当一部分大中城市已经出现大量的"随心所欲的消费者"。[①] 这种变

---

① 当然，因为中国存在着巨大的城市和农村差别、沿海与内陆差别、大城市与中小城镇之间的差别，笼统地说中国国民已经进入消费的近代化，相当一部分大中城市已经出现大量的"随心所欲的消费者"可能有些不妥，但单纯从人均数据来看，又可以这样认为。

化意味着中国已经或者正在形成一个巨大的内需市场，中国可以从国内市场中获取规模经济和巨大的经济利益。

由于小国的劳动力、剩余产品、闲置生产资源的数量都比较小，只要出口达到一定规模，就可以在很大程度上解决这些问题。而大国则不然，其庞大的劳动力及剩余产品是无法全部依赖对外贸易来解决的，即使有较大的出口增长，也只能在一个相对小的范围内解决这些问题。2006年，中国有13.1亿人口，其中9.4亿在农村，占人口总数72.5%。中国有7.6亿劳动力，其中5.1亿在农村，占66%。按照中国现有的耕地与经济水平来计算，农村将近有2.7亿的劳动力必须离开土地进入到第二或者第三产业。改革开放以来，中国通过发展乡镇企业和促进劳动力跨区域流动就业以及城镇化的发展，乡镇企业和城市第二、三产业已吸纳"农民工"1.2亿，还有1.5亿农村相对富余劳动力。此外，农村每年还要新增劳动力600万人。这些相对富余的农村劳动力将能使中国在今后相当长的一段时间内保持劳动力的比较优势，然而，目前世界市场上中国制造的劳动密集型商品已经占有很大的比重，再大幅度地增长已十分困难。依靠发展对外贸易来从根本上解决中国农村剩余劳动力的问题已经到了极限，余下的农村劳动力转移及"三农"问题的解决需要从别的思路上去想办法。实际上，刚刚结束的十七届三中全会审议通过了《中共中央关于推进农村改革发展若干重大问题的决定》，从目前公布的有关会议精神上看，透视出中央希望通过农村改革与发展来解决中国内需长期无法提振的问题。

二、经济大国必须拥有比较完整的民族工业体系

从经济效益的角度考虑，日本、欧盟的农业已经完全没有优势可言，美国的纺织、钢铁工业也已经是夕阳产业，但是这些国家无不采取措施保护这些产业，尽管各个国家都有不同的出发点，但是有一点是共同的，那就是这些国家都希望在全球一体化中保持本国产业的相对独立性。尽管全球经济一体化能够带来效益的提高，但由于世界各地还存在着各种不稳定的因素，国家的界限还非常明显，因此，作为一个大国，要想在经济全球化中保持本国的相对独立性，就必须保持

相对完整的民族工业体系。而单纯的出口导向战略使得产业间的分工扩大，一些现代产业甚至一些重要的产业难以作为国民经济发展的目标。中国作为一个独立自主、正在发展中的大国拥有一个完整的工业体系也许短期内是不经济的，但从长远来看却是十分必要的。由于中国与主要西方发达国家政治体制存在着巨大的差异，以美国为首的西方国家仍然保持着冷战时代的思维模式，十分害怕中国强大，一直力图从经济上、军事上抑制中国过快的发展，以便长期保持对中国的优势地位。为了达到这个目的，美国、日本对中国的高技术产品出口一直实行严格的限制，对欧洲解除对中国武器的禁运想方设法进行阻止。在这样的国际背景之下，中国在高科技产品的研发上只能依靠自身的力量。另外，像农业、电信等有关国计民生的战略产业，也必须主要依靠我们自己来加以解决。

依赖大量出口来推动本国经济发展会增加本国经济的对外依赖性，从而丧失经济发展的主动权。无论是发达国家还是发展中国家，在经济发展的过程中，一味地将出口作为经济发展的动力的话，最终可能会降低，甚至丧失本国经济自我发展的能力和抵御外部经济冲击的"免疫力"，从而更容易受到外部市场的摆布，这对一国的长远发展是极为不利的，尤其是对发展中国家而言，这种危害性是很大的。一般来说，一国的对外开放水平受制于其国内经济的发展水平，这决定了一个经济落后的国家即使实行了全面的对外开放，其水平和层次也不会很高，这必然会降低其在开放中所能获取的比较利益。由于在当今世界经济体系中，发展中国家在国际政治经济秩序中处于非常不平等的地位，不平等的贸易地位将使之获利较少甚至无法获利，并且贸易条件不断恶化，从而使这些国家在对外开放中容易陷入比较利益的陷阱。根据目前世界经济的格局，实施出口导向战略的国家和地区无不是在跨国公司全球分工中的一环，这样就很容易使发展中国家的产品所有权、销售权和管理权落入其强有力的控制中。在发展中国家对一些跨国公司失去控制力的情况下，就将危及这些国家的经济安全。东南亚金融危机实际上意味着在跨国公司控制下的出口导向战略走到了尽头。

三、出口导向型贸易战略越来越受到世界市场的制约

亚洲一些国家和地区实施出口导向贸易战略，并取得较大成功，有其特定的历史背景。在东西冷战的背景下，美国为了争取更多的国家和地区，尤其是处于社会主义国家前沿阵地的东南亚国家和地区加入到资本主义阵营，不惜以开放国内市场为代价，对来自这些国家和地区的产品敞开大门。再加上20世纪七八十年代，西方产业结构正处于调整的高潮，一些传统产业逐步退出市场，这使得东南亚一些国家和地区一方面可以接纳发达国家的产业转移；另一方面，又有美国这样巨大的需求市场，从而使得出口导向贸易战略取得了极大的成功。

进入20世纪90年代以来，伴随着柏林墙的倒塌，世界各国的经济体制在逐步走向统一。国家之间的意识形态差异逐步从各国的经济发展战略中淡出，取而代之的是国家及民族的利益，再加上受到亚洲"四小龙"和中国改革开放成功经验的启发，世界上众多的发展中国家和地区纷纷实施出口导向型战略，并加入生产传统产品的行列中。这时，以美国为首的发达国家开始将目光转向国内，对发展中国家开放传统市场的大门也就越来越窄。

目前，就像前面所分析的那样，美国、日本、欧盟是中国的主要出口市场，但受到这些国家持续经济不景气的影响，保护国内产业的呼声越来越高，中国商品不断遭到贸易保护主义的围追堵截。以美国为例，在中国的对外贸易中，美国占据着举足轻重的作用，但目前美国对中国的巨额贸易逆差已经成为两国的主要矛盾之一。美国对中国的贸易逆差与两国的产业结构有密切关系。中国对美国出口主要是以劳动密集型产品为主，并没有直接构成对美国的竞争，也符合美国的利益。但贸易政策并不是一个单纯的经济问题[1]。

在美国经济显露出衰退迹象，美国贸易逆差居高不下的情况下，中美之间的贸易摩擦将愈演愈烈，处理不当，有可能影响到两国的对

---

[1] 何帆：《进口是贸易战略的另一只翅膀》，http://www.doctor-cafe.com。

外贸易关系。尽管中国对美国的大规模出口和巨额顺差是建立在美国巨额贸易逆差基础上的。即美国贸易逆差是因，中国出口导向战略是果，并不存在反向的因果关系。但美国为了转移国内视线，往往会在外国中寻找目标。由于中国对美国的贸易顺差已经在美国的贸易伙伴国中排名第一，加之掺杂着人权、台湾问题，许多美国政客往往会把矛头指向中国，中美贸易争端将在今后几年出现升温的趋势。这也正是引起我们对中国出口导向战略可持续性担忧的主要原因之一。

四、出口导向型贸易战略的政策手段受到 WTO 规则的约束

作为一个贸易大国，中国贸易行为往往受到国际贸易参与方的高度关注，并导致贸易争端显著增加。正像前面所论述的那样，随着中国出口规模的扩大和出口结构的变化，中国同贸易伙伴间的摩擦将趋于频繁化、长期化。由于东亚式的出口导向型战略实质是偏向国外市场销售的一整套"奖出限入"的措施组合，然而根据 WTO 协议要求，以补贴为代表的"奖出"和以关税为代表的"限入"都被严格限定在极小范围内，从而使出口导向型战略的基础受到削弱。

世界银行副行长约瑟夫·斯蒂格茨认为"中国过分依赖外需的战略已经表现出局限性，如果这一问题不加以解决，就可能在下一个 10 年中导致发展的中断"。这表明，大国经济发展规律以及 WTO 协议限制都预示出口导向型工业化战略在 21 世纪初期必须终结，取而代之的是平衡型贸易战略，即适度的出口导向与有效的进口替代相结合、以关税和汇率杠杆为主要调控手段的兼容战略。这一战略的政策隐含着废除亏损出口、行政指令出口、高额补贴出口的政策诱导机制，对部分幼稚产业实行战略性、动态性保护，从政府优先国内采购、科研补贴等方面对高新技术装备工业等实施进口替代扶持[①]。

---

① 贺文华：《中国东部、中部和西部外贸依存度比较分析》，《重庆工商大学学报》2007 年 9 月。

五、出口导向贸易模式不适用西部内陆地区

中国是一个拥有 960 万平方公里国土面积的大国，而西部地区就占据一半以上。要实现中国的现代化和全体人民生活水平的小康，加快西部地区经济发展是中国今后实现可持续性发展的关键。由于历史和自然条件等原因，西部地区经济基础薄弱，总体经济发展水平明显落后于东部沿海地区。在对外经济贸易发展的规模和水平上，同东部沿海地区相比，西部地区存在不小的差距。

受东部成功经验的启发，借助国家"三沿"开放战略的实施，从20 世纪 90 年初开始，西部内陆地区也在追求从面向区域内市场为主的产业结构向面向外国市场为主的产业结构的过渡。但是，对于西部地区来说，指望通过大力引进外资发展出口型产业来实现地区振兴存在着致命的地理障碍。2007 年，沿海地域的总出口量和引进外资金额分别占全国的80% 以上。仅广东一省的出口总量就约占全国的1/3，从这个结果来看，在引进外资和发展出口产业上沿海地域存在着绝对的优势。

由于当今世界经济发展的中心及主要出口市场集中分布在太平洋沿海地域。受地形的影响，从西部地域出口到国际市场上将要承担相当大的运输和市场信息成本。在此基础上，要想培养出具有国际竞争力的产业具有相当大的局限性。因此，西部地域的出口产业只能是局限于一部分具有高附加值的制造业上。

中国的能源和原材料矿产资源主要分布在西部，加工生产能力和人口集中在东部。东南沿海出口加工工业多年的高速发展，构造了一个资源在西部、加工在东部、市场在国外的梯度布局。在过去相当长的一段时间里，面对东西部经济的不平衡发展，人们把希望寄托在所谓"梯度理论"，即沿海加工工业发展到一定程度，当地土地、资源和劳动力成本提高，资本自动由东向西转移。实践的结果，虽然确有少数资本向西部转移，但是，在劳动力自由流动的条件下，"梯度理论"反而逐渐销声匿迹了，代之而起的是西气东输、西电东输、西油东输、西煤东运和进一步大规模的"西人东流"——越来越多的农村青年从

中部、西部、北部到东南沿海打工,与此同时更多西部的高层次人才也逐渐向东部流失,出现了"孔雀东南飞"的现象。

鉴于以上的原因,无论是通过沿海区域的出口导向型贸易模式还是西部地区自身去发展出口导向型贸易模式都存在着极大的局限性,西部地区的经济发展必须选择新的发展模式。

第六章 中国对外贸易增长方式转变的路径选择

从前面的论述中，我们可以看出，一国采取什么样的对外贸易发展模式是由本国的发展阶段及所处的国际环境决定的。自20世纪70年代末实施改革开放以来，中国经济保持了二十多年的高速经济增长，这种增长在很大程度上是依赖于资源的消耗与外延式的扩张。这种扩张目前遇到了两大瓶颈：一是国内资源已经无法满足这种扩张的要求，二是依靠鼓励出口的外向型政策受到了WTO规则的制约和国外市场潜力有限的限制。要解决中国经济增长目前面临的困难，必须及时调整现行的经济增长模式，实现由外延型向内需型、由粗放经营型向技术效率型、由规模的扩张向结构高级化的转变。在这个转变过程中，作为拉动中国经济增长三驾马车之一的对外贸易应该发挥其重要的作用。在外延型扩张经济增长的背景下，对外贸易的作用与功能比较单一，其主要作用是大力出口以实现经济规模的扩张。与此不同的是，在推进结构高级化和促进技术进步、效率全面提高的过程中，对外贸易的作用应该具有多元性。其中最重要的是通过对外贸易，使得中国的经济发展能够充分利用国内、国外两个市场与资源，以此来解决中国经济发展中资源、资金、技术的约束，提高劳动生产率和促进技术进步，实现经济的可持续性增长。由于目标的多元化，新时期对外贸易模式也必须是多元化战略的综合运用。

根据现有大国的经济现代化经验，与三次产业结构演变规律相适应，可以将经济现代化进程划分为从农业大国到工业对外贸易大国、工业对外贸易大国到工业对外贸易强国、工业对外贸易强国到服务业大国三个阶段，这大致应该对应工业化初中期、工业化中后期和后工业化社会三个时期①。根据前面的分析，中国已经完成了从一个相对封闭的小农经济国家向工业贸易大国的过渡，基于这个基本国情的判断，意味着中国经济现代化进程开始步入第二阶段——从工业对外贸易大国到工业对外贸易强国转变阶段。因此，接下来中国国民经济及对外贸易的主要任务是实现由贸易大国向贸易强国的过渡。上述贸易强国的标准及中国与贸易强国的差距，也是中国对外贸易面临的任务和今后的努力方向。

第一节　对外贸易增长方式转型的基本思路

一、经济增长的概念与类型

经济增长方式是与经济增长联系在一起的。经济增长本身是一个客观存在的过程，经济增长方式则体现了人们对这一增长过程的总体特征的看法和评价。当经济增长只有一种方法或途径时，就不会产生经济增长方式这样的概念，正是由于不同国家和同一国家在不同时期的经济增长呈现出了多样性的特征，才有了经济增长方式这样的概念②。

经济增长的本质是一种经济中全体国民的人均产出和人均收入的增长。也就是说，衡量经济增长的绩效指标是全体国民的人均产出和人均收入。尽管现行的国民生产总值和国民收入核算存在许多不足，但在可替代的人均经济净福利（Net Economic Wealth）或人均绿色GDP可计算之前，全体国民的人均产出和人均收入仍然是衡量经济增长绩效的关键指标。在经济增长的过程中，推动经济增长的各种要素、各种资源的组合和配置在不断的发生变化，这种不断变化的组合就是所

---

① 陈佳贵、黄群慧：《工业大国的战略选择》，《经济参考报》2005年2月5日。
② 宋利芳、刘燕：《经济增长方式及其转变的途径》，中国宏观经济信息网2004年7月15日。

谓经济增长方式。换句话说，经济增长方式是生产要素的分配、投入、组合以及使用方式，它决定着生产力的整体效能和发展情况，可以较为准确地反映出经济增长的实质内涵。

由于要素、资源的组合方式不同，以及不同要素在经济增长中的作用不同，经济增长呈现出了不同的特征，从而有了不同的经济增长方式。经济增长方式基本上是根据经济增长的源泉差异区分的。经济增长来源于两个方面：一方面是要素投入的增长，另一方面是要素使用效率的提高。按照马克思的观点，经济增长方式可归结为扩大再生产的两种类型，即内涵扩大再生产和外延扩大再生产。外延扩大再生产就是主要通过增加生产要素的投入，来实现生产规模的扩大和经济的增长。而内涵扩大再生产，主要通过技术进步和科学管理来提高生产要素的质量和使用效益来实现生产规模的扩大和生产水平的提高。现代经济学根据上面提到的经济增长来源不同将经济增长的方式分成两类，即粗放型经济和集约型经济。粗放型经济增长方式是指主要依靠增加资金、资源的投入来增加产品的数量，推动经济增长的方式。集约型经济增长方式则是依靠提高生产要素的质量和使用效率，通过技术进步、提高劳动者素质、提高资金、设备、原材料的利用率而推动经济总量不断扩大的发展方式。经济增长理论一般用全要素生产率的提高来概括集约型增长方式。

丹尼森把对经济增长起作用的因素归结为五类：（1）劳动投入在数量上的增加和质量上的提高；（2）资本和土地投入在数量上的增加和质量上的提高；（3）资源配置的改善；（4）规模的经济；（5）知识进展和它在生产上的应用。在他看来，资本、劳动和土地等投入要素质量的提高，及（3）至（5）类因素属于全要素生产率的范畴。在相同的生产要素投入中获得更多的收入，就要用这种全要素生产率的增长来说明。这种全要素生产率指标可以说是评价增长方式的重要评价指标。在丹尼森的分析框架中，资源配置的改善和规模经济属于过渡性因素，唯有知识的进展、技术的进步能持续地对经济增长作出贡献。这意味着随着经济的增长，技术进步因素将越来越成为集约型增长方式的主要说明因素①。

二、集约型对外贸易增长方式的基本内涵

目前有关集约型对外贸易增长方式的文章很多，但对于集约型对外贸易增长方式的具体含义却缺乏一个统一的内涵，根据上面有关集约型经济增长方式的定义，借鉴国内外国际贸易学者的论述，我们认为集约型对外贸易增长方式主要包括以下几个方面的内容。

首先，从对外贸易的增长主要是依靠进出口劳动生产率的提高、技术的进步、设备及原材料的利用率提高、资金及设备效率提高等一系列组合方式带来的，而不是主要依靠资源、原材料等物质要素和资本投入总量的增加带来的。在影响对外贸易增长的决定因素中，既包括劳动力、原材料、能源等物资资本，也包括人力资本、知识、技术进步等非物质资本。由于劳动、土地、能源等物质资本的要素受规模收益递减规律的制约，因此不可能决定长期经济增长。而知识、信息、人力资本、技术进步等非物质资本的要素具有规模收益递增效应、外溢效应，因此能够在一个较长的时间内持续地促进对外贸易的持续增长。像美国、日本、德国等贸易强国对外贸易增长的一个标志是，人均贸易额和人均收入的增长率主要归功于各种资源等物资要素投入质量的提高而非投入数量的增加。换句话说，贸易强国集约型对外贸易增长更多看重效率的提高、单位投入的更高产出、知识和信息作用的提高，以及有效利用这些知识和信息的制度性安排②。

其次，对外贸易增长主要是由结构优化升级带动的，而不是主要依靠数量扩张带动的。根据经济发展的规律，随着经济发展水平的提高，生产结构将逐步提高；而产业结构的变动又反过来推动经济增长的转型。表现在对外贸易商品上，就是对外贸易商品原材料、农产品工业过渡，轻工业商品向重工业商品过渡，货物贸易商品向服务贸易

---

① 洪银兴：《经济增长方式转变研究》，《江苏社会科学》2000 年第 2 期。

② 樊明太：《怎样才算实现经济增长方式转变》，http：//www.jfdaily.com，2006 年 12 月 11 日。

商品过渡，低技术含量商品向高技术含量商品过渡。

再次，从对外贸易增长向资源循环利用和提高资源利用效率、环境得到有效保护转变。由于资源消耗和污染产生会影响到经济的可持续性发展，集约型对外贸易增长方式可以在减少资源利用及环境污染上促进对外贸易持续稳定的增长。

最后，对外贸易增长促进要素资源向大型企业、跨国公司集中，而不是主要依赖于政府政策的作用。大型企业、跨国公司是推动对外贸易增长的主导力量，企业的创新和发展是对外贸易经济增长方式转变的最根本的动力机制。没有以大型企业、跨国公司为主导的企业主导，对外增长必然是粗放式的增长，尽管政府主导的贸易政策可以在特定条件下暂时推动对外贸易的快速增长，但其潜在负面效应也很明显，并且这种增长是难以持续的。

三、实现集约型对外贸易增长方式的基本思路

根据上面集约型对外贸易增长方式的基本内涵，中国实现对外贸易增长方式由粗放型向集约型转变的基本思路是：对外贸易的增长应该着眼于劳动、资金、设备、原材料利用率的提高，以技术的进步来促进产业结构的升级，不断通过市场化的推进来优化生产要素，促进生产要素向大型企业、跨国公司集中。而转换的动力是产业结构升级、技术进步和生产要素利用效率的提高。

第二节　中国目前粗放型贸易增长方式的不可持续性

正如前面指出的那样，无论是贸易增长还是贸易的转换都需要有动力。与从农业大国到工业对外贸易大国可以在短期实现转换不同的是，贸易大国向贸易强国的转换则是一个漫长的过程。因此，前一种转换既可以采取非持续性增长方式，也可以采取可持续性增长方式，但是后一种转换只能是采用可持续性增长方式。

改革开放以来，为了加快对外开放的步伐，在短时间内实现经济与国际贸易的发展，中国采取了粗放经营与数量扩张相结合的粗放式的增长方式。这种非持续性增长方式使得中国对外贸易在短时间内获得突飞猛进的发展，在短短的 30 年中，中国一跃成为世界第三大贸易大国，并推动着国民经济高速地向前发展。但是，由于长期维持粗放式的对外贸易增长方式，中国的外贸虽然数额巨大，但贸易结构和创利能力不尽合理，国民从对外贸易中获得的福利越来越少，贸易的动力也在逐步丧失。

中国贸易经济增长方式是高投入、高消耗、高污染、低效益的粗放经营型与数量扩张型，这突出表现在以下几个方面。

一、资源、能源消耗巨大

中国现存的对外贸易结构，是以资源高投入、高消耗为支撑的低质量、低效益的传统贸易发展模式，产品对能源、资源依赖程度很大。2007 年，中国的 GDP 和出口总额约占全球的 7%，人均 GDP 为 2280 美元，而支撑全球 7% 的 GDP 和 2280 美元的人均 GDP 却耗费了全球 50% 的水泥、35% 的铁矿石、34% 的钢铁、30% 的煤炭、近 20% 的铝和铜、13% 的电力以及 8% 的石油。产出的经济总量和投入的资源总量显然不成正比[①]。从经济总量和对外贸易量来说，中国经济单位产出对资源消耗过大是一个不争的事实。按照目前的资源和能源单位消耗量，就是全世界的资源和能源都供给中国，也将供不应求。

二、环境污染十分严重

中国的出口产品中，对生态和环境影响较大的初级产品以及污染较重的中间产品和制成品（如化工、农药、印染、制药等）占较大比重，尤其是一些外向型中小企业盲目开发高污染产品的出口，给生态环境造成严重破坏和污染，主要污染物排放总量超过环境自净能力。

---

① 当然，这是按照名义汇率计算出的 GDP 总量，其能否真实地反映中国经济的实际发展水平存在着一定的争议。

废水排放总量增长迅速，污染物排放总量超过水环境容量，水污染已经呈现出从支流向干流延伸、从城市向农村蔓延、从地表向地下渗透、从陆地向海洋发展的趋势。而地处中国改革开放前沿阵地的太湖领域在 2007 年 5 月份爆发的无锡蓝藻事件的重要原因之一就是太湖水体中的磷含量急剧上升，导致湖水中的氮、磷含量的比值降至 15—20 倍时引起的。

中国土地沙漠化的发展速度惊人，20 世纪 50—70 年代，年增 1500 平方公里，80 年代年增到 2100 平方公里，90 年代末年增到 3460 平方公里，现在总面积已达 267.4 万平方公里。目前，每年土地退化、沙化面积仍在以 3000 多平方公里的速度继续扩展，相当于一个县的土地面积，每年因沙漠化造成的直接经济损失超过 540 亿元。中国受重金属污染的土壤面积达 2000 万公顷，占总耕地面积的 1/6；受工业"三废"污染的农田近 700 万公顷，粮食因而每年减产 100 亿公斤。有资料显示，华南地区有的城市有 50% 的耕地遭受镉、砷、汞等有毒重金属和石油类的污染。长江三角洲地区有的城市连片农田受镉、铅、砷、铜、锌等多种重金属污染，导致 10% 的土壤基本丧失生产力。

三、出口产品科技含量、档次和附加值低

在目前中国出口商品结构方面，虽然工业制成品所占比重已远远超过初级产品，但各自的内部结构仍然是低级化的，出口大部分是一些加工程度低、附加值低的粗加工制成品和劳动密集型产品，多数资本、技术密集型的精加工产品在国际市场上没有足够的竞争力。从绝对比例上来看，中国高技术商品的出口比例在 30% 左右，低于贸易强国 10 个百分点。不仅如此，由于中国加工贸易比例达到 50% 以上，相当一部分所谓的高技术商品的出口只不过是在大量进口国外零部件的基础上进行再加工，进行"组装"而已，这一点在计算机产品出口中十分明显。因此，虽然没有准确的数据，但真正纯中国产的高技术出口商品肯定远远低于数据上表明的水平。

四、出口商品结构水平仍然偏低

中国对外贸易发展过程中长期存在着重数量、轻质量，重速度、轻效益的倾向，从而形成了规模不经济、产业结构优化缓慢的粗放型增长方式。从贸易商品结构上看，货物贸易发展迅速，服务贸易发展滞后；从出口商品结构上看，中国出口的工业制品大部分是劳动密集型的低附加值产品，而国际市场上需求旺盛的技术密集型和加工程度高的产品却是中国的弱项；从贸易结构方式上来看，中国出口商品的一半是加工贸易商品，特别是机电产品出口的 2/3 以上是通过加工贸易实现的，而中国的加工贸易还处于低级阶段，其特点是"两头在外，大进大出"，中国的企业只是发挥了劳动力资源的优势；从贸易模式结构来看，中国的对外贸易的格局主要是以传统的国际贸易理论为基础，突出中国与贸易伙伴之间的互补性，而建立在规模竞争、不完全竞争等现代生产方式基础上的产业内贸易水平仍然不高。

由于结构低级化，使得中国对外贸易缺乏长期的利益动态，联动作用不健全，产业及经济的国际竞争力得不到实质性、根本性提高，对外贸易的微观、宏观经济效益都受到影响，在一些产业甚至陷入了一种"贫困化增长"，这与中国希望通过发展对外贸易，带动国民经济快速发展，实现经济赶超的初衷是相悖的。

从以上分析可以看出，虽然进出口总额逐年递增并跨入世界贸易大国的行列，但外贸发展过程中的速度与效益（包括宏观经济效益与微观经济效益）、出口总量与结构优化、出口竞争力与参与国际市场激烈竞争的客观要求等一系列矛盾尚未解决，从而导致整体外贸经济效益不高，概言之，中国外贸虽然"量"在高速增长，但"质"仍然是低层次的，大量资源耗费在"广种薄收"的粗放型增长上。

上述问题的存在，决定了现阶段中国对外贸易方式缺乏可持续性。当前，中国已经成为事实上的世界工厂，每年为世界市场供应大量的产品，但由于中国的出口产品大多仍然停留在国际价值链分工的低端，中国制造业凭借低廉的劳动力成本形成的国际比较优势，在国际上迅速取得一定的市场地位，劳动力的低成本造成中国制造业的国际低价格，致使中国从制造业发展中的获益非常有限。另外，中国制造业的高速发展也对中国的能源、资源安全带来严峻的挑战。在当前全球能源、资源紧张的情况下，中国如果不能实现经济增长方式的转换，就很难实现经济与国际贸易的可持续性发展，因此，中国必须按照可持续发展和实现贸易强国的要求，加快传统贸易经济增长方式和发展模式的转变，从现有以资源环境消耗型为基础内容的粗放型经济增长方式，转向以资源环境节约型为基本内容的集约型经济增长方式，实现对外贸易与资源、生态环境的协调发展。

第三节　转变对外贸易增长方式的具体路径

从上面的分析中可以看出，实现从贸易大国向贸易强国的转变是中国对外贸易在今后相当长一段时间内的主要任务，要实现这种转变不可能一蹴而就，需要从事外经贸的有关部门和企业长期不断的艰苦努力，因而采用的增长方式也必须改变，由目前的非持续性增长方式向可持续性增长方式转变。

一、对外贸易可持续性增长方式的路径与目标

对外贸易可持续性增长方式的路径与最终目标是实现中国从贸易大国向贸易强国转变，充分发挥对外贸易在经济增长中的作用。从前面的分析中可以看出，判断一国是否是贸易强国主要是依赖于贸易品牌、贸易条件、贸易主体和贸易结构四个方面来判别，而其中最主要的是贸易结构和贸易条件，其次是贸易品牌和贸易主体。在贸易结构中，中国的主要差距是高新技术产品出口比重；在贸易条件中，中国的差距主要在人均贸易额和净贸易条件；而在贸易品牌中，世界500强企业数和世界品牌100强的拥有数中国表现出巨大的差距；在贸易主体上，中国的对外投资规模水平还比较低。因此，中国实现从贸易大国向贸易强国转变的关键就是改善中国的贸易结构和贸易条件，尽快培养一大批在国际市场上具有较强竞争力的跨国公司和品牌商品，

在引进来的同时，加快对外投资的步伐。

人均贸易额的提高有两条途径：低层次数量上扩张及高层次附加价值的扩张。净贸易条件的改善、世界品牌 100 强的拥有数依赖于对外贸易商品的档次，而世界 500 强企业数与对外投资的规模依赖于企业的竞争能力。因此，中国与贸易强国的差距可以归结为商品的档次及企业国际竞争力。换句话说，中国在实现从贸易大国向贸易强国转变的过程中，关键所在是应该不断提高企业的国际竞争力和对外贸易商品的附加价值。

二、如何提高国际竞争力和对外贸易商品的附加价值

国际竞争力和对外贸易商品的附加价值提高是一个长期的过程，并且需要一定的转换动力。这种动力主要是产业结构、国内需求结构、贸易结构与外部的政策相互作用而形成的。中国目前的贸易增长动力是建立在劳动力基础上的比较优势，贸易结构的主导是劳动密集型产品①。但是随着劳动密集型商品出口数量的不断扩大，对外贸易在给中国经济带来巨大增长动力的同时，中国的贸易条件在不断恶化，形成了"增产不增收"的局面。贸易条件的恶化预示着低价劳动力优势的潜力在不断降低，支撑贸易增长的动力在下降。这既是由于贸易增长动力没有随着贸易增长阶段变化相应转换造成的结果，同时也进一步说明比较优势面临着向高级化转换的需要。因此，如何将现有的比较优势转变为长远的竞争优势，则是实现由粗放型向集约型对外贸易增长方式的转变的重心所在。

三、中国贸易结构及产业结构优化

对外贸易增长方式的转变有赖于产业结构调整。一般来说，低层次的产业结构往往采用的是非持续的经济增长方式，而高一级的产业结构主要采用的是持续的经济增长方式，因此可以说对外贸易增长方式转换的问题就是一个对外贸易商品结构的升级问题。世界经济进入

---

① 周新庄：《中国贸易前景、结构及汇率机制》，http：//www.jjxj.com.cn。

21世纪的新发展时期，国际经济贸易发展的基本态势，是国际贸易结构的提升和高级化。这种国际贸易结构的提升和高级化则是与产业结构的优化与升级互为表里的，尤其是以信息技术为主导的高新技术产业发展推动了世界产业结构的提升和高级化。从其发展趋势来看，有以下突出特点：一是传统初期产品比重下降，工业制成品比重持续上升；二是新技术革命推动了传统产业向高度化方向发展，高新技术产品出口高速增长，非高新技术产品比重下降；三是现代化服务贸易迅速发展，知识型服务业成为拉动经济增长的主导产业。

上述国际贸易结构的变化特征，就为中国贸易结构及产业结构优化与升级指明了方向，这就是说，要顺应世界经济结构和国际贸易发展的变化趋势，扩大中国外贸在国际市场上的占有份额，提高中国国际贸易竞争力，促进中国经济结构及产业结构的调整和从优化的总体要求出发，实施外贸结构优化与升级战略。具体来说，就是以动态比较优势理论为指导，大力培育和发展动态的比较优势；在追求对外贸易竞争力的同时，不断提高出口商品的贸易利润率；不断提高劳动密集型产业附加价值，积极培育具有发展潜力的资本密集型、技术密集型产业，从而实现贸易结构的进一步升级。

四、对外贸易增长方式转变的具体行业选择

在具体产业选择上，既要保持中国中低端产品或生产环节的国际竞争力；又要提高和实现中高端产品或生产环节的国际竞争力，从而在提高国际竞争力的同时实现贸易增长方式的转变。在此过程中，要掌握和利用比较优势动态变化的规律，一方面稳定和延续中低端产品或生产环节的比较优势，保持出口贸易的数量增长；另一方面又要创造和积累中高端产品或生产环节的比较优势，扩大其产品出口，达到改善贸易结构，提高贸易质量的目的。

目前，中国在继续实现工业化的过程中，发达国家已出现从工业经济向知识经济的结构转换，导致中国经济在旧二元经济尚未完全转换的情况下，又出现了新二元经济结构，即以成熟技术为基础的传统工业、农业和以创新科技为基础的新兴产业（包括高新技术制造业和

高知识存量的服务业）并存的格局。

在这种情况下，中国向贸易强国的转换应该顺应这种全球化的趋势。考察中国的对外贸易发展历程，可以发现一个问题，即出口竞争力和劳动生产率作为指导出口产业发展的两种基准，存在着两难选择。劳动生产率持续、快速地上升，才会带来动态的贸易利益。基于比较优势基础上的出口竞争力，带给我们的只能是静态的贸易利益。对于出口竞争力和劳动生产率的不同组合共有四种：出口竞争力和劳动生产率都弱；出口竞争力强，劳动生产率弱；出口竞争力弱，劳动生产率强；出口竞争力和劳动生产率都强①。

根据中国在 2020 年全面实现小康社会宏伟目标，需要保持经济长期稳定的高速增长率，也就是要充分发挥外贸的"发动机"作用。在这样的背景之下，出口竞争力和劳动生产率都弱的组合理应抛弃或者转移到比中国更为落后的周边国家中去。鉴于中国经济发展水平仍然很低、就业压力比较大、农村劳动力数量庞大这样的现实，对于出口竞争力和劳动生产率都强的出口产业目前不切合我们的国情，在相当一段时间内难以达到。因此，现阶段中国对外贸易产业的合理而又现实的选择是大力发展出口竞争力强、劳动生产率弱及出口竞争力弱、劳动生产率强这两类组合上。前者主要满足中国经济发展及对外贸易量方面的要求，后者主要满足中国持续经济增长的要求，两者相互促进，共同提高。

在具体行业选择上，对于目前已经具有很强出口竞争力，而劳动生产率增幅较小或下降的服装纤维、杂品、家具等劳动密集型产业，应该把"提高劳动生产率"作为发展标准，挖掘增加劳动绩效的手段；而对于目前劳动生产力较强、出口竞争力仍然比较弱的汽车、机械电子等资本技术密集型产业，则应该把"提升出口竞争力"作为发展标准。通过促进出口竞争力和提高劳动生产率的相互配合，保证中国对外贸易在实现数量扩张的同时，实现"技贸相长"的良性循环，这也是中国对外贸易实现由大变强的最终取向。

---

① 李玉举：《中国经济时报：转变外贸增长方式面临新要求》，http：//theory. people. com. cn。

第四节　对外贸易持续增长的可能性与中国
实现贸易强国的基础条件

从上面的议论可以看出，中国已经是世界上名副其实的贸易大国，但离贸易强国还有相当一段的距离。从发展阶段来看，中国接下来的目标是实现从贸易大国向贸易强国过渡。那么，中国是否能够通过外贸增长方式的转变，实现对外贸易的持续增长，从而为顺利实现由贸易大国向贸易强国过渡的可能性呢？

无论是对外贸易的持续增长，还是从贸易大国到贸易强国的过渡，都需要自身具有一定的基础条件和优势，同时也要充分利用外部条件，以实现优势互补。从目前中国所处的国际环境及国内现实条件来看，中国完全具备了通过转变对外贸易增长方式，实现对外贸易的持续增长，最终实现从贸易大国向贸易强国转变的基础条件。

一、中国经济具有高速持续增长的内在动力

改革开放三十多年来，通过不断地扩大开放和进行市场化的改革，中国已持续近 30 年以年均 9.5% 左右的高速增长，远远高出世界上平均 3% 的增长水平。中国经济的综合国力已经名列世界第 4 位，人均 GDP 已经超过 2000 美元水平，初步达到了中等发展中国家的平均水平。尽管 2008 年中国经济遇到了自然灾害、金融危机、企业大量亏损甚至倒闭困境，经济增长速度下落到近年的低点 9% 的水平，但目前正在中国进行的两大转移及制度变革仍然可以在较强的一段时间内维持中国经济继续快速发展的动力，3%—6% 的经济增长速度仍然有望保持 15—20 年左右的时间①。

---

① 有关中国未来一段时间内仍然还有继续增长的动力，国内外专家已经有很多的论述，如北京大学教授海闻认为：中国至少还可以高速增长 20 年，当然，这种高速是相对的，年增长率大概在6%—10%之间（经济高速增长至少还有 20 年，2006 年 9 月 6 日《扬子晚报》）。

首先，农民向城市的大转移将源源不断地为中国的经济发展输送劳动力和消费需求。根据发达国家的经验，要完成工业化必须完成农民向城市的转移。农民在农村自给自足，需求不旺，但进入城市将对教育、住房等产生巨大的需求，有需求经济就会发展。中国农村劳动力资源是非常丰富的，目前仍然有一半以上的人生活在农村，这部分农村劳动力成本很低，可以支撑中国今后在一段相当长的时间内维持劳动密集型产业的竞争力，而这个过程大约可以维持 20 年。换句话说，如果中国还需要 20 年的时间把农村人口降到 20%，那么中国在这20 年中还有劳动力成本的竞争力[1]。

其次是全球产业向中国大转移。外资看中中国庞大的市场、廉价劳动力和高速增长的经济，将产业不断向中国转移。近十多年来，中国每年利用外资 500 多亿美元，是发展中国家吸收外资最多的国家。进入 2008 年以后，伴随着发达国家的经济衰退及金融危机，中国经济高速增长的吸引力越来越大，外资对中国的投资呈现增长的趋势。虽然由于经济增长带来了国内劳动力价格的不断上涨，但与发达国家相比，甚至与泰国、马来西亚等周边发展中国家相比，中国的劳动力价格仍然偏低，仅为他们的几分之一或者二十几分之一，所以劳动力优势可以维持几十年，这样全球产业仍将不断向中国转移，保持中国经济的快速发展[2]。

二、中国有着潜力巨大的市场

随着中国经济的持续高速发展，中国一直被国际舆论公认为"世界最大的潜在市场"。经过三十多年的高速增长，中国的经济发展已经具备一定的基础。2007 年，中国社会商品零售总额为 89210亿元，成为世界上仅次于美国、日本的第三大市场。13 亿人的购买力市场规模产生的内需将成为未来经济增长的主要动力，也是世界上

---

① 据国际上的经验，一个国家的经济要想真正完成起飞，它的农村人口一定要降到20% 甚至以下。

② 龙永图：《两大转移可保中国经济快速发展几十年》，新华网 2008 年 10 月 7 日。

任何国家无法比拟的。在这方面，中国有得天独厚的条件，未来20年中，中国国内的市场会扮演越来越重要的角色。如果说外贸外资是推动中国前30年经济起飞的第一节火箭的话，国内市场发展所产生的巨大需求将会成为中国未来经济继续快速增长的第二节火箭。不仅如此，巨大的市场意味着我们可能具有更大的市场权力，有更多讨价还价的余地，有更强的市场谈判能力，从而成为国际贸易市场价格的主导者，而不是价格接受者。充分发挥中国巨大的市场潜力，就可以推动以市场换技术、以市场换资源，引进更多高水平外资，建立稳定的资源供应地。

三、不断持续的制度改革将带来源源不断的创造力

中国的经济体制改革是从农村开始的，伴随着农村联产承包责任制的深入实施，中国农村的生产力得到了极大的释放，农村经济呈现出巨大的活力，并成为拉动中国经济转型的突破口。20世纪80年代末的国有企业改革及90年代初的市场经济转型，大大提高了企业经营自主权和市场化的程度，极大地刺激了各类企业的赢利冲动，进而极大地促进了企业参与市场的程度及生产效率的提高。而2001年加入世界贸易组织又促使中国企业在更深、更广、更高的层次上参与全球分工，并迫使中国企业参与全球竞争，并在竞争中获取了巨大的利益，推动了中国经济在加入世贸组织后的7年时间里保持10%以上的增长速度。改革开放产生的制度变迁给中国带来了巨大的创造力，极大地促进了中国生产力水平的提高。目前，中国正在从计划经济向市场经济转型，市场化改革正处于一个攻坚阶段：农村的市场化还只刚刚起步。国有企业中还存在许多垄断行业，行政管理还没有完全适应市场化的需要，服务领域的国内市场开放还有许多壁垒，这一切损失了很多效率。建设完全的社会主义市场经济是一个漫长的过程，需要相当一段时间的适应和调整。制度的改革和变迁可以继续提高我们的生产率，这方面还有很多潜力可挖。

四、丰富的人力资源

中国是一个拥有 13 亿人口的大国，人口众多，劳动要素存量巨大。巨大的劳动力形成了庞大的劳动力增量，而不断扩大的增量又反过来不断转化为存量，如此循环累积，形成了中国庞大的劳动禀赋及劳动要素无限供给的局面。表 6-1、图 6-1 是中国 1980—2006 年间劳动要素禀赋存量及其价格的变化情况。从表中可以看出，中国的人口及从业人员一直呈现增长的态势，2006 年的从业人员达到 7.64 亿人，是世界上人力资源最为丰富的国家。从理论上讲，经济增长带来劳动力成本的上升，这是一个不可避免的规律。但表 6-1 显示，1980—2007 年的 20 多年间，虽然名义工资涨了几十倍，但是以 1979 年价格衡量的实际工资提高得并不多，只提高了 12.7%，这说明中国的劳动力还远没有达到充分利用和短缺的程度。虽然近年来东南沿海地区"民工荒"的持续存在及其引发的工资提高，似乎暗示着中国的廉价劳动力优势正在发生改变，但并不代表劳动力成本会从此开始大幅上升。

表6-1　中国劳动力要素禀赋及其价格变化（1980—2006 年）

年份	年底总人口（万人）	从业总人员（万人）	平均货币工资（元）	货币工资指数（上年=100）	平均实际工资指数（上年=100）
1980	98705	42361	762	114.1	106.1
1985	105851	49873	1148	117.9	105.3
1990	114333	64749	2140	110.6	109.2
1991	115823	65491	2340	109.3	104.0
1992	117171	66152	2711	115.9	106.7
1993	118517	66808	3371	124.3	107.1
1994	119850	67455	4538	134.6	107.7
1995	121121	68065	5500	121.2	103.8
1996	122389	68950	6210	112.9	103.8
1997	123626	69820	6470	104.2	101.1
1998	124761	70637	7479	106.6	107.2

年份	年底总人口 （万人）	从业总人员 （万人）	平均货币工资 （元）	货币工资指数 （上年＝100）	平均实际工资指数 （上年＝100）
1999	125786	71394	8346	111.6	113.1
2000	126743	72085	9371	112.3	111.4
2001	127627	73025	10870	116.0	115.2
2002	128453	73740	12422	114.3	115.5
2003	129227	74432	14040	113.0	112.0
2004	129988	75200	16024	114.1	110.5
2005	130756	75825	18364	114.6	112.8
2006	131448	76400	21001	114.4	112.7

资料来源：根据《中国统计年鉴》各年相关数据整理而得。

注：平均实际工资指数是职工平均实际工资扣除物价变动因素后的职工平均工资。职工平均实际工资指数是反映实际工资变动情况的相对数，表明职工实际工资水平提高或降低的程度。

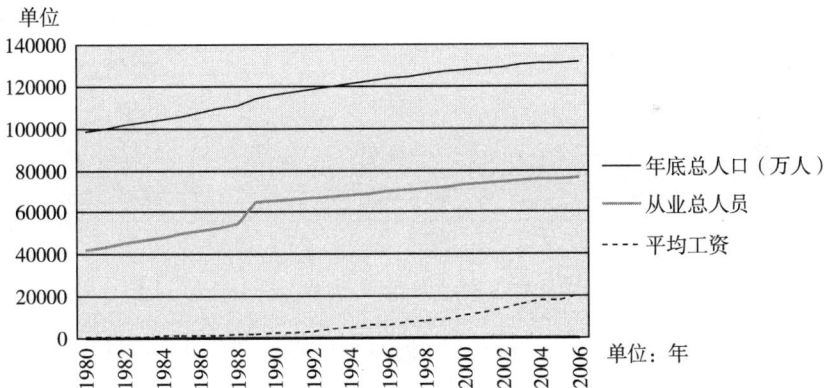

图6－1　中国劳动力要素禀赋及其价格变化（1980—2006年）

应该看到，尽管在沿海地带，劳动力成本有所提高，劳动密集型的优势在逐步丧失，但在内地，比如东北、西北、西南等地，劳动力成本还是非常低的。表6－2是东部、西部和中部地区的就业人员劳动报酬比较表。东部地区以北京、上海、广州、深圳为代表，西部地区以甘肃和贵州两省为代表，中部地区以江西和湖北两省为代表。根据各省市统计局网站2007年的最新数据显示，东部地区北京以46507元的就业人员的平均劳动报酬位于全国最高，而广州、深圳、上海的平均劳动报酬也较高，分别为40060元、38794元和35952元；而西部的甘肃、贵州省，中部的江西、湖北省的平均劳动报酬连东部地区平均水平的一半也不到，如贵州就业人员的平均劳动报酬为16481元，仅为北京、广州平均劳动报酬的35.4%和41.1%，而江西就业人员的平均劳动报酬为15370元，为广州、上海平均劳动报酬的38.4%和42.8%。可见，中西部地区在劳动力成本上较东部地区的优势是非常明显的。

表6-2　2007年东部与中西部地区就业人员劳动报酬比较

地区	从业人员人数（万人）	劳动报酬（亿元）	平均劳动报酬（元）
北京	544.38	2531.76	46507
广州	223.69	896.10	40060
深圳	195.08	756.80	38794
上海	549.77	1976.54	35952
甘肃	194.52	329.67	16991
贵州	210.53	357.83	16481
江西	282.75	428.57	15370
湖北	520.26	819.87	15779

资料来源：根据各省市统计局网站2007年人口与劳动力统计数据整理而得。

根据中国农业部公布的统计资料，直到2007年，中国农村人口仍然占全部人口的72.5%，庞大的农村人口，也实际上意味着我们将在很长一段时间里，仍然具有劳动力的比较优势。

中国不仅具有丰富的农村劳动力资源，还具有大量受过高等教育的高素质人力资源，这是中国产业结构升级，进一步参与国际分工的又一大优势。据有关部门统计，中国每年新增的大学毕业生有500多万人，这意味着我们既有大量的普通劳动力，更有庞大的高素质人才队伍。随着教育、培训的加强，特别是人才强国战略的实施，高素质人才比重大大提高。这对于提升中国产品技术水平、提高市场营销能力、吸纳国际服务业转移等产生极大的作用，从而进一步带动中国外贸结构的优化和增长方式的转变。这样一种数量及结构上的优势使得中国有可能实现劳动密集型与技术密集型的共同发展，使中国在成为"世界工厂"的同时，同时担当"世界办公室"的一部分功能。

五、中国的要素禀赋正在向资本密集型过渡

与丰富的劳动力资源相比，中国的资本属于相对紧缺的要素。但经过30多年的改革开放，中国资本存量增长速度很快，要素禀赋正在向资本密集型过渡（见表6-3）。

表6-3　资本存量的估算值（1980—2006年）

单位：亿元

年份	全社会固定资产投资	固定资产投资价格指数	实际投资	资本存量
1980	910.90	1.000000	910.90	5307.97
1981	961.01	0.992049	968.71	6011.28
1982	1234.40	1.032612	1191.54	6902.26
1983	1430.06	0.971653	1471.78	8028.93
1984	1832.87	1.034764	1771.20	9398.77
1985	2543.19	1.109248	2292.72	11221.55
1986	3019.62	1.197765	2521.04	13181.52
1987	3640.86	1.386087	2626.72	15149.16
1988	4496.54	1.640959	2740.19	17131.89
1989	4410.40	1.841311	2395.25	18670.55
1990	4517.00	1.928316	2342.46	20079.48
1991	5594.50	2.061751	2713.47	21788.97
1992	8080.10	2.269149	3560.85	24260.38
1993	13072.30	2.857176	4575.25	27622.61
1994	17042.10	3.269769	5212.02	31453.50
1995	20019.30	3.546156	5645.35	35526.18
1996	22913.50	3.723252	6154.16	39904.03
1997	24941.10	3.708240	6725.86	44634.69

年份	全社会固定资产投资	固定资产投资价格指数	实际投资	资本存量
1998	28406.20	3.654057	7773.88	50176.83
1999	29854.70	3.601370	8289.82	55957.81
2000	32917.70	3.711969	8867.99	62027.91
2001	37213.50	3.737953	9955.58	68882.09
2002	43499.90	3.746170	11611.81	77049.82
2003	55566.60	3.754387	14800.45	87997.78
2004	70477.43	3.762604	18731.02	102328.91
2005	88773.61	3.770821	23497.35	120709.82
2006	109998.16	3.780302	29097.72	155845.36

资料来源：1980—2005 年数据来自郭玉清《资本积累、技术变迁与总量生产函数》，《南开经济研究》2006 年第 3 期；2006 年数据由笔者根据永续盘存法计算而得。

由表 6-3 中可以看出，中国的资本存量由 1980 年的 5307.97 亿元逐年累计至 2006 年的 155845.36 亿元，年均增幅为 13.3%，远远高于中国 GDP 的增长速度。而 20 世纪 80 年代以来较高的固定资产投资和资本形成率，对支撑中国经济持续平稳增长又起到了巨大的推动作用。

为了直观表达资本要素禀赋增长的状况，我们将资本存量的历年数据绘制成线型图（见图 6-2），并与劳动要素的增长率（见图 6-1）相比，资本存量的增长率显然要快许多。

单位：亿元

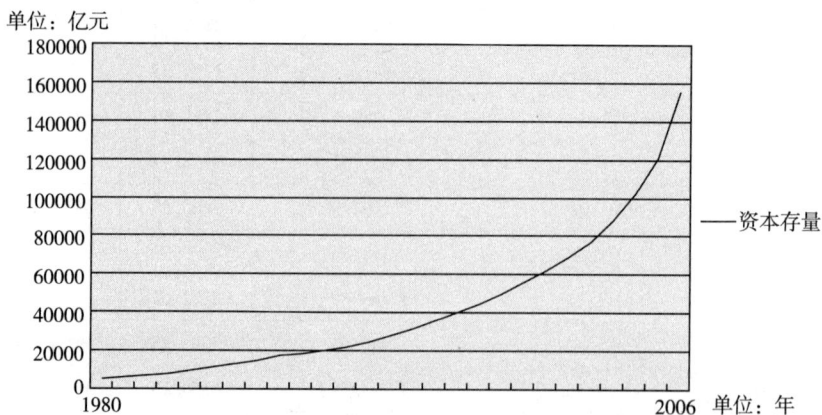

图 6-2 中国的资本存量增长（1980—2006 年）

利用表6-1中从业人员和表6-3中资本存量的数据，我们可以估算中国1980—2006年间的资本/劳动比率（见表6-4）。从表6-4可以看出，中国的资本/劳动比率逐年上升，资本的相对稀缺性在下降，劳动的相对丰裕度也在下降，说明中国的要素禀赋结构在逐年提升，正在向着资本密集型国家的发展方向转移。

在前面分析资本、技术密集型产业比较优势时，我们通过RCA、TC等指数的计算也发现，虽然资本、技术密集型产品在整体上不具备比较优势，但资本密集型商品的竞争力在不断增加，并有着从比较劣势向比较优势发展的趋势。这一切也从另一个侧面说明中国经济的快速发展积累了一定的资本与技术。

表6-4 中国的资本/劳动比率（1980—2006年）

年份	资本存量（亿元）	从业总人员（万人）	资本/劳动比率
1980	5307.97	42361	0.13
1981	6011.28	43725	0.14
1982	6902.26	45295	0.15
1983	8028.93	46436	0.17
1984	9398.77	48197	0.20
1985	11221.55	49873	0.23
1986	13181.52	51282	0.26
1987	15149.16	52783	0.29
1988	17131.89	54334	0.32
1989	18670.55	55329	0.34
1990	20079.48	64749	0.31
1991	21788.97	65491	0.33
1992	24260.38	66152	0.37
1993	27622.61	66808	0.41
1994	31453.5	67455	0.47
1995	35526.18	68065	0.52
1996	39904.03	68950	0.58

年份	资本存量（亿元）	从业总人员（万人）	资本/劳动比率
1997	44634.69	69820	0.64
1998	50176.83	70637	0.71
1999	55957.81	71394	0.78
2000	62027.91	72085	0.86
2001	68882.09	73025	0.94
2002	77049.82	73740	1.04
2003	87997.78	74432	1.18
2004	102328.91	75200	1.36
2005	120709.82	75825	1.59
2006	155845.36	76400	2.04

资料来源：根据《中国统计年鉴》各年相关数据整理而得。

六、对外贸易商品结构调整具有良好的产业基础和商品结构基础

改革开放以来，中国抓住了三次国际产业转移的重大机遇，实现了对外贸易的跨越式发展：一是 20 世纪 80 年代抓住了以轻纺产品为代表的国际劳动密集型产业向发展中国家转移的历史机遇，完成了轻重工业结构的合理调整；二是 20 世纪 90 年代承接了大量制造业的国际转移，推动了机电产业的迅速发展；三是 21 世纪以来，发挥巨大市场空间以及更加开放的优势，积极承接以 IT 为主导的国际产业转移，促进了高新技术产业的迅速发展。

同时，中国对外贸易商品结构完成了四次重大跨越：一是由改革开放前的农产品为主，向改革开放初期的工业品为主转变，1977 年工矿产品出口仅占出口总额的 38.5%，到 1980 年就超过一半达 51.8%；二是到 20 世纪 80 年代中期又实现了从初级产品为主向工业制成品为主的转变，到 1986 年工业制成品出口比重升至 63.6%，开始超过初级产品，此后又不断攀升，到 1990 年初级产品出口比重比 1980 年下降一半，工业制成品上升到 74.4%；三是 20 世纪 90 年代中后期进一步实

现由轻纺产品为主向机电产品为主转变，1997 年机电产品已超过纺织和轻工产品成为中国第一大类出口商品，目前所占比重已超过 50%，改变了中国与发达国家产业间分工的状况，并与发达国家形成产业内贸易的格局，提升了中国在国际分工中的地位；四是进入 21 世纪以来进一步向技术含量和附加值双高以及高新技术产品为主方向转变，2007 年中国出口结构中初级产品比重进一步下降到 5.1%，机电产品和高新技术产品出口快速增长，占出口总额的比重分别达到 55.2% 和 30.2%，比 2000 年分别提高 12.9 个和 15.3 个百分点（见表 6 - 5）。

改革开放的 30 年同时也是中国产业不断升级的 30 年。而随着产业结构的不断升级，对外贸易商品结构的升级也就具备了良好的基础。

表 6 - 5　中国的出口商品结构

单位：%

年份	初级产品	工业制成品	机电产品	高新技术产品
1985	50.5	49.5	6.1	
1990	25.6	74.4	17.9	
1995	14.4	85.6	29.5	6.8
1998	11.2	88.8	36.2	11.0
1999	10.2	89.8	39.5	12.7
2000	10.2	89.8	42.3	14.9
2001	9.9	90.1	44.6	17.5
2002	8.7	91.3	48.2	20.8
2003	7.9	92.1	51.9	25.2
2004	6.8	93.2	54.5	27.9
2005	6.4	93.6	56.0	28.6
2006	5.5	94.5	56.7	29.1
2007	5.1	94.9	55.2	30.2

资料来源：根据《中国统计年鉴》和中国商务部机电和科技产业司数据资料计算而得。

第五节　如何实现推动外贸增长方式的转变

无论是适应全面建设小康社会的需要，还是抓住战略机遇；无论是把握对外开放的主动权，还是走共同发展之路；无论是发挥好自身优势，还是利用好外部条件，中国对外贸易发展的总体方向应是：规模的扩大和质量的提高并举，不断追求对外贸易的动态比较优势，加快转变外贸增长方式，实现由贸易大国向贸易强国的转变。

从战略上看，中国的对外贸易在追求量的扩大的同时，应该把重心放在增长质量的提高上。通过对外贸易商品结构的优化，提高高附加值、高技术含量和自主品牌产品出口比，增强国内跨国公司对外投资和跨国经营能力，在协调发展服务贸易与商品贸易等方面大做文章。通过对外贸易商品的转型升级推动外贸增长方式的转变，进而为中国对外贸易由大变强服务。

为加快转变外贸增长方式，在具体措施上应从以下几个方面加以推动。

一、充分利用比较优势和要素禀赋，不断提高劳动密集型产业的技术含量

中国是一个人口大国，劳动力资源丰富，劳动力的大部分是农村劳动力，整体技术水平比较低，这是中国的国情，也是中国长期存在的潜在比较优势。不仅如此，中国农村中将近有 3 亿富余劳动力需要转移，城市中存在着近千万的失业人口。在世界劳动力要素还不可能像资本那样自由流动的情况下，解决这部分人的就业问题不仅可以提高中国资源的利用效率，同时也是中国长治久安、构建和谐社会的一项首要任务。

从中国现代化进程来看，要实现2020 年小康的目标及2050 年进入中等发达国家的行列，首要的任务是使占社会劳动力绝大多数的农村

劳动力最大限度地得到就业的权利，逐步从事非农劳动。由于农村劳动力受教育水平低，大多数人还只能进入技术含量低的劳动密集型产业。因此充分利用中国劳动力资源丰富的比较优势和要素禀赋，大力发展劳动密集型商品的出口，既可以让广大的劳动者从中受益，进而提高资源利用效率，同时也符合中国现代化建设的长远目标。

从日本、韩国、中国台湾等发达国家和地区的经济发展历程上看，在工业化起飞的时候基本上是从劳动密集型产业开始的，先根据它们资金短缺、劳动力多的特点，按照比较优势大力发展劳动密集型产业的出口，待积累了资金、技术以后再逐步将失去优势的劳动密集型产业转移出去，同时提高机械、石化、电子等资本密集型产业的比重。

从目前中国的产业状况来看，劳动密集型产业已经具备了相当的规模。受西方贸易保护和劳动力成本推动等诸多因素的制约，目前的劳动密集型产业出口受到越来越多的制约，一部分优势正在逐步丧失。但这并不表示中国劳动密集型产业已经失去了在中国存在的市场，恰恰相反，比较优势和要素禀赋大力发展劳动密集型产业在中国仍然拥有巨大的空间。一方面，与日本、韩国、马来西亚等小国不同的是，中国是一个拥有960万平方公里、13亿人口的大国，区域经济发展非常不平衡，东部与西部、农村与城市、沿海与内陆经济发展水平存在着巨大的差异，是一个典型的二元经济的国家。在一部分劳动密集型产业已经在沿海区域失去竞争优势的时候，西部内陆地区的劳动密集型产业才刚刚起步，因为西部内陆地区拥有巨大的劳动力资源优势。通过将东部沿海地区的大部分劳动密集型产业向欠发达的西部内陆地区转移，实现东部地区资本、技术、人才、管理等非劳动力资源与西部地区丰富劳动力资源的嫁接，相对于越南、印度、印度尼西亚等国外竞争对手而言，中国的劳动密集型商品的竞争优势将得到进一步的发挥和加强。

另外，沿海地区的劳动密集型产业应以市场为导向，充分发挥现有的集群优势，将现代技术，如信息技术、新材料技术、生物技术逐步渗透到产业链中的各个环节，着力于新型化、精细化系列产品的开发，不断提高劳动密集型产业的技术含量与附加价值，从而增强其在国际市场的竞争力。

二、实现加工贸易的双重结构调整

中国的加工贸易是伴随着改革开放的不断深化而发展的，是中国对外贸易体制改革的硕果。加工贸易顺应经济全球化和世界产业内分工贸易发展的趋势，顺应跨国公司国际化生产安排的经济规律，成为中国外贸持续增长的杠杆。目前在中国对外贸易中，传统的一般贸易方式与加工贸易相比呈现下降趋势，加工贸易已经成为中国第一大贸易方式，占据了中国对外贸易的半壁以上江山，与中国国内经济运行的联系日益密切，因此今后仍然要进行大力发展。但是，由于目前的加工贸易方式多是两头在外，国内主要是利用人力资源进行加工，进行的多是产品初级加工；加工贸易的主体一般为外资企业，销售市场也一般在国外。正因为此种特性，导致了双刃剑效应：加工贸易促进了中国对外贸易的高速增长，但以传统初级产品为主要特征的加工贸易对中国产业结构升级作用不大，对经济效率的贡献也非常有限，不利于中国对外贸易要素结构的提升，也不利于中国对外贸易由大向强的转变。不仅如此，加工贸易大量使用国内资源性产品和能源性产品，进一步加剧了国内资源和能源供应的压力，也使得这种模式的加工贸易的可持续发展受到一定的限制。

因此，中国在大力发展加工贸易的同时，应该不断地调整加工贸易的结构。通过提高加工贸易的产业链条和加工层次、提高加工贸易的附加值、扩展国内企业的配套能力，使"两头大、中间小"的加工贸易状态转变为"两头小、中间大"的格局，逐步使加工贸易本土化，以此来提升中国的产业结构。

另外，根据中国目前地区经济发展的现状，中低端产品或生产环节应逐步向中西部地区转移，以增加就业和满足现阶段中西部地区数量型经济增长的需要；一些大耗能、大耗原材料以及国际贸易摩擦比较大的产品甚至向周边国家转移；但在东部沿海发达地区，应鼓励和扶持加工贸易向中高端产品或生产环节延伸和发展，逐渐积累比较优势，实现加工贸易质的提高，最终为加工贸易退出历史舞台而创造条件。

三、在一般贸易中扶持出口优势行业

一般贸易是指从最初的原材料的生产到最终的产品生产加工都在国内完成，也就是整个产业链都在国内，其涉及和辐射的地区广泛。一般贸易出口额反映了本国企业在对外贸易的地位，体现一国国内企业包括产品、品牌、技术、资金、管理在内的综合竞争力在国际市场中的地位，是一国对外贸易可持续发展的可靠保证①。从贸易强国的贸易方式来看，一般贸易的出口比重都在70%以上，在出口结构中占主导地位。中国对外贸易商品进入国际市场的时间比较短，一般贸易的方式、层次和程度都比较低，且大都集中在技术水平比较低的劳动密集型产品，这种结构不可能实现贸易强国的目标。因此，要适应国际贸易中高附加值、高技术含量、精深加工的趋势，扩大一般贸易出口商品的比重，以此来促进中国对外贸易商品的结构升级，扩大中国在国际市场中技术含量高产品的占有份额。

目前，中国的一般贸易在一些中等技术水平，如机械、钢铁、电子等方面已经具备一定的竞争能力，今后应尽快培育扶持一批出口优势行业和企业，使他们形成比较优势和国际竞争力，以相对较少的出口量创造较多的外贸收益。在具体措施上，应通过引进先进技术和加强自主研究开发，提高这些行业的现代化水平和自主知识产权的比例，提高加工制造业产品中自主知识产权的比例，使一些行业部门有条件较多并以较低成本使用创新技术，改善一般贸易的出口产品结构。而对于当前中国具有出口优势的纺织服装、农副产品等劳动密集型产品，应该逐步由初级加工、粗加工向深加工、精加工转变，提高单位出口产品的附加值。通过努力培育国内具有较强国际竞争力的主导产业和对传统出口产业的技术改造，实现一般贸易的结构升级。

---

① 卢小金：《我国实现从贸易大国向贸易强国转变的路径分析》，《改革与战略》2007年第7期。

四、不断实现从劳动密集型向资本密集型的转变，有重点地扶持一些孕育潜在竞争优势的资金密集型产业

根据前面赤松要的"雁形理论"及小岛清的"边际产业论"，一国的国际贸易模式及经济发展应该不断追求实现产业结构的升级，在次序上，由消费资料生产转向生产资料生产，或由轻工业转向重化工业，进而转向技术密集型产业，随着比较优势的动态变化，通过直接投资等方式在国际间出现产业转移。

赤松要的"雁形理论"及小岛清的"边际产业论"是对日本在第二次世界大战后资本密集型产业发展的经验总结和理论提炼，这一理论假说后来也被引申应用于解释以东亚为中心的亚洲国家国际分工和结构变化的过程，并在韩国、中国台湾、新加坡、马来西亚等一些东亚国家和地区的劳动密集型—资本密集型—技术密集型产业的结构升级上得到了验证。

从整体上来讲，中国仍然属于劳动密集型国家，与丰富的劳动力资源相比，中国的资本仍然属于一种稀缺要素。但改革开放以来，伴随着中国经济的高速发展和经济实力的不断增强，中国资本存量也保持同步的高速增长。这一点已经在前面有所论述（见表6-4）。从表6-4中可以看出，中国全社会固定资产投资由1980年的910.90亿元上升到2006年的109998.16亿元，增长了近120倍，扣除物价上涨的因素后的实际投资为29097.72亿元，增长了近31倍。资本存量由1980年的5307.97亿元逐年累计至2006年的155845.36亿元，增长了28倍。

与劳动力从业人员由1980年是42361亿人增长到2006年的76400亿人，相比不到1倍，资本存量的增长率显然要快许多。资本存量远远快于劳动要素增长的结果，是中国资本/劳动比率的迅速上升。中国的要素禀赋结构在逐年提升，正在向着资本密集型国家的方向发展。因此，中国的对外贸易应该不断顺应这种变化，适时地实现从资本密集型向劳动密集型的转变，有重点地扶持一些孕育潜在竞争优势的资金密集型产业。

五、重视和发展服务贸易，努力增加服务出口的新产品新业务

从世界来看，随着产业链拉长和全球分工的进一步细化，产业链上的各个生产环节纷纷独立出来，在不同的国家进行生产与销售，因而化服务于各个生产环节的各种服务业就应运而生，同时也为各国提供了巨大的市场空间，这也就形成了外包等形式上的服务贸易[1]。由于服务贸易发展的历史比较短，而且近年来的发展速度又十分迅速，大力发展服务贸易对任何一个国家来说都是一次实现产业结构升级的机遇。目前，中国服务贸易总体发展水平还很低，服务贸易明显落后于货物贸易的发展。不仅如此，中国的服务贸易优势部门主要集中在海运、旅游等比较传统的领域，这两大部门的出口占中国服务出口一半以上，而金融、保险、计算机服务等现代服务业的国际竞争力还很低。

在社会生产的价值链中，服务贸易产业链起着非常重要的作用，并且在一定程度上决定着制造业的附加价值。服务贸易不仅是中国未来对外贸易结构调整的方向之一，而且服务贸易与服务业的发展，特别是金融、保险、物流、信息、会计、法律等服务的发展，可以降低农业和制造业的运输成本和交易成本，促进整个国民经济效率的提高，进而推动中国整体产业国际竞争力的提高。因此，我们应该积极推动服务业和服务贸易的发展，并把服务业作为下一轮对外开放的重点，加快国内服务业的发展，提高承接国际服务业转移的能力，使中国成为全球服务业外包的重要基地。

在具体领域上，首先要大力发展生产型服务业，如产品的研发、设计、市场营销等，这是推动产业高级化、高附加价值化的基础。比

---

[1] 　根据关贸总协定乌拉圭回合达成的《服务贸易总协定》，服务贸易是指："从一成员境内向任何其他成员境内提供服务；在一成员境内向任何其他成员的服务消费者提供服务；一成员的服务提供者在任何其他成员境内以商业存在提供服务；一成员的服务提供者在任何其他成员境内以自然人的存在提供服务。"服务部门包括如下内容：商业服务，通信服务，建筑及有关工程服务，销售服务，教育服务，环境服务，金融服务，健康与社会服务，与旅游有关的服务、娱乐、文化与体育服务，运输服务。

如说，东莞做出的芭比娃娃的出厂价是 1 美元 1 个，卖到美国终端零售价是 9.99 美元。按 10 美元计算，从 1 美元到 10 美元，中间的 9 美元，他们是怎么创造出来的？根据著名经济学家郎咸平的"6 + 1"理论，这是产品设计、原料采购、仓储运输、订单处理、批发经营以及终端零售这 6 大块创造出来。这 6 大块是软环节，可以把它们看成一个"大物流"的概念，这 6 大块加上 1 的制造，就构成了整条产业链。而制造在"6 + 1"的产业链里的利润是最低的。许多中国产品在参与国际化的过程中，仅仅占据了生产这个"1"的环节，获得的利润少得可怜，而整个产业链的"6"，包括产品设计、原料采购、仓储运输、订单处理、批发以及终端销售都在国外，丰厚的利润都落在了境外跨国企业手中①。今后中国生产型服务业要高效将"6"整合到"1"中去，形成一个完整的产业链条。

其次，要大力发展现代物流、电子商务、设计咨询、信息服务等新兴服务业，这些行业一方面能够对制造业形成支撑，并成为制造业产品增值的一个来源，同时这些行业的本身也是一个新兴而又拥有巨大发展潜力的产业。由于这些现代服务业发展的历史比较短，中国与发达国家的差距相对比较小，具有一定的后发优势，尤其是在电子商务领域，中国已经涌现一批在全球具有很强竞争力的企业。

再次，大力发展面向国际市场的服务外包业，鼓励企业通过海外投资、服务外包，形成强大的国际营销网络。

六、大力有效地实施科技兴贸战略

当今世界，知识不断创新，科技突飞猛进，科技成果商品化、产品化日益加快，科学技术已经日益成为世界经济发展和产业结构升级的动力，并带动了国际贸易和国际经济技术合作的全面加强。高新技术产业化及高新技术产品出口已成为衡量一个国家经济实力和国际竞争力的重要标志。因此，中国的对外贸易应该顺应世界经济发展的潮流，不仅要获得劳动密集型产品出口所带来的比较利益，更要借助对

---

① 郎咸平中文网，http：//blog. sina. com. cn/jsmedia。

国外科学技术的引进、消化、吸收来提高中国的自主创新能力。通过大力实施科技兴贸战略来实现对外贸易增长方式的转变。这个战略主要包括两个方面的内容：一是大力推进高新技术产品出口；二是运用高新技术改造传统出口产业，提高传统出口产品的技术含量和附加值。为此，我们应该集中力量、突出重点，大力地培育、发展出一批具有影响力、有出口竞争力的出口企业，然后逐步地加以扩散、扩大。

第七章　区域经济合作——中国实现
贸易强国转变的战略选择

　　30年的改革开放和对外贸易的实践表明，坚持对外开放的基本国策，积极发挥比较优势，参与经济全球化进程是中国实现对外贸易高速增长，并推动中国经济持续增长的重要保证。正因为如此，在今后相当长一段时期，中国将要而且必须进一步融入到经济全球化中去，在全球产业链中实现分工与升级。但是，正如前面所指出的那样，中国跨国公司数量非常有限，对外贸易商品附加价值不高，高端商品竞争力不强，在这样的条件下，中国的产业升级与对外贸易方式转型面临着相当大的经济全球化的风险。这种风险突出表现在中国的一部分企业面临着被跨国公司淘汰、国内产业升级遇到全球产业的极大压制难以实现、国家的宏观经济政策及形势越来越容易受到WTO规则及其他外部因素的制约、政府扶持政策手段的运用受到很大的限制。为了中国对外贸易能够保持持续稳定的长期增长，实现从贸易强国向贸易大国的过渡，除了继续通过参与全球多边贸易自由化获取经济发展的要素条件和更多机会之外，中国必须在面对全球经济一体化和贸易自由化的同时，通过隔离世界经济对国内部分产业的冲击，对一部分将来有前途的战略性产业和幼稚产业采取适度保护和扶持，来保证中国国内产业升级与对外贸易增长方式转型的实现。在这样一个两难的困境中，作为实施适度保护下自由贸易战略的手段，通过区域经济一体化来化解经济全球化的风险不失为一条有效的战略途径。

第一节 区域经济一体化是化解经济全球化风险的手段

面对经济全球化风险，最简单的办法当然是不参加经济全球化。但是，经验告诉我们，反全球化不仅会降低全球福利，而且对于决意推行这种做法的国家、团体或个人也都是不利的。因为高效率和竞争力需要开放和互相依靠，而开放和互相依靠为更高的效率和竞争力提供动力。但是，听凭市场机制在全球化进程中不受控制地发挥作用对于一些发展中国家又具有很大的风险。作为一种折中的办法，可以借助区域经济一体化来化解经济全球化所必然要产生的消极影响，以使得经济全球化真正成为一种促进对外贸易增长方式转型和各国福利提高的过程。

一、国家主导下的区域经济一体化可以降低和控制一部分经济全球化的风险

尽管有很多人把区域经济一体化看成经济全球化一种过渡或局部表现，但从控制风险角度来讲，二者却具有本质的区别。如果说经济全球化是一个自发的市场机制起着主导作用的过程，那么区域经济一体化则是一个国家起着主导作用的进程。在经济全球化的过程中，风险是很难规避的和控制的，而在区域经济一体化中，由于是在政府的主导下的部分开放，风险是可以得到一定的控制与化解的。根据科斯定理，当使用市场的成本大于使用直接权威的成本时，企业就会在企业内部放弃市场机制而代之以用权威和指令来完成资源的配置。如果将科斯定理推广开来，并把国家或者国家间的经济联盟看做全球化市场中的企业，顺着科斯定理的逻辑，我们就会发现：当使用全球化市场的成本和风险大于国与国之间的谈判成本时，一体化的区域经济也会使用国家的直接权威将一部分全球市场内部化为区域一体化市场。

一体化的区域经济通过把全球市场内部化为区域市场，从而有效地降低在全球范围内配置资源的搜寻成本。

另外，区域一体化的区域经济由于地理上接近、文化上相似、市场结构上互补，他们之间的贸易可以有效地降低交易成本和违约风险。当然，并不是所有的经济全球化风险，如来自市场机制作用过程中的具有随机性的系统性风险是不能通过区域经济一体化来化解的。但是，来自一国不能在全球化冲击下作出有效的结构调整所产生的非系统性风险，则是可以通过把全球市场内部化为区域市场来化解的。

二、新贸易保护主义趋向区域性贸易壁垒

传统贸易保护主义以国家贸易壁垒为基础，其主要手段是关税和非关税。但是，随着 GATT/WTO 框架内贸易自由化深度与广度的不断扩展，国家与国家之间的贸易壁垒正在不断降低，取而代之的新贸易保护主义开始从全球范围的贸易壁垒向区域性贸易壁垒过渡。目前，区域性贸易壁垒正在逐步取代传统的贸易保护主义而成为世界自由贸易壁垒的主要形式，国家贸易壁垒即由一国贸易保护演变为区域性贸易保护。与国家贸易壁垒不同的是，区域性贸易壁垒仅仅对区域外国家实行共同的关税壁垒。而在区域范围内，国家之间仍实行自由贸易。这方面最典型的例子是欧洲经济共同体的贸易政策。欧共体不仅通过关税同盟与共同的农业政策对外筑起贸易壁垒，而且将这种区域保护范围扩大到有关国家（如对 46 个发展中国家实行了优惠制），从而使得欧洲的工业品和农产品市场在内部不断开放的同时而对外越来越封闭。作为贸易自由化的旗手，美国在 20 世纪 80 年代全球贸易体制上的失败使其不再坚持反区域性贸易壁垒的立场，转向提倡自由贸易全球化与实行贸易保护区域化的双轨政策。北美自由贸易区的建立，标志着美国由片面的全球自由贸易退到强调"互惠"的区域自由贸易的立场上。面对区域化贸易壁垒，最好的突破方法就是通过自己也参与到区域经济一体化中去，以达到化解区域经济一体化的堡垒。

三、双边 FTA 优于多边 WTO

与 WTO 的多边贸易体制相比，以自由贸易协定（Free Trade Agreement，FTA）① 为中心的区域经济一体化具有其自身的很多优点，而且这些优点是 WTO 难以达到的。

首先，与 WTO 的多边贸易体制相比，FTA 的双边贸易自由化能够在短时间内达成协议。GATT 最后的一个回合——乌拉圭回合当初是计划在 4 年内完成谈判，而实际上所需要的时间增加了一倍，一直到 8 年才达成统一的协议。时间大幅度延长的主要原因是除了议题比较多以外，成员国太多使得许多协议难以在短时间内达成统一的意见是主要原因。1995 年 WTO 成立以后，有许多国家希望尽快开展新一轮谈判，但一直无法达成统一的意见，新回合的启动在 1999 年的西雅图部长级会议上受到了否定，直到 2001 年的多哈会议才正式决定开始新一轮的谈判。目前，WTO 的成员已经超过了 140 个，成员之间对贸易自由化的看法差异很大，在这样的背景下，新一轮多哈回合已经成为一个马拉松式的回合。多哈回合原来预定在 2005 年结束，但由于 2003 年坎昆会议的失败，以及发达国家与发展中国在国内支持总量（OTDS）的削减幅度、保护性关税等问题上迟迟无法达成一致，导致始于 2001 年的多哈回合全球贸易谈判历时 7 年至今未果。有鉴于此，北京国民经济研究所所长樊纲在近日举办的 2008 泛北部湾经济合作论坛发表演讲时说，新一轮多哈谈判破裂，多边贸易合作进程将放缓，发展中国家从贸易发展中受益、扩大市场更加困难，在这种背景下，探讨区域性自由贸易的发展具有更重要的意义②。

20 世纪 90 年代初期，提倡自由贸易和取消管制的一个最大的理由是认为经济全球化将使各国都能够发挥各自优势，从而实现共同

---

① 本书中所指的自由贸易协定（Free Trade Agreement，FTA）是指两个或两个以上经济体之间设定的自由贸易安排。其内容等同于 WTO 中的区域贸易协定（Regional Trade Agreement，RTA），主要包括自由贸易区（Free Trade Area，FTA）、关税同盟、服务贸易协定等。

② 《多哈谈判又"谈崩了"》，http://news.66wz.com/system/2008/08/05/100634915.shtml。

促进全球经济繁荣。但实践证明经济全球化带来了优胜劣汰，一些落后的发展中成员期待从多边贸易自由化中进一步获得经济及贸易利益的理想变得渺茫。随着 WTO 加盟成员中发展中国家和地区成员的逐步增加，WTO 中反对激进的自由化的势力越来越大，要达到比较高程度的贸易自由化协议变得越来越难。在这种背景下，一些受到贸易自由化冲击的成员及团体开始转向强烈地反对 WTO 框架下的自由贸易化进程。西雅图部长会议的失败，世界银行、国际货币基金等国际组织会议不断受到工会、NGO 等团体的游行抗议基本上是在上述背景下产生的。而区域经济一体化刚好相反，由于涉及的国家不多，谈起来比较容易，为争端或统一的联合行动提供了一个很好的平台。

其次，在一些 WTO 没有涉及的新领域里，FTA 比较容易达成一个统一的规则，如环境、竞争政策、劳动问题等。不仅如此，区域经济一体化可以涉及的领域非常广泛并且能够考虑到双方的承受能力。只要是成员之间能够达成一致的意见，其范围可以不必受到 WTO 领域的限制，并且能够逐步地实行自由化。环境标准、劳工标准等领域基本上都是发展中国家难以自由化的领域，一旦在 WTO 中达成协议，必然对发展中国家造成比较大的冲击。与此相反的是，双边的 FTA 有利于发展中国家逐步开展自由化，并充分考虑其承受能力。

另外，目前的 FTA 有不断向货物贸易以外的领域扩展的趋势，除了涉及货物贸易外，还涵盖了经济技术合作、能源、安全措施等诸多领域，而这些领域目前在 WTO 多边贸易体制中并没有很好地充分体现。因此，有选择性地在目标市场进一步开拓新的区域经济合作，有利于中国从经济一体化中获取更多更全面的利益①。

---

① 闫燕妮：《区域经济合作是中国走向贸易强国的战略选择》，《现代商贸工业》2007年第 10 期。

第二节　中国加快区域经济一体化建设的背景

改革开放以来，在对于如何参与国际分工与合作的问题上，中国一直将政策的重心放在 GATT/WTO 身上，希望通过早日实现恢复关贸总协定缔约国地位及加入 WTO，以此来加快国内经济体制由计划经济向市场经济过渡，提高国内经济的竞争力，不断将本国经济融入到全球经济一体化体系中去，而对于国家与国家之间开展区域经济合作并不热心。

进入 21 世纪以后，伴随着欧洲日益走向统一、北美自由贸易区不断发展、非洲也正在走向联合的背景之下，中国开始逐步认识到区域经济一体化建设的重要性。2002 年 11 月 4 日，中国与东盟 10 国签署了《中国与东盟全面经济合作框架协议》，决定到 2010 年建成"中国—东盟自由贸易区"。以此为契机，中国加快了推进自由贸易区建设的步伐，并取得一系列实质性的进展。那么，是什么原因促使中国重视区域经济一体化的建设，并将其上升到国家战略的高度呢？归纳起来，作者认为主要有以下几个方面的背景。

一、区域经济一体化已成为当今世界不可逆转的历史潮流

伴随着全球经济一体化的迅速发展，从 20 世纪 90 年代初开始，区域经济合作突飞猛进，并呈现一种后来居上之势。特别是以区域贸易安排为中心的区域经济一体化作为国际多边贸易体制的过渡阶段和补充形式显示出强劲的发展势头，一跃成为区域经济一体化的主导形式。据 WTO 官方统计，截至 2007 年 7 月，成员方已经通知 WTO 的区域贸易安排有 380 件。90% 以上的 WTO 成员加入了一个及一个以上的区域贸易协定，而没有加入任何区域经济合作组织的国家和地区则属于例外的情况。目前，正在处于谈判阶段或者研究阶段的自由贸易协定还在迅速地增加，在今后相当长的一段时间内，自由贸易区仍然会取得较快的发展。

但是，与迅速发展的欧洲与北美区域经济一体化相比，东亚的区域经济一体化进程比较晚。到 20 世纪末，全球 GDP 排名前 30 位的国家和地区中，唯有日本、韩国、中国、中国台湾及中国香港没有加入任何双边 FTA。而以日本和新加坡新时代经济伙伴关系协定、韩国—智利自由贸易协定为契机，日本、韩国加快了自由贸易协定谈判的步伐。在这样的背景下，作为一个正在崛起的经济大国，中国加快自由贸易协定谈判的步伐，积极融入到世界区域经济一体化的大潮中去，已成为大势所趋。

二、区域经济合作是促进对外贸易发展的有效途径

在世界经济面临着巨大衰退风险的今天，全球的贸易壁垒出现了不断提高的趋势。随着多边贸易谈判——多哈发展议程的中断，区域内的合作势头越来越强劲，从而导致国家间贸易向区内转移的现象也更为严重。以北美自由贸易区为例，北美自由贸易区成立前的 1990 年，三国间的出口额为 2299 亿美元，1999 年，上升到 5851 亿美元。美加两国间的双边贸易在自由贸易协定签署前 10 年处于停滞状态，自由贸易协定签署后，则增长了两倍。就区内区外比例来看，1990—1999 年间，3 个成员国共计对域外出口增加了 5%，而对域内的出口却增长了 11%，其结果就是与区域外贸易总量比的不断下降。

随着世界区域经济一体化范围的不断扩大，各个区域经济体内的产业分工体系将更趋完整，由此导致区域内的贸易总量及其比例将进一步攀升，虽然与区域外的贸易总量也会不断上升，但这种增速相对区域内的将要慢很多。在上述背景之下，世界各国都已意识到：通过区域经济一体化不但可以回避多哈发展议程中断带来的贸易自由化进程的中断，同时区域经济合作还是提高产业竞争力甚至国家竞争力的重要手段。鉴于上述的认识，世界各国都在极力扩大本国区域经济合作的覆盖面。在今后相当长的一段时间里，没有参加任何区域一体化的国家在开展国际贸易时将面临着越来越大的困难。

事实上，这种状况已经在中国的对外贸易实践中有所体现。以

中国纺织服装出口美国为例，北美自由贸易区成立前的 1988 年，中国商品在美国的市场占有率为 12.5% 排名第一，而墨西哥商品在美国的市场占有率仅为 4.77%，排名第六；而 1998 年墨西哥纺织服装商品在美国的市场占有率上升到 27.26%，远远超过中国 10%，取代中国成为美国纺织品最大的出口国。因此，对中国来说，如果继续游离于区域经济合作之外，作为区域外国家必然会受到歧视，从而面临着原有市场被区域内成员所挤占，新市场难以开拓的危险。因此，唯有通过积极参与以自由贸易区为中心的区域经济合作，中国才能有效地规避集团内成员的歧视性待遇，扩大世界市场上中国商品的占有率。

三、通过区域经济合作有利于为中国的和平发展创造一个良好的国际环境

英国著名的地缘政治学家麦金德曾经指出，在国际竞争中邻国越多，特别是接壤的国家越多就越不利。中国是世界上拥有邻国最多的国家，周边国家多达 29 个，目前中国同周边国家在领土、领海问题上仍有很多争议；一些周边国家经济上还没有完全自力，甚至有一些周边国家至今仍然还处在战乱的动荡之中。因此，构筑一个良好的国际和平环境，尤其是周边和平环境是中国和平发展能否顺利推进的关键。21 世纪，国与国之间的关系开始进入了建立战略信任和避免对抗的时代。通过加强与世界各国尤其是周边国家和地区的区域经济合作，中国可以在国际事务中出于共同的利益，以共同的声音来表达共同立场，从而增强在世界政治与经济博弈中的话语权，进而有利于地区安全和多极世界的建立。在 1997 年的亚洲金融危机之际，中国政府顶住了重重的压力，甚至不惜以牺牲本国出口商品竞争力下降为代价，在坚持人民币不贬值的同时，给身处危机之中的东南亚国家提供资金援助，为亚洲金融市场的稳定及东南亚国家早日从危机中解放出来发挥了重要的作用。这次行动赢得了东盟各国极高的评价，也为中国与东盟各国相互信赖关系的形成奠定了良好的基础。以此为契机，中国关于同

东盟建立自由贸易区的建议得到了东盟的积极响应。中国—东盟自由贸易区的建立不仅使中国在亚洲经济合作格局中取得了主动地位，同时也使得中国在与东盟的经济合作中得到了地缘政治的好处。基于同样原因，中国与吉尔吉斯斯坦、俄罗斯、塔吉克斯坦、乌兹别克斯坦于 2001 年 6 月 15 日在中国上海宣布成立的上海合作组织，区域经济合作已从初创阶段进入了务实合作的新时期，特别是在能源、交通、贸易等领域取得了令人满意的成果。2006 年中国与五国贸易额达 452 亿美元，比组织成立时（2001 年）增长了 273%。截至 2007 年 7 月，中国企业对其他五国实际投资总额达 90 亿美元，约为 2001 年的 5 倍，涉及油气、交通、电信、电力、化工、建材、承包工程、农业等领域。双方经贸合作实现了互利共赢，并对地区稳定与发展产生了积极影响。

四、积极参与区域经济合作是实现国内外生产要素资源优化的重要途径

区域经济合作发展的主体内容是追求区域之间利益一致基础上生产要素的移动和优化配置，所以区域经济合作过程必然伴随着生产要素流动的加快和区位比较优势下专业化生产的进一步发展，促进各成员更有效地发挥比较优势，内部的资源配置将向优势产业集中，从而促进结构升级和整体效率的提高。以欧盟为例，欧共体在 1992 年年底形成统一大市场，使 12 个成员国 GDP 平均提高 4.5%，创造了 180 万个新的就业机会，使商品价格下降 6.1%，并改善了成员国内部的对内、对外经济平衡。而新增经济福利值则更为可观，由于取消贸易壁垒所取得的获益拉动了区域内 GDP 增加 8770 亿欧元，创造了约 250 万个就业机会，欧共体成员内部的相互进口由 20 世纪 80 年代的 50% 上升到 90 年代中期的 60% 强，而到 2000 年则增至 70%，实现了 10 年一个新的台阶。

对于中国而言，以 CEPA 为例，自 2004 年 1 月 1 日 CEPA 在香港和澳门地区同步实施以来，大陆对输往内地的 1370 种香港产品、601

种澳门产品实行了零关税；对港澳进一步开放了 27 个服务领域；有 44 个内地城市对港澳开办了"个人游"业务，内地与香港在建筑、会计、医疗等领域实现了 1400 多人的专业资格互认。这些措施大大加快了内地与港澳经济的融合。

第三节　中国区域经济一体化建设的现状与特点

自从中国政府于 2001 年签署了中国第一个区域贸易协定——《曼谷协定》以来，中国的区域一体化建设取得了很大的进展。截至 2007 年 10 月，中国已经商谈的自由贸易区已达 15 个，涉及 29 个国家和地区。但由于时间短、起步晚，无论是在深度上还是在广度上，与欧盟、北美自由贸易区等成熟的区域一体化组织相比，还存在着许多差距，表现出了诸多与众不同但却符合中国国情的个性化特点。

一、区域经济一体化的层次比较低

从传统区域经济一体化的划分来看，区域经济一体化的层次由低到高可以分为优惠贸易安排、自由贸易区、关税同盟、共同市场、经济同盟、完全经济一体化。由于中国区域经济一体化建设起步晚且时间短，因而层次比较低。目前正在着手建设的 15 个自由贸易区中，正式签署协议的只有 5 个，但目前仍然处于建设阶段，基本上仍然停留在"优惠贸易安排"这一区域经济合作的最初始阶段。

而目前已经在区域经济合作有所作为的"10＋3"、上海合作组织、图们江次区域合作组织、大湄公河次区域经济合作、APEC、亚欧会议、南方首脑会议、中非合作论坛、博鳌亚洲论坛等，基本上是个自主平等参加的、制度化的、由政府出面的经济合作协商论坛或磋商组织，不仅合作程度和水平低，且至今没有政府间条法协议的约束，严格地说还不是一个区域一体化组织。

二、先易后难，逐步推进

从目前中国区域经济合作的进程来看，中国基本上采取了"先易后难、逐步推进"的渐进原则。先从自主平等参加的、非制度化的松散区域经济合作开始，逐步过渡到具有条法协议约束的区域经济一体化组织。在国家的选择上，优先选择周边的发展中国家，再逐渐扩大到新兴市场，最后再瞄准发达国家。在自由化的顺序上，中国没有采取一蹴而就达成全面协议的方式，而是通过循序渐进的方式不断推进，先在比较容易自由化的货物贸易领域分阶段逐步降低关税，比如通过签订"早期收获"协议以减免某些商品的关税，再将合作不断延伸至服务、投资和贸易便利化等领域。最后，值得注意的是，中国签署的区域贸易协议不涉及在短期内难以协调和处理的敏感性行业或问题，如知识产权保护、环境和劳工标准、争端解决机制等。尽管这样做使协议的质量相对较低，但这种"避重就轻"的策略可以减少谈判的难度，促使协议早日达成。

三、区域经济一体化的经济效果非常有限

中国区域经济一体化建设从一开始就立足于兼顾经济效益和调整国与国（地区）之间关系的政治需要两个方面来考虑。这样做的好处是能够使自由贸易区的建设为中国外交战略服务，从而有利于为中国的和平发展创造一个良好的国际环境地区安全和多极世界的建立，但其负面的影响是实际的经济效果非常有限。

中国—东盟自由贸易区及内地与港澳更紧密经贸关系安排是目前中国实质性经济效果最大的两个区域贸易协定。但由于香港的制造业几乎都转移到了内地，再加上香港是一个自由港，其绝大部分商品的关税已经为零，因此，内地与香港、澳门的更紧密经贸关系安排对大陆的经济发展促进作用非常有限。中国—东盟自由贸易区虽然对中国具有重要的战略意义，也会带来一定的经济效果，但由于东盟的经济发展水平比较低，与中国的产业结构相似性比较大，中国从中获取的经济利益在近期内也将十分有限，最多只能说是一种次优的选择

（参见表7-1）。

表7-1　东亚各种自由贸易区对中国的经济影响

单位:%

自由贸易区 的组合	GDP 变动	出口 变动	进口 变动	贸易平衡 （亿美元）	贸易条 件变动	福利效果 （亿美元）
中日韩＋东盟	4.27	102.76	106.44	186.35	1.62	452.02
中＋日＋韩	3.83	89.46	91.73	185.91	0.26	349.36
中国＋日本	3.34	77.14	78.48	173.67	0	293.64
中国＋东盟	2.4	48.08	51.99	42.1	-2.87	14
中国＋韩国	1.76	34.11	27.89	8.09	-3.57	-15.76
日本＋东盟	1.49	19.45	25.08	-70.15	-8.79	-186.5
韩国＋东盟	1.61	24.29	28.87	-34.67	-7.37	-208.5
日本＋韩国	1.47	21.17	25.72	-42.44	-7.41	-222.6

资料来源：薛敬孝、张伯伟：《东亚经贸合作安排的比较研究》，《世界经济》2004年第12期。

从表7-1可以看出，在多种区域经济一体化方案中，中日韩＋东盟自由贸易区给中国带来的经济利益最大，是最佳方案；次佳方案为中、日、韩自由贸易区；排在第三位的是中国＋日本自由贸易区方案；中国＋东盟自由贸易区是收益为第四的方案，其他几个方案对中国来说效益都不好。

第四节　中国区域经济一体化战略的目标及政策措施

从以上分析中可以看出，参与区域经济合作不仅是世界经济发展的一大潮流，而且可以扩展国家利益的实现范围和方式。实现从贸易大国向贸易强国转变是中国对外贸易的主要目标，而这个目标的实现除了依赖于积极参与WTO主导下的经济全球化，从多边贸易自由化中获益之外，更应该适应世界区域经济一体化的发展，积极参与和发展双边及多边的 FTA，在不同范围、不同领域和不同层次上参与国际经济技术合作，在区域一体化中发挥积极作用并从中获益。因此，实施国家 FTA 战略是中国经济长期发展的现实需要和必然要求。

一、中国区域经济一体化战略的目标

中国区域经济一体化的战略总体目标应该是充分利用 FTA 来实现利益的最大化，促进中国对外贸易增长方式的转变，实现从贸易大国向贸易强国的转型。根据前面中国从贸易大国向贸易强国转变的路径及目前中国对外贸易的发展现状、资源状况及将来的发展目标，中国的区域经济一体化战略的目标应该着力于以下几个方面的视点。

首先，区域经济一体化战略必须服从对外贸易多元化战略的需要。从目前来看，中国的主要贸易伙伴是美国、欧洲、日本、中国香港、中国台湾、东盟、韩国等国家和地区，这些国家和地区应该是中国今后签订 FTA 的主要对象。尽管如此，从对外贸易多元化战略出发，中国今后应该和欧洲、中东、非洲等国家缔结 FTA，避免中国和这些区域的外贸陷入边缘化的危险。

其次，区域经济一体化战略应该服从中国充分利用国内国外两个资源的战略。中国是一个资源短缺的国家，尤其是石油、铁矿石等战略资源。为了保证中国今后高速发展所需要的能源及矿产资源，中国有必要选择一些拥有丰富的石油、特殊金属矿资源的国家进行自由贸易区谈判和建设，如澳大利亚、巴西、中东的一些国家等。

再次，区域经济一体化战略应该服从引进来、走出去战略。20 世纪的最后 20 年中国对外开放的一项重大措施是大量引进外资，进入 21 世纪以后，随着中国企业国际化水平的提高，一大批企业将走出国门，开展跨国投资，并通过投资的连带贸易降低贸易成本。因此，在承受能力得到充分论证的基础上，有必要和一些将来有投资希望的国家和地区达成自由贸易协定，以降低中国企业走出国门的经济成本。

最后，区域经济一体化战略应该有利于中国改善贸易结构和贸易条件，尽快培养一大批在国际市场上具有较强竞争力的跨国公司和品牌商品。通过与一些发展国家缔结 FTA 来扩大中国对外贸易商品结构，通过与一些发达国家进行区域经济合作来提高中国跨国公司的实力与竞争力。

二、实施 FTA 战略的步骤

受经济发展水平的限制，中国目前总体上还不具备实现完全自由贸易的条件。特别是汽车、石化、机械电子等支柱工业和 IT 等高新技术产业，目前的国际竞争力水平仍然比较低，要达到具有国际竞争力的水平还需要相当长的时间；农产品的贸易自由化也面临着粮食安全保障、农民收入的严重考验；中国的 FTA 还刚刚起步，对 FTA 存在的风险及 FTA 谈判策略的认识还比较肤浅。因此，中国 FTA 的进程目前不可能像欧盟那样一下子过渡到完全经济一体化阶段，而必然是由易到难，在不断积累经验中前进。

在具体步骤上，首先应促使中国—东盟自由贸易区和内地与香港、澳门的更紧密经贸关系安排的顺利实施，以巩固中国在发展自由贸易区实践中的最初成果。在内地与香港、澳门的更紧密经贸关系安排推进过程中，从统一祖国大业的长远观点出发，积极争取台湾早日加入到上述"安排"中来，并努力向"大中华自由贸易区"过渡。

其次，为了使中国—东盟自由贸易区能够早出成果并富有成效，除了实施"早期收获计划"之外，还应该尽快启动与相关国家，如新加坡、泰国等东盟主要成员进行双边自由贸易区磋商，这样既有可能在中国—东盟自由贸易区之前获得实质性的成果，同时还可以对中国—东盟自由贸易区的谈判形成牵制和互动效果。

再次，合理确定 FTA 目标签约国的战略次序。从国家利益、东亚的战略、区域合作的基础等要素综合来考虑，中国—东盟自由贸易协定谈判完成之后，中国的未来区域合作的重点应该是中、日、韩三国之间的区域合作。这将是最困难和最复杂的门槛，也将是影响东亚经济一体化进程的关键，但一旦取得突破性的进展，不仅对提升中国的产业结构具有极大的促进作用，而且对完成东亚地区经济持续稳定的发展乃至东北亚的安全保障都具有极大的贡献。从目前三国关系的现状来看，要想跨越这一门槛，难度相当大。目前日韩两国已经在加紧磋商，日韩先行建立自由贸易区的可能性比较大，为了避免中国在东亚地区合作中陷于被动，我们可以在实现三个"10＋1"模式条件下，探讨"10＋3"模式以及与日、韩两国之间开展区域经济合作。

三、实施区域一体化战略的政策措施

上述以 FTA 为中心的区域经济一体化的实施必须要有政策措施来加以保证。为此，在实施自由贸易区战略的过程中，我们应该抓紧做好以下几件事情。

（一）制定推进自由贸易区战略的总体规划

根据国际贸易理论，自由贸易区会带来贸易创造和贸易转移效应，只有当贸易创造大于贸易转移时，参与自由贸易区才能获得经济上的利益。从目前已经实施自由贸易区的各国实践来看，各国在参与自由贸易区时都会获得一些利益，同时也要支付不等的成本，有时甚至是高昂的代价。因此，为了确保自由贸易区战略的实施，许多国家都有参与自由贸易区等区域贸易协定的通盘考虑。美国、欧盟、日本、澳大利亚、新加坡、加拿大等国都有专门机构负责规划并对潜在对象国进行研究和评估。中国由于刚刚重视着手实施自由贸易区战略，这方面还缺乏必要的经验。从目前中国签订双边自由贸易区决策的过程来看，往往是政治决策在前，可行性论证在后，科学依据不足。因此，中国应该在借鉴其他国家自由贸易区的经验与教训的基础上，对中国今后可能的合作方式、自由贸易区对中国经济的影响进行详细而科学的评估，在此基础上制订自由贸易区战略的总体规划，为将来中国与其他国家开展区域贸易协议时提供参考。

（二）确定自由贸易区目标签约国先后顺序

在自由贸易区总体规划中，确定自由贸易区目标签约国先后顺序是一项重要的内容。作为确定自由贸易区目标签约国先后顺序原则，应按照由近及远、先易后难、循序渐进的方针，有步骤、有层次、由低到高逐步推进自由贸易区。为此，应该在制订 FTA 规划的基础上对与有可能签约的国家进行评估。

为了防范区域经济一体化所带来的风险，中国目前参与双边自由

贸易区的形式应以签署自由贸易协定为主，谈判签约对象应重点选择相互经贸关系密切、贸易保护程度较高、市场规模大、竞争力较强的国家或地区，以最大限度获得双边自由贸易区的利益。按照上述思路，在经过充分经济、政治效果论证的基础上，可以从中筛选出中国自由贸易区目标签约国先后顺序。

（三）加强对 FTA 的宏观调控

与 WTO 相比，FTA 对政府的宏观调控要求更高。一方面 FTA 所涉及的贸易自由化进程一般要快于 WTO，一旦参加，中国的关税减让和非关税壁垒拆除行动就必须同时执行不同的时间表，这无疑会增加宏观经济管理工作的难度。另一方面，WTO 有一整套规范各国市场行为的国际贸易规则，WTO 之间出现的贸易纠纷可以通过 WTO 的争端解决机制来加以解决，而 FTA 必须依赖双方政府部门的协调与谈判。因此，在推进 FTA 战略的实施过程中，政府有关部门应加强组织与协调工作，使各方面有序有效地发挥作用，以达到整体效应。

第八章 结论与政策建议

第一节 研究结论

改革开放三十多年来，随着中国对外贸易不断扩大，中国经济保持着快速稳定的增长，年均 GDP 增长率接近 10%。在经济快速增长的同时，中国的对外贸易无论从规模还是从结构上都取得了长足的进步，成为世界第三大贸易大国。

围绕着如何按照比较优势的变化，实现对外贸易增长方的转型，促进中国从贸易大国向贸易强国的转变，本文从理论和实证分析的角度分析中国对外贸易比较优势的变化状况及与传统贸易强国的差距，并对中国目前在世界贸易中所处的地位进行了界定。在此基础上，从现实可能性及必要性两方面对中国对外贸易增长方式转变的可能性和必要性进行了评估，并就中国对外贸易增长方式转变的途径及中国从贸易大国向贸易强国转型的方向进行了分析论证。通过研究得出了以下一些主要的结论。

一、中国已经成为世界上名副其实的贸易大国

中国对外贸易不仅总量上达到了一个较高的水平，而且结构上取得了巨大的进步——从一个主要出口初级产品的国家变成了一个工业品输出大国。中国对外贸易是在大力引进外资的基础上发展起来的，外资企业在对外贸易中占据着主导地位，加工贸易成为中国对外贸易的特色。国内的主要输出地集中在长江三角洲、珠江三角洲、环渤海

经济圈三大经济地带，主要的出口市场集中在欧盟、美国、日本、中国香港等主要发达国家和地区。

二、中国对外贸易的基础是比较优势，目前的竞争优势集中在劳动密集型商品上

自改革开放以来，中国逐步扩大市场开放，不断实现从计划经济向市场经济转轨，充分发挥了各个时期的比较优势，按照比较优势、赫克歇尔—俄林原理开展与世界各国的分工，并遵循了阶段比较优势原则，中国出口商品的比较优势表现出动态的变化过程，逐步实现了从资源优势向劳动力优势、再从劳动力优势向资本优势转换的过程。

在改革开放初期，中国对外贸易的结构主要是利用国内丰富的资源和原材料的优势，大力发展能源、原材料的出口，中国资源密集型产品在 20 世纪 80 年代具有一定的比较优势。随着中国改革开放的不断深入，中国积极参与到全球的产业分工中，充分利用本国的劳动力优势，大力发展劳动密集型产业。随着劳动密集型工业的发展，资源密集型的产品出口比重不断下降，到 20 世纪 90 年代就已转变成比较劣势产品了。与此同时，中国的劳动密集型产品的出口上升为主导地位，且保持非常高的比较优势，并在 20 世纪 90 年代实现了从资源优势向劳动力优势的转换。随着经济的发展，原材料和劳动力成本也呈现同步上升趋势，国内的资本原始积累逐步增加，中国的资本密集型产品的比较劣势也得到了极大的改善，并保持着强劲的上升势头。

三、中国距离贸易强国还有一定距离

衡量一国是否贸易强国的指标有人均贸易额、出口商品结构、高新技术产品出口、服务贸易出口、主要对外贸易市场、对外直接投资、外贸增长方式以及企业和品牌竞争力等多个方面的指标。从纵向来看，三十多年的改革开放，中国在上述指标上取得了巨大的进步，与贸易强国的差距在逐步缩小。但从横向来看，中国仍有相当大的差距，尤其是在服务贸易出口、跨国公司、贸易品牌、对外直接投资、高新技

术产品出口等指标上差距较大。

四、影响贸易强国的主要因素是贸易结构、贸易主体

通过采用主因子分析法得出了贸易强国的判别标准，并得出中国的贸易强国指标得分明显低于公认的贸易强国。而影响贸易强国判别标准排在第一位的是贸易结构指标，这类指标主要影响因素为高新技术产品出口额比重、货物出口额占世界出口额比重和工业制成品比重三个指标。排在第二位的指标是贸易主体，这类指标主要影响因素为人均贸易额和净贸易条件两个指标。排在第三位的为贸易优势指标，这类指标主要是由世界品牌 100 强、服务出口额占世界出口额比重和世界最大 500 家企业数三个指标决定。排在第四的是贸易客体指标，主要由对外直接投资比重和贸易平衡指数两个指标共同决定。从综合指标得分来看，中国的贸易强国综合得分比起美国、德国、英国、意大利、加拿大、法国等贸易强国得分还是要低很多，在聚类分析结果中与印度同处在第 4 层次。

五、出口导向贸易战略必须进行调整

改革开放三十多年来，出口导向贸易战略在促进中国从农业大国向工业贸易大国转变及促进中国经济增长、调整产品结构、促进竞争等方面作出了巨大的贡献，但由于长时间的单一方向的实施，同时也带来了要素市场严重扭曲、对外贸易摩擦越来越大、加剧资源环境压力等一系列问题，急切需要进行调整。

六、中国实现从贸易大国向贸易强国转变的关键是不断提高企业的国际竞争力和对外贸易商品的附加价值

中国与贸易强国的差距主要体现在商品的档次及企业国际竞争力上，因此，中国实现从贸易大国向贸易强国转移的路径就是改善中国的贸易结构和贸易条件，尽快培养一大批在国际市场上具有较强竞争力的跨国公司和品牌商品，在引进来的同时，加快对外投资的步伐。

换句话说，中国在实现从贸易大国向贸易强国转变的过程中，关键所在是应该不断提高企业的国际竞争力和对外贸易商品的附加价值。

七、对外贸易增长方式的转变途径是从粗放型向集约型对外贸易增长方式的转变

与从农业大国到工业对外贸易大国可以在短期实现转换不同的是，贸易大国向贸易强国的转换则是一个漫长的过程。因此，前一种转换既可以采取非持续性增长方式，也可以采取可持续性增长方式，但是后一种转换只能是采用可持续性增长方式。

中国实现对外贸易增长方式由粗放型向集约型转变的基本思路是：对外贸易的增长应该着眼于劳动、资金、设备、原材料利用率的提高，以技术的进步来促进产业结构的升级，不断通过市场化的推进来优化生产要素，促进生产要素向大型企业、跨国公司集中。而转换的动力是产业结构升级、技术进步和生产要素利用效率的提高。

八、区域经济一体化是化解经济全球化风险的一条有效途径

中国的产业升级与对外贸易方式转型面临着相当大的经济全球化的风险。这种风险突出表现在中国的一部分企业面临着被跨国公司淘汰、国内产业升级遇到全球产业的极大压制难以实现、国家的宏观经济政策及形势越来越容易受到 WTO 规则及其他外部因素的制约、政府扶持政策手段的运用受到很大的限制。在实现中国对外贸易增长方式转型及促进中国从贸易大国向贸易强国的转变过程中，需要通过隔离世界经济对国内部分产业的冲击，对一部分将来有前途的战略性产业和幼稚产业采取适度保护和扶持。作为实施适度保护下自由贸易战略的手段，通过区域经济一体化来化解经济全球化的风险不失为一条有效的战略途径。

第二节　政策建议

实行对外贸易结构的调整，加快技术进步来推动中国对外贸易商品贸易条件和竞争力的提高，尽快培养一大批具有国际竞争力的跨国公司及贸易品牌是今后一段时期内中国对外贸易增长方式转型的总体方向与目标。从世界范围来看，世界各国尤其是发达国家都在加紧进行结构性调整，发达国家的产业结构、产品结构和企业结构正在发生很大变化；企业并购浪潮正在席卷世界各地，跨国公司的数量和规模在不断扩大，已经成为世界贸易舞台上的主角；品牌是企业真正做强做大的基石，是对外贸易螺旋式向上发展的重要阶梯，它决定了一国在国际贸易所采用的贸易模式，以及在国际分工体系中地位的强弱。因此，如果我们不抓紧调整和优化经济结构，尽快提高对外贸易企业的规模与竞争力，就难以在 21 世纪更趋激烈的国际竞争中赢得主动，贸易强国乃至经济强国的目标就难以实现。世界经济和贸易发展的事实多次表明，经济结构的调整和优化是促进贸易持续稳定发展，提高经济增长质量和效益的根本性措施；企业的规模与竞争力是决定一国经济实力和在世界上地位的重要标志。但是产业及贸易结构的调整、企业规模的扩大及竞争力的提高不可能仅仅依靠自由贸易的自然分工来形成的，尤其是竞争越来越激烈、产业周期越来越短的今天。作为后起贸易大国的中国，要实现贸易大国向贸易强国的顺利转换，必须对产业和企业实行适度的保护。

但是，中国已经越来越多的融入到经济全球化之中，尤其是加入了 WTO 后 5 年过渡期已经结束的今天，保护与扶持的手段十分有限，运用不当还有可能遭到其他国家甚至 WTO 的报复与制裁。因此，中国必须在实行开放的自由贸易背景下，对某些某些部门进行适度的保护，这个有限的部门就是战略性产业与幼稚产业。通过扶持一部分将来有发展前途的战略性产业与幼稚产业，实现对外贸易增长方式的转型，促进贸易大国向贸易强国的顺利转换。

适度保护下的自由贸易战略需要一定的贸易保护政策作为支撑，但是这种保护必须建立在开放的前提下，贸易保护是在开放基础上的保护，并且要与 WTO 规则相吻合。随着国际分工和国际交换的深化，各国之间的经济联系日益加强。从某种程度上说，一个国家参与世界经济的程度和范围，成为衡量该国经济发展水平的重要标志。中国要想发展自己的经济，就必须逐步开放市场，把中国的市场纳入到整个世界市场经济体系中去，而不能独立于这个体系之外，同时必须进一步提高中国企业在国际上的竞争能力，培养它们在竞争环境中生存和发展的本领。

适度的保护是建立在贸易自由化的基础上，因而在运用上难度很大，涉及面不应该太广，只能局限于中国在贸易强国差距比较大的主要因素上。根据中国加入 WTO 所作的承诺及 WTO 规则的条款，依据幼稚工业保护论、战略性贸易政策的观点，借鉴贸易强国在发展过程中实施保护政策的经验，为了保证中国在对外贸易增长方式的转型的实现，从贸易大国向贸易强国的转变过程中顺利推进，政府应该在对外开放的过程中从以下几个方面着手来扶持中国对外贸易的发展及外贸增长方式的转变。

一、在不断推进贸易自由化的同时，采取各种合理的手段保护国内市场

随着全球经济一体化的进展，世界经济一体化的进程也在加快，在这种背景下，一国经济要得到迅速的发展，就必须不断开放市场，使自己的经济发展成为世界经济的一部分。但是，由于发展中国家在传统的国际分工中，始终处于以生产初级产品为主的不利地位，不分青红皂白地一下子全面开放，与先进的发达国家进行正面的竞争，其结果只能是导致发展中国家的"幼稚产业"过早衰退，从而失去进一步发展的机会。可以想象，如果在加入关贸总协定之初就开放汽车市场，日本弱小的丰田、日产就很容易被持有强大资本的 GM 公司和福特公司所吞并，日本日后也就不可能成为世界汽车的王国。因此，在

激烈的全球竞争中，中国要实现产业结构的升级换代，就必须在不断开放的同时，采取一切可以利用的保护手段来保护中国将来有发展前途的"幼稚产业"和战略性产业。当然，这种保护并不是笼而统之地普遍保护，而是在符合 WTO 规则下有选择的保护，是对中国未来的保护，是为了将来的不保护。在具体措施上，首先应该充分利用 WTO 规则允许发展中国家对其"幼稚产业"采取保护的例外规定，在科学界定"幼稚产业"的基础上，对"幼稚产业"和战略性产业制定阶段性保护目标，使保护的重点与外界的客观条件及中国经济发展水平处于联动状态。其次，在保护手段上力求多样化，在 WTO 允许的过渡期间内，加快现有保护政策的实施，并明确地告诉企业，若干年后要实现自由化，不再给予保护和扶持，以便使企业加倍努力，早日能与外国企业开展竞争；在过渡期以后，根据"幼稚产业"的市场竞争状况，灵活地运用关税及非关税手段，同时加强法律手段对国内产业的保护功能，如利用反倾销、紧急进口限制等手段来保护国内企业的正当利益，抑制外国商品对国内市场的破坏性冲击等。

二、把握好适度保护贸易政策的"度"

适度保护下的自由贸易战略是建立在对外开放基础上的有目的、有选择的保护，并不是什么都保护，更不能保护落后的产业或企业。这就要求我们掌握好开放和保护的"度"。这个"度"包括如何选择保护的对象、确定保护期限、选择保护的力度。

日本一桥大学教授关满博曾经将亚洲各国经济归结为三种形态：（1）韩国与中国台湾——高技术指向型。韩国是以财阀为主体，通过发展重化学工业而发展起来的，和中国台湾地区主要依靠中小企业发展经济不同。可是作为亚洲"四小龙"并且具有一定人口规模的韩国和中国台湾地区确实与其他东亚国家不同，其特点是，整体工业规模比日本低，在产业三角结构中，高技术化为主导，同时以此带动工业化来充实基础性技术，但在中间技术层这一体现国家工业技术积累的层面上略有欠缺。（2）东盟各国与韩国模式正相反，由于多年来处于世界工业体系的外围制造位置，因此外生性地中间技术能力突出，但基础性技术与高端技术几乎没有。（3）中国技术结构三角与韩国模式相似，高、低端突出，中层羸弱①。不同的是，中国高端能力比韩国强，与日本不相上下，在国防等特殊领域甚至达到世界水平。同时，基础性技术过于庞大而中间力量近乎零，因此中国产业结构存在可能断裂的不合理性。通常人均 GDP 在 1000—2000 美元前后的国家，一般不能建立基础性技术工业，但中国的基础性工业基础力量广泛，但同时老化程度大，这在中国是一个严重问题。

根据关满博的上述分析，中国虽然总体上仍然是一个发展中的国家，但国内工业基础已具有一定的水平，尤其是在高端与低端具有相当的实力，初步具备了与国际大企业相竞争的一些条件，并且已进入或占领了国际市场。如中国具有比较优势的纺织业、家电业等，对这些行业没必要进行过度保护，而应让这些行业积极参与国际竞争，不断提高竞争力。那么受到保护的应是哪些行业或产业呢？根据中国的产业与国际贸易的现状，目前中国应该受到保护的应该是当前该产业仍然处于发展初期，基础薄弱，但经过适度保护能够发展成为具有潜在比较优势的新兴产业，即受保护的应是幼稚产业、战略性支柱产业和主导产业。

在保护的过程中，如何界定和选择幼稚产业是一个关键，选择不好就可能导致保护落后，保护需要大量的投入，付出一定的代价。关于幼稚产业的选择标准国际上有三个。

（1）穆勒标准，如果某个产业由于缺乏技术方面的经验，生产率低下，生产成本高于国际市场价格而无法与外国企业竞争，在一定时期的保护下，该产业能够提高效率，在自由贸易条件下存在下去，并取得利润，该产业即为幼稚产业。

（2）巴斯塔布尔标准，受保护的产业在一定的保护期后能够成长自立，为保护、扶持幼稚产业所需要的社会成本不能超过该产业未来利润的现值总和，符合条件的即为幼稚产业。

---

① 关满博著、陈生保等译：《东亚新时代的日本经济——超越"全套型"产业结构》，上海译文出版社 1997 年版。

（3）肯普标准，除了前两个标准的内容外，应考虑产业在被保护时期的外部效应，如具有外部性，该技术可以为其他产业所获得因而使得本产业的利润无法增加，将来利润无法补偿投资成本，国家应该予以保护。对这三个标准要正确理解，在选择幼稚产业时可用一个标准去衡量，也可以用两个或三个标准综合衡量。可以肯定，对幼稚产业的保护是必要的，保护的目的在于使受保护者得以进步，最终不需要保护，在国际市场上参与竞争。中国目前的一些高科技产业比如航天工程、飞机制造等都属于幼稚产业，国家应予以适度的保护。中国的一些支柱产业和主导产业如机械制造工业、电子信息产业等都不具备参与国际市场竞争的能力，国家也应予以适当保护①。

适当的保护期限是指对所选择的幼稚产业的保护必须明确规定一个合理的期限。根据李斯特的贸易保护理论，保护期限最长不能超过30年。改革开放以来，中国一直将汽车工业作为国民经济的支柱产业加以发展，作为幼稚产业加以保护。汽车工业的进口关税一直很高，可是三十多年过去了，汽车工业至今没有走出幼稚产业的局面，竞争能力依然较弱。这主要是因为国家的高度保护使得汽车工业没有国际竞争的压力，不思进取，安于现状，效率低下，生产技术落后，产品老化，也就是说过度的保护实际上是保护了落后，这种情况不能继续下去，所以，国家调整了对汽车的保护期限和进口关税，到2006年，汽车进口关税将降至25%，在进口汽车的竞争下，必然会挤垮汽车整车生产企业，这对汽车工业的整体发展未必是坏事；相反，已经成长起来的若干家具有竞争力的汽车企业会进一步壮大，参与汽车市场的竞争，同时实施汽车出口目标。随着中国经济发展水平的提高，贸易保护水平将会逐步降低，最终走向全面开放和自由贸易。

三、积极发挥政府的宏观调控职能，构造国家的竞争优势

传统的贸易政策大致可以分为自由贸易政策和保护贸易政策两大类，这两类贸易政策之争一直贯穿在几百年国际贸易理论与实践的发

---

① 赵珍珠：《关于适度保护贸易政策的思考》，《陕西经贸学院学报》2000年第5期。

展过程中。20世纪80年代中期以来，随着经济全球化和国际竞争的加剧，建立在竞争优势基础上的战略贸易理论及其相应的管理贸易政策开始被越来越多的发达国家所接受，这种管理贸易政策兼有自由贸易和保护贸易的特点，突出了对外贸易在一国经济发展中的战略地位，主张国家采取法制化的政策手段管理对外贸易，并通过广泛参与双边、多边的国际经济合作和协调各国的经济贸易政策，增强本国在国际谈判中的博弈力量，维护和提高本国企业的国际竞争力。

中国正处在经济全球化、贸易自由化的浪潮之中，但经济全球化并没有否定政府的作用，恰恰相反，超越政府宏观调控的全球经济一体化对民族工业具有极大的破坏作用，东南亚及阿根廷的金融危机就是一个很好的例证。加入WTO以后，中国经济将进一步融入到全球经济中去，一方面可以更多地享受全球分工带来的利益；另一方面，中国的经济也更容易受到来自国外的冲击，民族工业将面临着跨国企业的巨大挑战。在这种条件下，如果没有政府的扶持，全面开放市场引入国际竞争只会令民族工业成为跨国公司的囊中之物。这就要求政府部门正确处理好宏观调控与自由化的关系，放中有保，在推进贸易自由化、逐步放开国内市场的同时，从构造国家竞争优势入手，采取一些有力的措施来扶助民族工业的发展，在全国统一规划的基础上，对一些有发展前途的"幼稚产业"和战略性产业予以重点扶持。当然，这种扶持并不是计划经济时代的简单干预，而是在符合国际规则的前提下，强化宏观调控职能，防范自由化带来的外部风险，为国内企业创造一个良好的竞争环境。

四、根据经济形势的变化，主动及时地调整国家的经济政策

从全球范围内贸易政策的实践来看，美国、欧盟和日本等国家已经普遍采用了管理贸易政策体系，而发展中国家由于受制于有限的国内市场和弱小的高新技术产业，往往难以实施有效的管理贸易政策。但中国作为工业部门比较健全、制造业生产和出口能力不断扩张的发展中大国，则有条件实施促进产业竞争的管理贸易政策和与之相对应的贸易制度。

需要注意的是，发展中国家实施保护贸易政策是一种适应工业化赶超阶段经济发展要求的体制和战略，在市场化初期，这种政策可以极大地推进本国经济的发展，但是，随着经济的发展及伴随着经济发展带来的产业结构的变化，如果不进行及时的调整，其消极性的一面有可能导致该战略模式越来越不适应时代的发展要求，陷入制度性的疲劳。以日本为例，在经济起飞的时候，日本政府通过战略性的贸易政策扶持了一大批在世界市场具有竞争力的公司，但在市场化不断完善、市场变化日新月异的当今，由于日本政府过度地干预，企业自主性的发挥受到了很大的限制，市场经济的作用被大大削弱，导致日本经济发展的封建性和不透明性，最终使日本企业错过了从传统产业向知识经济过渡的机会，20 世纪 90 年代也因此成了日本"失去的 10年"。

"成也萧何，败也萧何。"日本政府的过度保护在创造"日本经济神话"的同时，也使日本经济难以逃脱"输掉 10 年"的厄运。所以，我们今天在运用适度保护下自由贸易战略的时候，千万要吸取日本给世人留下的教训。面对贸易自由化的挑战，我们必须不断地根据形势变化，主动及时地调整我们的经济政策和发展模式。

五、着力培养一大批具有一定竞争力的跨国公司

随着中国市场的进一步开放，中国的企业将在更大的范围内参与国际竞争，而这一切仅靠数以千计的中小企业是不可能担当的。随着贸易自由化的发展和市场规模的扩大，规模经济在竞争中的作用越来越大，同技术进步的关系也越来越密切。一般来说，企业的规模越大，竞争力和技术创新能力就越强。正因为如此，跨国公司掌握着全球70% 以上的技术转让，80% 以上的新技术专利和 90% 的对外直接投资。从前面的分析中可以看出，中国跨国公司数量及规模上的劣势是制约中国成为贸易强国的重要原因之一。中国要参与经济全球化，成为世界上的贸易强国，就必须培育出一大批在国际市场上具有竞争力的企业集团。近几年来，在各地政府和企业的共同推动下，中国的企业集团得到了迅速的发展，进入世界 500 强的企业越来越多。但由于中国

的大多数企业集团都是在计划经济向市场经济转轨的环境下形成的，是在横向联合基础上发展起来的，中国的许多企业集团往往存在着内部联结纽带脆弱、内部治理机制虚化、行政治理内部化、整体竞争力较低的缺点。因此，政府今后应采取法律法规、财政税收优惠等市场化措施，鼓励中小企业通过股份制形式参与到现有的一批大中型企业中去，尽快促使中国的中小企业上规模、上水平。而对于目前已经具有一定规模的企业集团，应采取引进战略投资者、海外上市、实行规范化管理等一系列手段做强、做大。

六、不断加大对资本、技术密集型产业的扶持

根据波特的国家竞争优势理论，在一国获取竞争能力方面，生产要素起着非常重要的作用。为此一国要成为贸易强国，其生产要素必须得到最合理的运用。另一方面，从前几章的实证分析的结果可以看出，影响一国是否为贸易强国其最重要的指标为贸易结构，即高新技术产品出口、货物贸易出口占世界比重及工业制成品比重等，而贸易结构的背后是一国要素禀赋问题。

从前面中国工业制成品出口商品结构与世界主要国家的国际比较可以看出，在美国、日本、法国、德国和英国等贸易国家，资本技术密集型的产品是上述国家主要的出口产品，该类产品的出口比重近十年来平均都超过了40%，相比之下，中国这一比重比他们差了近20个百分点，其中K－H型即资本密集、高技术类产品，中国的出口竞争力指数近些年一直下降，维持在－1附近得不到改善。

根据国际分工中产业链的分布原则，最低层次的依靠资源密集型产品，稍高一点的出口劳动密集型产品，再好的则出口资本技术密集型产品。中国目前还处在第二阶段——劳动密集型产品竞争力很强，而资本技术密集型产品的竞争力却很弱。为了实现向贸易强国的转变，中国首先需要在国际产业链中的地位提升以及要素更加合理的配置，这也就需要得到政府加大对资本、技术密集型产业的扶持力度，尤其要加强对高新技术产业的扶持。一方面，可以通过高技术产业的发展，借助其强劲的辐射力，以技术融合方式为这些产业的技术创新、向高

科技演变提供技术保证。传统产业在高新技术产业蓬勃发展的带动下，有机会借助高新技术的力量对自身重新整合，实现产业的结构调整和升级换代，同时新技术、新材料、新能源等高新技术向传统产业渗透，提高传统产品出口的加工程度、技术含量、产品质量和档次，形成一批或一系列国际品牌的出口产品，使中国出口的支柱商品由劳动密集型的传统产品变为"双高"产品。另一方面，要初步建立起技术引进、消化、吸收、创新的良性循环机制；按照中国产业结构调整和技术升级的需要，通过政策引导，积极引进国外先进技术和必要的关键设备，提高引进技术中专有技术、技术咨询、技术服务等软技术的比例，引导和组织企业与研究机构加强对高技术含量、高附加值产品关键技术的消化吸收，促进引进技术消化吸收再创新后形成竞争能力，参与国际竞争；鼓励跨国公司在华设立研究和开发中心，通过提高外商投资质量促进中国引进技术和开发创新技术。

另外，中国还应在优势技术领域培育出一批在国际市场占有较大份额的有自主知识产权的出口产品，集中有限资源，创造有利条件，发挥聚集效应，使信息产品、生物医药、新材料、计算机软件等竞争力强、出口市场前景良好的高新技术产品较快形成较大出口规模，成为推动高新技术产品出口增长的主导产品[1]。此外，对于从事资本密集型行业的人才，政府也应采取积极措施。这一点可以借鉴上海市浦东新区对金融人才实施的房贴优惠政策、优先落户政策等。

七、进一步促进对外贸易增长的观念转变

根据前面的实证分析，影响一国是否为贸易强国的因素之二是贸易主体，即人均贸易额和净贸易条件。在这一指标上，中国的得分为－2.627，仅排在倒数第三位，而该指标的权重很高，为37%，因此在这一指标上得分的不理想严重拖累了中国最后的总得分。所以，为了实现从贸易大国向贸易强国的转变，必须提高中国的人均贸易额以及

---

① 谢红梅、刘文明：《科技兴贸战略的深化与我国贸易地位的转变》，《北方经济》2007年第4期。

改善净贸易条件。而进一步促进对外贸易增长的观念转变是改善这一指标的有效方式。目前中国对外贸易具有四高一低的基本特征，即"高投入、高消耗、高成本、高污染，低效益"，即粗放型对外贸易增长方式。转变中国外贸增长方式和外贸管理方式的需要出口贸易实现三个"低"的扭转：高新技术一般贸易占比重太低、出口企业中内资企业比例太低、科技密集度太低。为此，我们要更新贸易增长观念，突破传统货物贸易的局限，扩大国际贸易业务范围及新的增长空间；要通过信息化建设和国际化经营人才的培养，发展国际第三方物流业务、发展转口、转运业务，使中国成为周边经济体的转口贸易中心、国际采购中心、国际货物调配中心，扩大对外贸易的内涵和外延，使集约利用和节约资源的贸易方式更多地成为中国对外贸易的新增长点；要深化内外贸管理体制一体化改革，努力探讨在内外贸一体化条件下以内需为基础、以质量提升为关键带动和扩大对外贸易的内生增长机制；要进一步巩固改革成果，以法治商，规范市场主体及其市场行为，要以外促内，借鉴国际市场贸易规则与惯例，努力消除转型经济阶段国内贸易中的失信无序、欺诈掠夺、假冒伪劣等混乱与畸形状态，形成一个良好的健全的国内市场体系去带动和促进外向型经济的质量提升，为强壮中国对外贸易打好基础。

另外，在过去长时间的对外贸易中，中国政府始终以"出口创汇"作为对外贸易的指导原则，使中国的对外贸易在长期内都处于出口大于进口的"贸易顺差"中。这种基于贸易价值链低端的数量增长模式在将中国推至贸易数量大国的同时，也提出了新的现实问题：即传统的贸易方式和指导政策已经远远不能满足于现在的国际贸易环境和状态。因此，中国应彻底改变以"出口创汇"为指导的贸易原则，转而从出口创汇型的指导政策向出口创利和维护公平贸易环境的外贸指导政策转变。而要转向出口创利的外贸方式，就需要改变传统生产方式，进行深入的产业结构调整，由初级方式的来料加工转向生产高科技含量、高产品附加值和有强势品牌价值支撑的"中国创造"产品。国家加强对国内出口企业生产过程的监督和检查，使产品符合国际市场准入标准。在注重生产过程的同时，国家还要进一步完善对国际贸易过程中所出现的法律纠纷问题的应对体系，鼓励企业加强在法律方面的了解，增强在贸易摩擦中的应对能力①。

八、增强自主创新能力，大力推行品牌战略

一个拥有竞争优势的贸易强国其企业必须具备良好的组织管理能力、创新能力，只有具备竞争力的企业和品牌才具有在世界市场上定价格的话语权。而中国的现状是极度缺乏本土的拥有竞争力的跨国公司和自主品牌，2007 年 100 强品牌更是无一例中国品牌上榜，目前自主品牌缺乏是制约中国从贸易大国向贸易强国转变的重要因素，要改变目前中国制造业出口由于品牌缺失造成的被动局面，必须坚持提升自主创新能力，打造更多强有力的民族品牌，逐渐从以价取胜转变到以品牌和质量取胜的发展策略，推动品牌建设，实施品牌战略，不仅是改善中国外贸经营管理水平的需要，更是提升中国核心竞争力和综合国力的必由之路②。

为此，首先，在发展战略上出口企业自身要牢固树立品牌意识，要制定严格的质量管理制度，没有合格的质量，就没有名牌可言，要注重新产品的研究与开发和必要的资金投入，优化并调整出口商品结构，要注重提高产品的档次和附加值，提高产品的国际市场占有率和竞争力。要知道，通过技术创新提高产品的质量是实施品牌战略的坚实基础，只有拥有更大的自主创新能力，更多的自主知识产权和自主知名品牌的企业，才会拥有坚实的国际竞争力。其次，政府要加大扶持力度，大力营造推进品牌战略的公平合理的宏观环境，建立系统、有效的出口产品和技术创新的激励机制，品牌战略推进协调机制，并且进一步规范有关品牌的评价与认定活动。通过制定相关政策，如对实施出口品牌战略的企业应在出口信贷、退税、出口信用保险、技改贴息、快速通关、贸易保护、品牌推广、宣传及融资和用汇便利等方面给予支持。另外，为便于中国企业走出国门，参与世界竞争，在资

---

① 高寿华、王孝瑜：《中国成长为贸易强国的对策研究》，《现代商业》2007 年第 12 期。
② 同上。

本市场开放、外汇管制方面，政府也应当给予相应支持，企业本身也应当积极进行股权结构改革，争取早日与世界先进水平接轨。

九、加强对外直接投资，实现"对外投资"和"引进外资"的协调发展

影响一国成为贸易强国的第四大指标是贸易客体，即对外直接投资比重和贸易平衡指数这两个要素，一直以来，中国得到的外商直接投资很高，可是自己的对外直接投资却很低，前面实证分析中可以看出中国的对外直接投资指数在所有样本国中的排名倒数第一，而贸易平衡指数却是10.1%，又领先于其他样本国家，这表明中国的贸易顺差很大。

按照传统的观念，中国作为一个发展中国家，资本相对短缺，因此，中国目前应当尽量争取利用外国资本，尚且还谈不上资本输出的问题。其实，这是一个误解，因为，资本输出并不一定是发达国家和新兴工业化国家的专利。世界各国资本流动的历史数据表明：在相当长的一段时期内，资本流入和流出将同时存在于许多发展中国家之中，并且随着国民收入持续上升，流出资本量也将逐渐增加。然而中国目前对外投资水平却远远落后于本国经济发展水平。为此，必须大力推进对外直接投资。要做到此点，首先，要解放思想，提高认识，坚持"引进来"与"走出去"双向对外开放的协调发展；其次，要结合中国实际情况，确定基业对外直接投资的途径和产业选择；再次，就是要合理确定企业对外投资规模，推动对外投资市场选择理性化。

第三节　结束语

本文围绕着如何根据动态比较优势的变化，实现中国对外贸易增长方式的转变，并最终实现从贸易大国向贸易强国的转变，从理论和实证分析的角度分析中国比较优势的变化及与传统贸易强国的差距，

并对中国目前在世界贸易中所处的地位进行了界定。随着中国对外开放的不断深入，中国将进一步融入到世界贸易的体系中。由于转变对外贸易增长方式，实现从贸易大国向贸易强国的转变是一个长期的过程，在这个转变的过程中，既需要对外贸易企业在微观上不断提高产品质量和竞争力，也需要政府从宏观上进行必要的政策扶持。因此，如何进一步细化中国对外贸易商品比较优势动态变化规律，并根据这些变化的规律，通过产、官、学（企业、政府、大学与科研部门）的联动来实现对外贸易增长方式的转变，是促进中国实现从贸易大国向贸易强国转变的一项重要课题。有关上述问题的研究，本课题虽然打下了一个伏笔，但仅仅停留在非常宏观的层面上，还有待于进一步深入探讨。另外中国对外贸易近年遇到了越来越多的贸易摩擦问题、知识产权问题，这也是中国走向贸易强国中无法回避的问题，研究报告对于如何应对方面的研究也没有过多的篇幅，还有就是区域经济一体化建设的内容、框架及其实施步骤尚需作进一步的探讨。上述问题将作为笔者今后的一个重要研究课题方向，在今后的研究过程中去不断跟踪与深化。

主要参考文献

1. 艾华：《万亿美元买不来贸易强国》，《时代经贸》2005 年第 4 期。

2. 鲍晓华：《从比较优势到竞争优势》，《财贸经济》2001 年第 1 期。

3. 岳昌君：《国际贸易、比较优势与技术传递》，北京大学博士论文集 2000 年版。

4. 蔡南南：《我国对外贸易与经济增长关系的实证分析》，《市场论坛》2007 年第 1 期。

5. 曹吉云：《贸易模式与国家贸易政策差异》，《南开学报》2007 年第 5 期。

6. 陈丽丽：《迈向贸易强国的战略研究》，西南财经大学出版社 2006 年版。

7. 陈同仇、薛荣久：《国际贸易》，对外经济贸易大学出版社 1997 年版。

8. 陈佳贵、黄群慧：《工业大国的战略选择》，《经济参考报》2005 年 2 月 5 日。

9. 陈飞翔、吴琅：《由贸易大国到贸易强国的转换路径与对策》，《世界经济研究》2006 年第 11 期。

10. 陈榕：《主成分分析法在评价物流供应商综合实力中的作用》，《物流技术》2004 年第 2 期。

11. 陈文烈：《青海对外贸易战略选择分析》，《甘肃省经济管理干部学院学报》2004 年第 3 期。

12. 陈泽新：《中国贸易业绩指数》，北京商业局 2004 年版。

13. 陈志武：《过时的"地大物博"财富观》，《新财富》2003 年第 6 期。

14. 陈智远：《动态比较优势经验研究》，《世界经济文汇》2002 年第 1 期。

15. 程新章、唐海燕：《中国对外贸易优势——基于国际分工视角的再研究》，《国际贸易问题》2006 年第 11 期。

16. ［英］大卫·李嘉图著，周洁译：《政治经济学及赋税原理》，华夏出版社 2005 年版。

17. 戴维·科尔蔓、弗雷德克·尼克森：《欠发达国家的变革经济学》，英国曼彻斯特大学出版社 1985 年版。

18. 丁溪：《美国经济》，中国商务出版社 2006 年版。

19. ［美］多米尼克：《国际经济学》，清华大学出版社 2004 年版。

20. 董小麟：《我国旅游服务贸易竞争力的国际比较》，《国际贸易问题》2007 年第 2 期。

21. 洪银兴：《从比较优势到竞争优势——兼论国际贸易的比较利益理论的缺陷》，《经济研究》1997 年第 6 期。

22. 洪银兴：《经济增长方式转变研究》，《江苏社会科学》2000 年第 2 期。

23. 傅朝阳：《中国出口商品比较优势的实证分析：1980—2000》，《世界经济研究》2005 年第 3 期。

24. 傅自应：《中国外贸面临的新形势和新任务》，《中国对外贸易》2007 年第 4 期。

25. 付美榕：《美国经济史话》，对外经济贸易大学出版社 2004 年版。

26. 胡鞍钢：《通货紧缩是我国宏观经济顽敌》，2002 年 7 月 24 日《经济参考报》。

27. 蒋德恩：《显示性比较优势指数的适用条件分析》，《国际商务（对外经济贸易大学学报）》2006 年第 5 期。

28. 宫亭：《对我国出口商品结构调整的再认识》，《国际经贸》2000 年第 1 期。

29. 高寿华、王孝瑜：《中国成长为贸易强国的对策研究》，《现代商业》2007 年第 12 期。

30. 高怀民：《进口替代战略和出口导向战略之比较》，《科技情报开发与经济》2006 年第 14 期。

31. 高德步：《英国的工业革命与工业化——制度变迁与劳动力转移》，中国人民大学出版社 2006 年版。

32. 高惠璇：《统计分析方法》，北京大学出版社 2004 年版。

33. 克鲁格曼：《克鲁格曼国际贸易新理论》，中国社会科学出版社 2001 年版。

34. 关志雄：《微笑曲线向谁微笑？——中国应慎防"谷贱伤农"的陷阱》，http：//www. rieti. go. jp。

35. 郭玉清：《资本积累、技术变迁与总量生产函数》，《南开经济研究》2006 年第 3 期。

36. 郭成：《中国出口商品比较优势变化的实证分析》，《安徽农业大学学报》2007 年 5 月。

37. 郭克莎：《对中国外贸战略与贸易政策的评论》，《国际经济评论》2003 年第 9 期。

38. 辜王景：《加工贸易限制目录调整将更为科学》，2007 年 8 月 10 日《中华工商时报》。

39. 海闻等：《国际贸易》，上海人民出版社 2003 年版。

40. ［美］赫希曼：《经济发展战略》，经济科学出版社 1991 年版。

41. 贺文华：《中国东部、中部和西部外贸依存度比较分析》，《重庆工商大学学报》2007 年 9 月。

42. 何帆：《进口是贸易战略的另一只翅膀》，http：//www. doctor-cafe. com。

43. 何新华、王玲：《比拼经济实力——对外经济贸易强国主要特征和指标分析研究》，《国际贸易》2000 年第 12 期。

44. 黄春松：《经济增长、贸易发展与贸易政策》，《中国市场》2005 年 11 月 11 日。

45. 黄琼：《因子分析法在高职医学生成绩评价中的应用》，《湖北职业技术学院学报》2006 年第 1 期。

46. 黄镕坚:《还原跨国公司:从恶魔到天使交替扮演着角色》,http://biz.163.com、2005 年 4 月 9 日《经济观察报》。

47. 黄小玲:《中国对外贸易概论》,中国对外经济贸易大学出版社 2003 年版。

48. 黄蔚等:《东部"民工荒"向贵州省提出严峻课题》,2005 年 1 月 4 日《贵州日报》。

49. 黄树辉:《贸易大国的"隐痛"》,《大经贸》2007 年第 2 期。

50. 黄锦明:《中国迈向贸易强国的理论与对策研究》,浙江大学出版社 2007 年版。

51. 蒋德恩:《超比较优势与贸易大国向贸易强国的转变》,《中央财经大学学报》2007 年第 12 期。

52. 江小娟、杨圣明、冯雷:《中国对外经贸理论前沿 II》,社会科学文献出版社 2001 年版。

53. 靖学青:《中国外贸战略模式评析》,《国际贸易问题》2002 年第 4 期。

54. 康学芹、张海珍:《迈向贸易强国之路探究》,《集团经济研究》2007 年 10 月中旬刊。

55. 孔祥荣:《加快我国加工贸易转型升级政策调整的效应分析》,《理论视野》2007 年第 7 期。

56. 孔祥荣:《结构优化与对外贸易增长方式的转变》,《理论学刊》2007 年 4 月。

57. 楼望之:《充裕的劳动力是中国优势》,2002 年 7 月 22 日《深圳商报》。

58. 卢小金:《我国实现从贸易大国向贸易强国转变的路径分析》,《改革与战略》2007 年第 7 期。

59. 李玉举:《转变外贸增长方式面临新要求》,《中国经济时报》,http://theory.people.com.cn。

60. 李长久:《从贸易大国走向贸易强国任重道远》,2005 年 7 月 9 日第 7 版《经济参考报理论周刊》。

61. 李峰：《贸易大国和贸易强国的评判体系指标化及实证分析》，湖南大学 2007 年版。

62. 李钢、李俊：《推动以质取胜战略的深化与升级》，《国际贸易》2006 年第 5 期。

63. 李晓飞：《入世后我国对外直接投资策略调整的路径》，《世界经济研究》2002 年第 4 期。

64. 李春顶：《当前我国开展对外直接投资的战略必要性研究》，《平原大学学报》2005 年第 1 期。

65. 李荣林、陈建国：《我国对外贸易的理论研究与实证分析》，贵州人民出版社 1998 年版。

66. 李晓钟：《从比较优势到竞争优势——理论与实证研究》，浙江大学出版社 2004 年版。

67. 李治国：《转型期中国资本存量调整模型实证研究》，《南开经济研究》2006 年第 6 期。

68. 郎永清：《国际分工格局的形成及其意义》，《国际贸易问题》2004 年第 8 期。

69. 梁琦：《比较优势说之反例的批评》，《斯密论坛》2002 年版。

70. 梁琦：《什么是"一般比较利益说"？——兼论学术研究规范问题》，《斯密论坛》2002 年版。

71. 廖国民：《入世后中国的贸易战略——比较优势还是选择性赶超?》，《上海经济研究》2003 年第 5 期。

72. 林海明、张文霖：《主成分分析与因子分析的异同和 SPSS 软件——兼与刘玉玫、卢纹岱等同志磋商》，《统计研究》2005 年第 3 期。

73. 林海明、张文霖：《主成分分析与因子分析详细的异同和 SPSS 软件》，《市场研究》2006 年 6 月版。

74. 林健：《从贸易大国走向贸易强国》，《河北理工学院学报》2004 年第 2 期。

75. 林善炜：《中国入世，从贸易大国向贸易强国迈进》，《经济经纬》2002 年第 7 期。

76. 林毅夫、蔡方、李周：《中国的奇迹——发展战略与经济改革（增订版）》，上海人民出版社 2002 年版。

77. 林毅夫：《后发优势与后发劣势——与杨小凯教授商榷》，《经济学季刊》2003 年第 7 期。

78. 林毅夫等：《推行比较优势战略》，《中国市场》1999 年第 10 期。

79. 林毅夫等：《比较优势与发展战略——对"东亚奇迹"的再解释》，《中国社会科学》1999 年第 5 期。

80. 林毅夫等：《国家发展战略的选择方式和绩效检验》，《江海学刊》2002 年第 4 期。

81. 林毅夫、李永军：《比较优势、竞争优势与发展中国家的经济发展》，《管理世界》2003 年第 7 期。

82. 林毅夫、孙希芳：《经济发展的比较优势战略》，《国际经济评论》2003 年第 11 期。

83. 林海明、张文霖：《主成分分析与因子分析详细的异同和 SPSS 软件》，《市场研究》2006 年 6 月版。

84. 刘光明：《科学技术评价办法与评价工作指导全书》，安徽文化音像出版社 2003 年版。

85. 刘宝荣、李健：《从贸易大国迈向贸易强国》，《国际贸易》2000 年第 11 期；廖国民、王永钦：《论比较优势与自生能力的关系》，《经济研究》2003 年第 9 期。

86. 刘佳、陈飞翔：《关于中国实现比较优势动态转换的路径选择——一个文献综述》，《财贸研究》2006 年第 1 期。

87. 刘昌黎：《世界双边自由贸易发展的原因特点与我国的对策》，《世界经济研究》2005 年第 4 期。

88. 刘建军：《从美国的长期资源导向战略看全球化的经济位差》，《求索》2004 年第 10 期。

89. 刘力：《贸易的动态利益与发展中大国的贸易战略选择》，《国际贸易问题》1997 年 6 月版。

90. 刘力：《内撑外开：发展中大国的贸易战略》，东北财经大学出版社 1999 年版。

91. 刘旭：《迈向贸易强国之路——加快转变外贸增长方式研究》，中国计划出版社 2007 年版。

92. 刘重力、胡昭玲：《21 世纪中国外贸发展战略——比较优势、竞争优势理论与实证研究》，中国财政经济出版社 2005 年版。

93. 隆国强：《解析中国贸易大国的崛起》，《港口经济》2004 年第 3 期。

94. 隆国强：《全球化下的中国产业如何升级》，《中国投资》2007 年第 11 期。

95. 迈克尔·瓦尔蒂克斯、大卫·墨非：《贸易大国的兴起》，2003 年 3 月 20 日《远东经济评论》。

96. 迈克尔·波特：《国家竞争优势》，华夏出版社 2002 年版。

97. 梅新育：《面对新政策　加工贸易要升级更要转型》，《中国对外贸易》2007 年第 7 期。

98. 马述忠：《从比较优势到竞争优势——兼论我国实施比较优势战略的不适应性》，《云南社会科学》2002 年第 1 期。

99. 毛日昇：《贸易强国的中国路径》，《财富世界》2008 年 7 月版。

100. 孟夏：《内生技术经济增长的一个理论体系》，《南开经济研究》2000 年第 3 期。

101. 宁自军：《因子分析在居民消费结构的变动分析中的应用》，《数理统计与管理》2004 年第 1 期。

102. 彭熠、姚耀军等：《中国经济周期波动态势的实证分析》，《重庆大学学报（社会科学版）》2005 年第 4 期。

103. 彭红斌：《小岛清的"边际产业扩张论"及其启示》，《北京理工大学学报》2001 第 1 期。

104. 曲如晓：《中国对外贸易概论》，机械工业出版社 2006 年版。

105. 邱曼萍、陈洪斌：《如何跳出比较利益陷阱——论比较优势、竞争优势与经济发展》，《世界经济研究》1998 年第 5 期。

106. 钱纳里：《工业化和经济增长的比较研究》，上海三联书店

1989 年版。

107. 商务部：《中国服务贸易发展报告 2007》，中国商务出版社 2007 年版。

108. 宋全成：《迈向贸易强国——中国外贸竞争力研究》，中国商务出版社 2004 年版。

109. 萨克斯、胡永泰、杨小凯：《经济改革和宪政转轨》，《经济学季刊》2003 年第 7 期。

110. 宋利芳、刘燕：《经济增长方式及其转变的途径》，2004 年 7 月 15 日中国宏观经济信息网。

111. 尚琳琳：《出口商品结构调整的实证分析》，http：//www. dufe. edu. cn。

112. 苏桂富、刘德学、陶晓慧：《全球生产网络下我国加工贸易转型升级与结构优化机制》，《特区经济》2005 年第 5 期。

113. 世界经济论坛等：《2005—2006 年全球竞争力报告》，经济管理出版社 2006 年版。

114. 世界银行：《东亚奇迹——经济增长与公共政策》，中国财政经济出版社 1995 年版。

115. 盛斌：《亚太自由贸易区的政治经济分析：中国视角》，《世界经济与政治》2007 年第 3 期。

116. 谭崇台：《发展经济学》，山西经济出版社 2001 年版。

117. 温耀庆：《入世五年来中国参与区域经济合作的观察与思考》，《国际贸易》2006 年第 12 期。

118. 汪毅夫：《贸易大国走向贸易强国的政策选择》，《中国对外贸易》2005 年第 4 期。

119. 王广宇：《我国出口结构的系统认识及对策研究》，《经济与管理研究》2000 年第 4 期。

120. 王玲：《经济增长及对我国劳动生产率增长的实证分析》，2003 年 10 月清华大学中国经济研究中心工作论文。

121. 王昕：《日本经济与日本经济复苏》，《兰州商学院学报》2000 年第 2 期。

122. 王依心：《对中国从贸易大国向贸易强国转变的若干思考》，《现代经济信息》2008 年第 1 期。

123. 韦丽红、王汉君：《欧盟、北美自由贸易区发展及对中国—东盟自由贸易区的启示》，《东南亚纵横》2004 年第 1 期。

124. 王允贵：《WTO 与中国对外贸易发展战略》，经济管理出版社 2002 年版；汪毅夫：《贸易大国走向贸易强国的政策选择》，《中国对外贸易》2005 年第 5 期。

125. 王元颖：《从斯密到杨小凯：内生比较优势理论起源与发展》，《技术经济》2005 年第 2 期。

126. 王佃凯：《比较优势陷阱与中国贸易战略选择》，《经济评论》2002 年第 6 期。

127. 王允贵：《WTO 与中国贸易发展战略》，经济管理出版社 2002 年版。

128. 魏浩、丁杰、马野青：《我国迈向世界贸易强国的外贸战略》，《经济前沿》2004 年第 12 期。

129. 魏浩、申广祝：《贸易大国、贸易强国与转变我国外贸增长方式的战略》，《世界政治与经济论坛》2006 年第 2 期。

130. ［日］小宫隆太郎等主编：《日本的产业政策》，国际文化出版公司 1988 年 4 月版。

131. ［日］小岛清：《对外贸易论》，南开大学出版社 1987 版。

132. 熊贤良：《大国对外贸易相对重要性的降低》，《财贸经济》1995 年第 10 期。

133. 熊贤良：《比较优势战略与大国的经济发展》，《南开经济研究》1995 年第 4 期。

134. 徐清军：《论我国实施比较优势战略在未来外贸中的不适应性》，《现代财经》2000 年第 12 期。

135. 徐建斌、尹翔硕：《贸易条件恶化与比较优势战略的有效性》，《世界经济》2002 年第 1 期。

136. 徐元康：《比较优势战略在我国经济发展中的不适应性研究》，《改革》2003 年第 5 期。

137. 徐婧：《中国对外贸易比较优势变化及政策调整》，上海对外贸易学院 2008 年毕业论文。

138. 许和连、栾永玉：《出口贸易的技术外溢效应——基于三部门模型的实证研究》，《数量经济技术经济研究》2005 年第 9 期。

139. 薛敬孝、张伯伟：《东亚经贸合作安排的比较研究》，《世界经济》2004 年第 12 期。

140. 向铁梅：《国际贸易与直接投资的关系及其中国情况的实证分析》，《世界经济研究》2008 年第 2 期。

141. 谢红梅、刘文明：《科技兴贸战略的深化与我国贸易地位的转变》，《北方经济》2007 年第 4 期。

142. ［英］亚当·斯密著，唐日松等译：《国富论》，华夏出版社 2005 年版。

143. 余建英、何旭宏：《数据统计分析与 SPSS 应用》，人民邮电出版社 2004 年版。

144. 杨帆主编：《中国向何处去》，内蒙古远方出版社 2003 年版。

145. 杨育谋等：《反思中国出口模式"出口导向"战略忧思》，http：//www.dajingmao.com。

146. 杨小凯、张永生：《新兴古典经济学与超边际分析》，中国人民大学出版社 2000 年版。

147. 杨小凯、张永生：《新贸易理论、比较利益理论及其经验研究的新成果：文献综述》，《经济学》2001 年第 1 期。

148. 杨大楷：《国际投资学》，上海财经大学出版社 2003 年版。

149. 杨圣明：《中国对外经贸理论前沿——中国对外经贸理论前沿丛书》，社会科学文献出版社 1999 年版。

150. 杨蔚、李维：《我国对外贸易与经济增长的相关性实证研究》，《价值工程》2008 年第 5 期。

151. 姚鑫：《中原城市群各市竞争力发展状况研究》，2009 年 6 月 18 日《中国论文下载中心》。

152. 姚战琪：《资本深化、技术进步对中国就业效应的实证分析》，《世界经济》2005 年第 1 期。

153. 尹翔硕等：《贸易战略的国际比较》，复旦大学出版社 2006 年版。

154. 尹翔硕：《比较优势、技术进步与收入分配——基于两个经典定理的分析》，《复旦学报：社会科学版》2002 年第 6 期。

155. 闫燕妮：《区域经济合作是中国走向贸易强国的战略选择》，《现代商贸工业》2007 年第 10 期。

156. 易姗姗：《中国对外贸易商品结构优化分析》，上海对外贸易学院 2008 年毕业论文。

157. 赵晓晨：《动态比较优势理论在实践中的发展》，《经济经纬》2007 年第 3 期。

158. 赵伟：《国际贸易——理论政策与现实问题》，东北财经大学出版社 2004 年版。

159. 左大培：《转向进口替代的发展战略》，北京大军经济观察研究中心 2003 年版。

160. 张进、黄建康：《试论出口导向经济增长战略的两个层次》，1995 年 10 月《审计与经济研究》。

161. 张科：《贸易强国、比较优势和要素禀赋》，广东外语外贸大学出版社 2006 年版。

162. 张小蒂、李晓钟：《影响比较优势转化为竞争优势的主要因素分析》，《数量经济与技术经济研究》2003 年第 8 期。

163. 张小蒂：《技术创新、政府干预与竞争优势》，《世界经济》2001 年第 7 期。

164. 张亚斌：《内生比较优势理论与中国贸易结构转换》，中国经济出版社 2006 年版。

165. 张幼文：《从廉价劳动力优势到稀缺要素优势——论"新开放观"的理论基础》，《南开学报：哲学社会科学版》2005 年第 6 期。

166. 张幼文、徐明棋：《强国经济——中国和平崛起战略和道路》，人民出版社 2004 年版。

167. 张志敏：《中国对外贸易战略调整及其转换路径：一个文献综述》，《改革》2007 年 8 月版。

168. 张鸿:《中国对外贸易战略的调整》,上海交通大学出版社2006年版。

169. 张鸿:《关于中国对外贸易战略调整的思考》,《国际贸易》2005年第9期。

170. 张军、吴桂英、张吉鹏:《中国省际物质资本存量估算:1952—2000》,《经济研究》2004年第10期。

171. 张军:《改革以来中国的资本形成与经济增长:一些发现及其解释》,《世界经济文汇》2002年第1期。

172. 张军:《资本形成、工业化与经济增长——中国的转轨特征》,《经济研究》2002年第6期。

173. 张亚斌:《内生比较优势理论与中国贸易结构转换》,中国经济出版社2006年版。

174. 张汉林:《中国外经贸理论与政策回顾》,http://business.sohu.com/2004/05/20/04/article220210492.shtml。

175. 赵秀荣:《17世纪英国海外贸易的拓展与转型》,《史学月刊》2004年第2期。

176. 郑京海、胡鞍钢:《中国全要素生产率为何明显下降》,2004年3月2日中国经济时报。

177. 周新庄:《中国贸易前景、结构及汇率机制》,http://www.jjxj.com.cn。

178. 周其仁:《从三要素来看经济》,2004年11月29日21世纪经济报道。

179. 朱杰堂:《因子分析法在测算企业技术进步水平中的应用》,《郑州航空工业管理学院学报:管理科学版》1996年第3期。

180. 朱明:《日本经济的盛衰》,中国科学技术大学出版社2004年版。

181. 朱艳华:《浅谈我国加工贸易转型升级》,《科技情报开发与经济》2007年第6期。

182. Arrow, K. J., 1962, "The Economic Implications of Learning by doing", *Review of Economic Studies*, Vol. 29.

183. Arndt, Sven W. , 1997, "Globalization and the open economy", *North American Journal of Economics and Finance*, Vol. 8.

184. Arndt, Sven W. and Kierzkowski, Henryk, 2001, *Fragmentation: New Production Patterns in the World Economy*, Oxford University Press.

185. Balassa, Bela, 1965, "Tariff protection in industrial countries: An evaluation", *The Journal of Political Economy*, Vol. 73.

186. Cairncross, Frances, 1997, *The death of distance: How the communication revolution will change our lives*, Harvard Business School Press.

187. Corden, W. M. , 1972, "Economics of scale and customs union theory", *The Journal of Political Economy*, Vol. 80.

188. Dixit, Avinash K. and Grossman, Gene M. , 1982, "Trade and protection with Multistage production ", *The Review of Economic Studies*, Vol. 49.

189. Grossman, G. M. and Helpman, E. , 1991, *Innovation and Growth in the Global Economy*, MIT Press, Cambridge.

190. Grossman, G. M. and E. Helpmen, 1991, *Innovation and Growth in the Global Economy*, Cambridge, MA: The MIT Press.

191. Krugman, P. R. , 1987, "A Model of Innovation, Technology Transfer, and the World Distribution of Income", *Journal of political Economy May*, 1987.

192. Lucas, R. E. , 1988. "On the Mechanics of Economic Development", *Journal of Monetary Economics*, Vol. 22.

193. Matsuyama, Kiminori. 1992, "Agricultural Productivity, Comparative Advantage, and Economic Growth. " *Journal of Economic Theory*, Vol. 58.

194. Romer, P. M. , 1986. "Increasing Returns and Long Run Growth", *Journal of Political Economy*, Vol. 94.

195. Ohlin, B. , 1933, *Interregional and International Trade*, Harvard University Press.

196. Solow, R. M. , 1957, "Technical Change and the Aggregate

Production Function", *Review of Economics and Statistics*, Vol. 39.

197. Solow, R. M. , 1956, "A Contribution to the Theory of Economic Growth", *Quarterly Journal of Economics*, Vol. 70.

198. Swan, T. W. , 1956, "Economic Growth and Capital Accumulation," *Economic Record*, Vol. 32.

199. World Bank, 1994, "China: Foreign Trade Reform, a World Bank Country Study," Washington D. C.

200. Yang, X. and Borland, J. , 1991, "A Microeconomic Mechanism for Economic Growth". *Journal of Political Economy*, Vol. 99.

201. Young, a. , 1991, learning by doing and the dynamic effects of international trade, *Quarterly Journal of Economics*, Vol. 106.

202. Young, Alwyn, 1991. "Learning by Doing and the Dynamic Effects of International Trade", *Journal of Political Economy*, Vol. 106.

后　记

　　本书是由我主持承担的上海市哲学社会科学规划课题的主要成果之一。项目从立意到完成，前后花了近三年的时间。在项目通过上海市哲学与社会科学规划办公室的鉴定后，我又根据匿名评审专家的意见，进行了大量的修改与调整，并于 2009 年年底完成了本书书稿。在本书即将出版之际，首先要感谢上海市哲学社会科学规划办和上海对外贸易学院国际经贸学院多年来给予我的大力支持，同时也要感谢匿名评审专家的宝贵意见，借助于该项目课题经费的资助和匿名评审专家的建议，使我能够在研究上不断探索，研究水平也有很大的提高。

　　在本书的写作过程中，得到了上海对外贸易学院科研处温耀庆教授、上海对外贸易学院国际经贸学院聂清院长、名古屋大学国际开发研究院长田博教授的帮助与指导；名古屋大学国际开发研究院图书馆在提供资料上给予了许多便利，在此一并深表谢意。

　　整个项目由我提供整个构思并完成了大部分章节的写作，徐淑君完成了第四章和第三章的部分章节，周倜完成了第二章及第五章的部分内容，最后由著者本人根据全书的格局进行了调整与补充。在写作及研究过程中，参考并吸收了大量学者的著作、论文与观点，因多次整理及调整的原因，一部分引用的著作及论文可能在文中没有一一列出。在此向所有提供帮助和支持的作者表示感谢，但文中的所有观点由本人负责，与他们无关。

2009 年 12 月于上海

责任编辑:姜 玮

图书在版编目(CIP)数据

中国对外贸易的动态优势变化与外贸增长方式的转变/张鸿著.
-北京:人民出版社,2010.2
ISBN 978 - 7 - 01 - 008613 - 2

Ⅰ.中… Ⅱ.张… Ⅲ.对外贸易-研究-中国 Ⅳ.F752

中国版本图书馆 CIP 数据核字(2010)第 002641 号

中国对外贸易的动态优势变化与外贸增长方式的转变
ZHONGGUO DUIWAIMAOYI DE DONGTAIYOUSHI BIANHUA
YU WAIMAO ZENGZHANGFANGSHI DE ZHUANBIAN

张鸿 著

人民出版社 出版发行
(100706 北京朝阳门内大街 166 号)

北京新魏印刷厂印刷 新华书店经销

2010 年 2 月第 1 版 2010 年 2 月北京第 1 次印刷
开本:710 毫米×1000 毫米 1/16 印张:15.75
字数:220 千字

ISBN 978 - 7 - 01 - 008613 - 2 定价:32.00 元

邮购地址 100706 北京朝阳门内大街 166 号
人民东方图书销售中心 电话 (010)65250042 65289539